経済学私小説
〈定常〉の中の豊かさ

Makoto Saito
齊藤 誠

日経BP社

経済学私小説〈定常〉の中の豊かさ

主な登場人物

著者
戸独楽戸伊佐《とこまといさ》（研究者）

戸独楽家の人々
亡くなった父、妻、息子、娘

出版社の人々
立退矢園《たちのくやその》（編集者）、編集部長、イヒヒ親父（社長）

中年以上の人々
王仁郷《わにごう》のオヤジ（経営者）、萩堂《はぎどう》（亡くなった官僚）、輩東《はいとう》（研究者）、
何能《なにのう》（左派政党幹部）、齊藤誠（研究者）

若い人々
M君（コメディアン）、柿之句《かきのく》（官僚）、魁皇《かいおう》（官僚）、愛王《あいおう》（官僚）

最初に編集者から読者へ——「経済学小説」の誕生

あのころ、おそらく2014年の初めごろだったと思うが、私は、小さな出版社の編集者として最大の危機に直面していたのかもしれない。我ながら不覚であった。戸独楽戸伊佐《とこまといさ》先生から原稿ファイルの入ったメモリーをお預かりしてのち、先生との連絡がまったくとれなくなってしまったのである。

先生の奥様によると、「編集者と会ってくるよ」といって家を出られたそうである。その日、私は、駅の近くの喫茶店で（実は、フランス語で隠れ家の意味である「ルフュージュ」以外で、先生と会ったことは一度もなかった）、確かに先生から原稿ファイルを受け取った。その後、先生は、忽然と私の前から姿を消してしまわれた。私は、先生が、その喫茶店の近くにお住まいだと勝手に想像していたが、実際は、ご自宅がどちらかなのか、まったく知らなかった。ただ、いたって元気な奥様は、受話器の向こうで「戸独楽は、おりませんが…」と、妙に余韻のある言い回しで、なんだか、「主人だったら、おりますが…」というようにも聞こえた。

いずれにしても、先生が消息を絶って、ずいぶんと時間が経った。なんだか、電話を差し上げるたびに、ますます元気になっていく奥様に相談すると、「出版は、あなたのよいようになさったら。どうせ売れないでしょうけど、印税のことなんて、気にしないでちょうだい」と、受話器から聞こえる声は、あっけらかんとしたものだった。

途方にくれて、上司の編集部長に相談をした。先生からお預かりをした原稿を読んだ上司は、「面白いじゃないか」と、予想外の反応だった。さらに彼は、「でも、俺の頼りない経済学の知識では、いまひとつ分からんところもある。お前、経済学に不案内な読者のために、各篇に解題を書け。『経済学博士』様なんだから、お安い御用だろう」と、これまた予想外の提案をしてきた。

確かに、私は、「経済学博士」の学位を持っている。しかし、学位は取ったものの、パッとしない論文ばかりとあって、大学の職に就くことができなかった。いくつかの職を転々として、今の出版社にひろわれた。そういえば、就職面接のときも、人事部長から、「お前は、『経済学博士』なんだから、経済書の編集ぐらいできるだろう」といわれた。というわけで、執筆者の先生が不在のまま、私が各篇の解題を書きつつ、先生の本を編集する運びとなった。

編集作業もたけなわに入ったころ、上司は、「ところで、本のタイトルはどうしようか」と私に聞いてきた。先生が「〈定常〉の中の豊かさについて」をタイトルにというようなことを話しておられたのを思い出して、それを提案したら、上司は、「論文のタイトルみたいだな。でも、よく考えてみると、それがふさわしいかもしれんな。サブタイトルには、『経済学小説の試み』とでも付けておけ」と命じた。独特のひらめきがあったときの彼の言葉に、私はけっして逆らうことができなかった。

先生がいわれていた〈定常〉については、説明が必要かもしれない。といって、以下は、すべて先生からの受け売りであるが…

日本語で〈定常〉といっても、英語で'stationary'とか、'steady'とかといっても、うまくニュアンスをつかむことができない。いずれの言葉でも、事態が「じっと止まっている」かのように響くからである。かつて、stationary stateは、〈定常〉状態でなく、停止状態と訳されたので、いっそうそういう響きがあった。

しかし、〈定常〉状態というのは、外側から見ると、確かに「じっと止まっている」ように見えるが、内側に入ってみると、相反する方向の力がぶつかり合って、それらの力が「ちょうど釣り合っている」ような状態といった方が正しい。たとえば、経済が停滞しているように見える背後で、経済規模を縮小しようとする力と、それを拡大しようとする力がぶつかりあって拮抗しているような状態である。先生の原稿は、どれも、これも、視線を外側から内側に移しながら、時には、かなり手荒な方法で読者を外側から内側に連れ込んで、一見停滞感が漂っている今の経済社会に、活発な新陳代謝の契機を見出しているものばかりである。

それにしても、上司は、〈定常〉がこの本のタイトルに「ふさわしい」などと、なぜ思ったのであろうか。不思議である。

不思議といえば、なぜ、上司は、サブタイトルに「経済学小説の試み」と思いついたのであろうか。確かに、先生は、「経済学のロジックと現実経済のデータからいっさいずれていないフィクションを書いてみたい」といつもいっておられて、先生の原稿は、まさに、「経済学小説」だったからである。

先生が書かれた短篇のそれぞれに解題を執筆する作業は、結構楽しかった。といっても、最初から呑気にやっていたわけではない。

もしかすると、この原稿は、「先生の遺書」ではないかと思い、黒塗りになっているところを色抜きしてみたが、他愛のないことしか分からなかった。

もしかすると、数字に謎が掛けてあるかと思い、図表の元データを確認したら、公表統計そのままで、いっさい脚色しておらず、拍子抜けしてしまった。

もしかすると、論理の進め方に秘密が隠されているかと思い、経済学者になった大学院時代の同級生（といって、風采の上がらない研究者だが…）に相談したが、小説で用いられている経済学のロジックは、当たり前すぎるものばかりで、最新理論なんてものはいっさいなく、陳腐な理屈の羅列なのだそうだ。

しかし、そうした私の徒労や同級生の感想は、経済学のロジックと現実経済のデータを重んじる「経済学小説」にぴったりであった。

そうこうしているうちに、本書は、「先生の遺書」なんかでなくて、浮気性の先生のこと、本書の執筆に単に飽きてしまって、原稿を放り出されただけなのだと確信するようになった。もしかすると、先生は、原稿を放り出したくなったというよりも、こんな学者らしくない原稿を書いていて、ちょっぴり恥ずかしくなられたのかもしれない。先生は、きっと、なにか他の仕事を元気よくなさっていて、奥様やお子様と仲良くお暮らしになっているにちがいないと思うようになってきた。

紆余曲折はあったものの、先生の新たな試みであった「経済学小説」が誕生する瞬間に立ち会えたことは、編集者として幸せだったのかもしれない。（2015年2月吉日記）

立退 矢園（Yasono TACHINOKU）

プロローグ（第1篇）

私たちは、とまっていても走り続けている

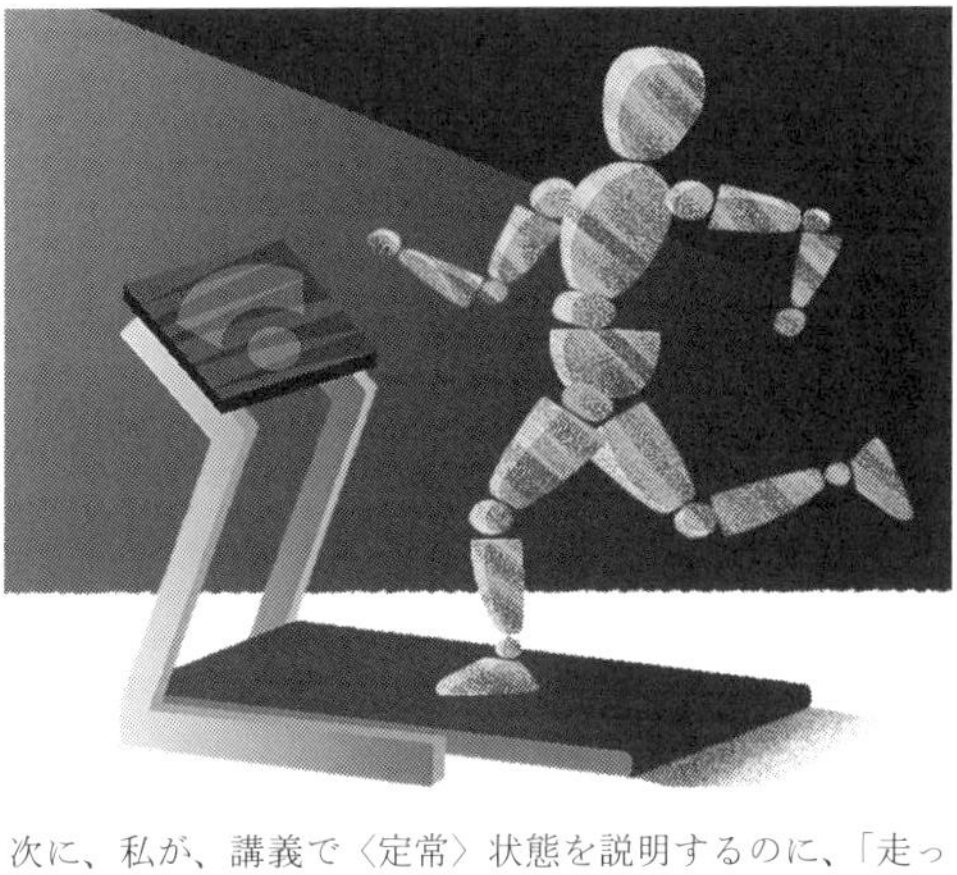

次に、私が、講義で〈定常〉状態を説明するのに、「走っても、走っても、前に進めないランニングマシーン」の比喩を用いていることを話した。

ひょんなきっかけで、公共放送の教育番組を制作している小さなプロダクションから、テレビ番組で「経済成長」について語ってほしいと打診された。私は、「テレビカメラの前で私が一人でしゃべっても、まったくさまにならないですよ」と暗に断った。すると、先方は、「いやいや、若手コメディアンとチャットしてくれるだけで……」という。「それじゃ、いっそう駄目だ。ボケも、ツッコミも、僕には無理だなぁ……」と、今度はあからさまに断った。そういうところまでは覚えているのだが、そのあと、結局、番組出演を引き受けた経緯をどうしても思い出せない。なんだかわからないままに、「経済成長」について、30分番組で2回分、テレビカメラの前で話すことになった。

番組収録までに数回打ち合わせがあったと思う。

最初の打ち合わせでは、当然のことながら、「何を基軸に経済成長を論じるのがよいのか」が話し合われた。私は、前日に考えたことだが、さも長い期間、温めてきたアイディアかのように、「この番組のお話があってからずっと考えてきたのですが、**人口一人当たり名目GDP**ではどうでしょうか」と切り出した。「世界各国との比較からも、過去半世紀の推移からも、分析を切り込みやすいから」というのが、私が主張した根拠だった。

スタッフたちを前に自分がどのように説明したのかは、正確には覚えていないが、まずは、

$$\frac{478,368,300,000,000円}{127,298,000人}=3,757,862円／人$$

と、机の上のレポート用紙に書いたと思う。左辺の分子が、２０１３年の日本の名目ＧＤＰで、４７８兆円あまり。その分母は、２０１３年10月時点の日本の人口で１億３千万人弱。右辺は、その計算結果である人口一人当たりの名目ＧＤＰで、約３７６万円。

この１本の数式を書いた後に、次のような講釈を垂れたと思う。

２０１３年における一人当たり名目ＧＤＰ、３７６万円は、２０１３年の平均円／ドルレートで換算すると、約３・８万ドルとなる。この値が、世界の文脈で見て高いか、低いか。

まずは、名目ＧＤＰを日本と中国で比較すると、２００９年は、日本が５兆３５０億ドル、中国が４兆９９１０億ドルで、日本が中国をかろうじて上回っていた。それが、翌年、５・５兆ドル対５・９兆ドルで、日本は中国にあっさりと抜かれた。２０１３年時点では、日本が４・９兆ドル、中国が９・２兆ドルとなって、中国の名目ＧＤＰは、日本の２倍近くまで膨らんだ。

それでは、人口一人当たりに換算すると、どうであろうか。２０１３年の人口は、日本が１・３億人、中国が13・６億人で、日本の10倍以上あった。したがって、中国の名目ＧＤＰ

が高いといっても、人口一人当たりに計算し直すと、0・7万ドル、日本の3・8万ドルの5分の1にも満たない。

「他の国とも比較してみよう」といって、IMFと呼ばれる国際機関のデータから作成した1枚の表（**表1-1**）を鞄から取り出した。その表は、2013年の人口一人当たり名目GDPをドル換算したものの国別ランキングであった。そこには、各国の2013年における人口の数字も並んでいた。

「9位の米国よりも上の国は、人口規模から見ると、とても小さい。1位のルクセンブルクは人口54万人、5位のオーストラリアでも、人口2321万人」というようなことをいったと思う。

さらに、**20-50クラブ**の話をした。「20」の方は、twenty thousand で人口一人当たり名目GDPが2万ドル以上、「50」の方は、fifty million で人口5千万人以上を、それぞれ意味している。20-50クラブとは、人口が5千万人以上で一人当たり名目GDPが2万ドル以上の**経済大国**のグループということになる。

日本経済は、バブル経済といわれた80年代後半に2つの基準を満たして、米国とほぼ同じ時期に〝豊かな大国〟となった。現在の20-50クラブのメンバーは、日米に加えて独、仏、英、伊、韓国の7ヶ国にすぎない。韓国は、2012年に人口が5千万人を超えて20-50クラブに仲間入りした。

表1－1　一人当たり名目GDPの国別ランキング（2013年）

順位	国名	一人当たり名目GDP（米ドル）	前年からの順位変化	人口（万人）
1位	ルクセンブルク	110,423.84	1	54
2位	ノルウェー	100,318.32	1	510
3位	カタール	100,260.49	-2	202
4位	スイス	81,323.96	－	800
5位	オーストラリア	64,863.17	－	2,321
6位	デンマーク	59,190.75	－	559
7位	スウェーデン	57,909.29	－	964
8位	シンガポール	54,775.53	－	540
9位	アメリカ	53,101.01	1	31,637
10位	カナダ	51,989.51	-1	3,511
11位	オーストリア	48,956.92	1	848
12位	クウェート	47,639.04	-1	389
13位	オランダ	47,633.62	1	1,680
14位	フィンランド	47,129.30	2	545
15位	アイルランド	45,620.71	－	478
16位	アイスランド	45,535.58	4	32
17位	ベルギー	45,384.00	1	1,116
18位	ドイツ	44,999.50	1	8,080
19位	アラブ首長国連邦	43,875.93	-2	903
20位	フランス	42,999.97	2	6,366
21位	ニュージーランド	40,481.37	3	448
22位	ブルネイ	39,942.52	-1	41
23位	イギリス	39,567.41	－	6,409
24位	日本	38,491.35	-11	12,734
25位	香港	37,777.19	－	724
26位	イスラエル	37,035.26	1	787
27位	イタリア	34,714.70	-1	5,969
28位	スペイン	29,150.35	－	4,661
29位	バーレーン	27,435.15	1	117
30位	オマーン	25,288.71	1	319
31位	サウジアラビア	24,847.16	1	2,999
32位	キプロス	24,761.31	-3	88
33位	韓国	24,328.98	1	5,022
≈	≈	≈	≈	≈
51位	ロシア	14,818.64	-2	14,293
62位	ブラジル	11,310.88	1	19,829
84位	中国	6,747.23	4	136,076
144位	インド	1,504.54	-2	124,334
≈	≈	≈	≈	≈
183位	コンゴ(旧ザイール)	397.96	1	7,699

出所：IMF

「確かに〝失われた20年〟と呼ばれた、これまでの20年間、日本経済の成長は鈍化した。しかし、一人当たり名目GDPで見れば、日本経済は、依然として経済大国である」というようなことを、やや力を込めて話したと思う。

なお、日本経済の2013年のランキングが、2012年の13位から24位に落ちてしまったのは、急激な円安でドル換算時の一人当たり名目GDPが低下したからである。

私が次に鞄から取り出してスタッフたちに見せたのは、日本経済の一人当たり名目GDPについて1955年以降の推移を示したグラフ（図1－1）であった。

このグラフによると、一人当たり名目GDPは、1960年で17万円、1970年で70万円、1980年で205万円、1990年で348万円、2000年で402万円、2013年で376万円と、1990年代半ばまで順調に成長した後に、400万円前後のところを横ばいで推移してきた。最近の数年は、若干低下傾向にさえある。実際の番組収録では、1960年生まれの私の年齢を10年ごとにとって、一人当たり名目GDPの数字を記した吹き出し6個がグラフに加えられた。

私は、ここまできて、「1990年代半ば以降の一人当たり名目GDPの動向を、どのように捉えたらよいのかを、番組の中心テーマとしたいのです」と、たたみかけるようにいった。スタッフたちは、キョトンとした感じだった。「どう見ますか」と、目の前の女性ディレクターに問いかけた。彼女は、「成長が止まっていますね」と述べたと思う。「そこなんで

図1-1: 一人当たり名目 GDP の推移
(単位：万円、出所：内閣府、総務省)

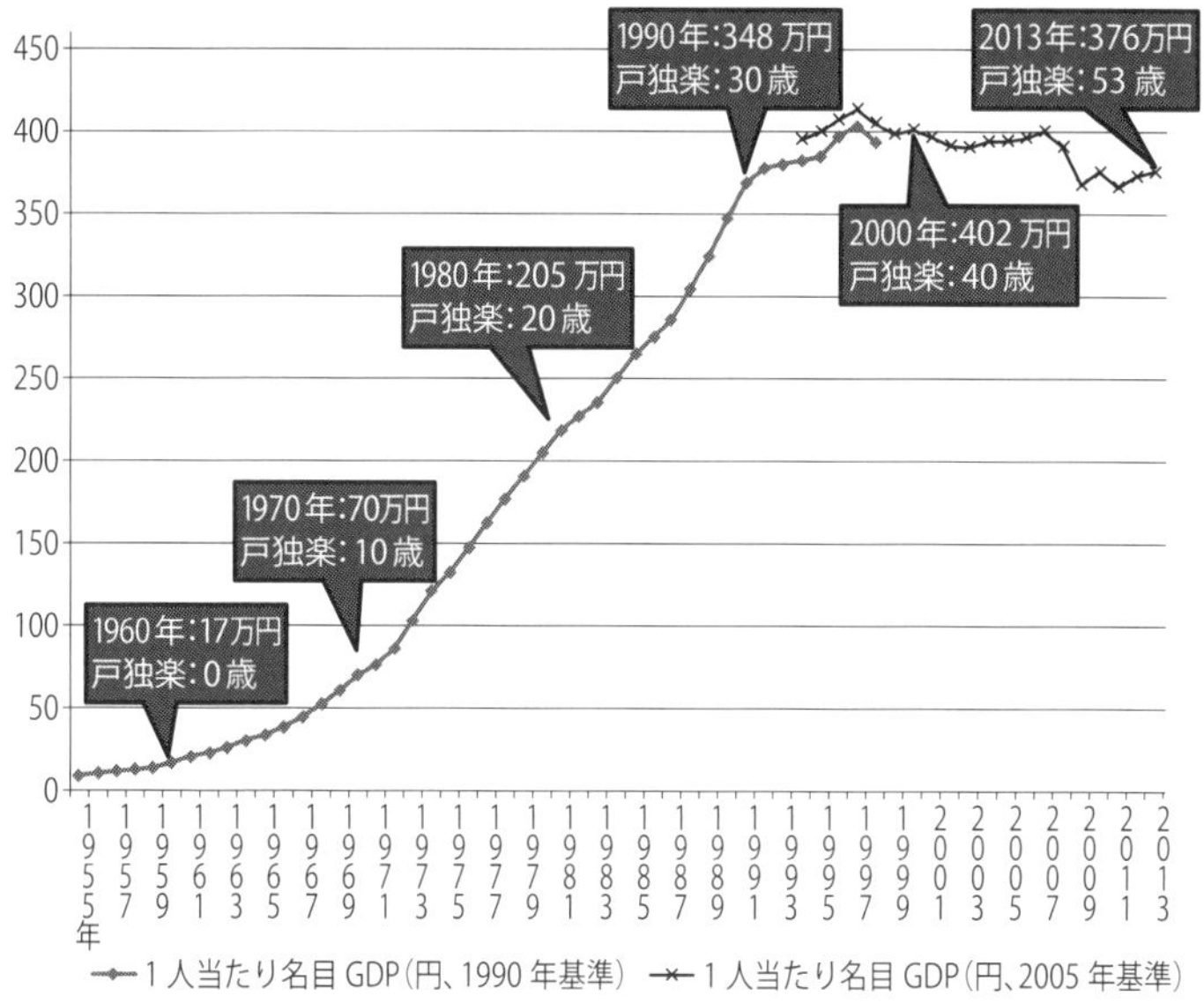

すよ」と私はいって、「『止まっている』じゃなくて、『必死で留まっている』と考えたいんですよ。専門的な用語でいうと、停止じゃなくて、〈定常〉と考えたいわけですね」と続けた。

スタッフたちが、「まだ話が見えない」という風だったので、成熟した経済においては、「拡大させようとする力」と「縮小させようとする力」がせめぎ合って、外側から見ると、あたかも静止しているように見えるような状態、経済学では、〈定常〉状態と呼ばれているが、内側に入ってみると、反対方向の力がガチでぶつかり合って、活発な新陳代謝が起きている、というような説明をした。

スタッフからは、二つの相反する力について例をあげるように求められたが、「縮小させようとする力」の方は、少子高齢化、厳しい国際競争、技術の新旧交代といくつもの具体例をあげることができた。しかし、「拡大させようとする力」とは、「『縮小させようとする力』に拮抗しようとする個人や組織の意思」と、抽象的な言い回ししかできなかった。実は、そこが、核心なのだけれども…

スタッフとの打ち合わせは、拮抗する力のイメージをどのように表すのかという点に話題が移っていった。

まずは、この話題にまつわる友人とのエピソードを話した。以前、「最近、高校生や大学生の前で『豊かな社会になって気楽になるどころか、豊かさを守るために結構しんどくなる』と語ることにしている」と友人に話したことがある。その話を聞いた友人は、「『鏡の国のアリス』に登場する赤の女王が語ったように、『同じ場所にとどまるためには、絶えず全力で走っていなければならない』のかな、私たちの社会の若者は…」という感想めいたことを述べた。赤の女王の言葉は、原文で

It takes all the running you can do, to keep in the same place.

となっている。

次に、私が、講義で〈定常〉状態を説明するのに、「走っても、走っても、前に進めないランニングマシーン」の比喩を用いていることを話した。すると、大学時代、弓道をやっていたという女性ディレクターが、「矢を放つ直前の静止状態でしょうか」とぽつりといった。確かに、弓自体の反発に必死に抗して弓を引く射手《しゃしゅ》が静止している姿は、まさに〈定常〉状態にふさわしい。弓を放つ直前の姿は、「静止」という言葉のイメージとは裏腹に、力が凝縮していくダイナミックなイメージが浮かんでくる。

「赤の女王、ランニングマシーン、射手の静止と、3つも具体的なイメージがあれば、十分ですね」というのが、その場の雰囲気になったが、私は、何の算段があったわけではなかったのに、「私の相方を務めてくれるコメディアンのM君からも、何か、言葉を引き出してみたいですね」と、口を滑らせてしまった。女性ディレクターは、「それでは、それは、撮影当日にでも」と、その場を引き取ってくれた。

なぜ、番組打ち合わせの席上で「今の日本経済を〈定常〉状態として考えてみよう」というような提案をしたのだろうかと、あらためて考えてみた。

私は、いろいろなところで、『日本は、依然として経済大国である』という意識を持ち続けないと、日本が世界から孤立してしまう」というような趣旨のことを発言してきたが、そのたびに、「今の日本経済のどこが豊かなのか！　あるのは停滞だけではないか！」「政府・日銀の経済政策のふがいなさを若者の責任に押し付けるつもりか！」と激しい反論が返ってきた。

こうした激しい反論に接するたびに、ランニングマシーンの例になぞらえてみると、ランニングマシーンで一生懸命に走っている横側に立って、「お前（日本経済）は、前に進んでいない（成長していない）」と、呑気な感想を述べているにすぎないのでないかと思ってしまう。そうではなくて、ランニングマシーンのベルトの上で一生懸命に走る側に立って、日本経済が停止状態（経済成長が失われた状態）に陥ったのではなく、走り続けて、やっと同位置に留まることができる〈定常〉状態にあると、私としては考えたいのである。

少子高齢化、厳しい国際競争、技術の新旧交代の結果、ベルトがどんどん加速していくランニングマシーンにあって、その場にとどまろうと思えば、全速力で走り続けなくてはならない。走るのをやめれば、たちまち、マシーンから弾き飛ばされてしまう。成熟した日本経済において豊かさを守り続けるとは、一人一人がこのような競争に向き合うことでないであろうか。

そんな状況で競争する辛さは、前に進んだ程度で自分の成長を確かめることができないことである。時には、走っても、走っても、前に進むことができない焦燥から、成長できていないように見える理由を外部の要因に求める誘惑に駆られることがあるかもしれない。

しかし、外からみれば、その場に立ち止まっているように見えても、走り続けている人間の心肺機能は向上し、脂肪が徐々に筋肉に変わっていく。一人一人が、自分自身の内部で起きている新陳代謝を見つめていけば、成長を確実に確認していけるであろう。

私が番組を通じて若い人に語ってみたかったことは、今の日本の状況で豊かさを守っていくことは、競争から逃げるわけでもなく、成長をあきらめるわけでもないという点である。逆に、今の日本の状況で生き抜くことは、個々人が真摯に競争に向き合って、個人の成長を成し遂げていくことなのだと思う。

ただ、辛いことばかりでもない。どのように競えばよいのか、先輩から教わることも多い。同輩と切磋琢磨して走り続けることは案外に楽しい。そうやって競争で培ってきたことを後輩に伝えることにも、必ずや意味を見出せるであろう。利己主義の代名詞のように受け止められている〝競争〟も、〝切磋琢磨〟する人間関係や師弟関係と考えれば、前方に違う風景をながめられるであろう。

ベルトの回転速度が速すぎるのは、もしかすると政府の失政に起因するのかもしれない。しかし、政府が「ベルトの回転を止めることができる」といえば、それは嘘である。仮に、ベルトの速度を遅くしたいと思えば、経済の流れから遅れることを覚悟して、自分の意思でベルトの速度を遅めに設定するべきであろう。

仮に、ベルトを停止させて立ち止まりたいと思えば、経済の流れからおいてきぼりにされることを覚悟して、自分の意思でランニングマシーンのスイッチを、しばらくの間、オフにするかもしれない。いずれにしても、ランニングマシーンのベルトの上でどのように走るのかは、結局は自分で決めることなのだと思う。

…というような感想が、講義や研究の合間に、ほんのときたまであるが、頭をよぎった。

そうこうしていると、撮影日がやってきた。

「M君から言葉を引き出す」と、えらそうにいった私の言葉を、スタッフは誰も信じていなかった。しかし、スタッフが気を利かしてくれたのか、M君と私だけで、昼食のお弁当を食べる時間を設けてくれた。

最後のチャンスであった。

私は、「昔の漫才とは大分違っていますか」と切り出した。M君がいうには、喋くりのテンポが速くなって、ネタの賞味期限も短くなって、1日でも相方との練習をさぼると、ライバルたちとの競争から振り落とされてしまう。それでいながら、M君が所属する会社は、劇場の前座やら、商店街での仕事やら、ドサ回りの仕事やらを次から次に振ってくるから、家に帰るのは、いつも午前様、それでも、眠いのを我慢して、練習に取り組むそうだ。

「そうだと、師匠の家に住み込みで『まずは、雑巾がけから』というわけにはいきませんね」と聞いた。M君は、今の若手コメディアンには、師匠と呼ばれる指導者がいなくて、録画した映像から、人の仕事を盗んで技量を磨く、というようなことをいった。「そうですか、そうであると、今の若いコメディアンの方が、先輩たちよりも、技量が上《うえ》ってことはないですか」とさらに聞くと、「それはもう」とはっきりいったようにも思った。しかし、M君は、すかさず、「いやいや、○○兄さんには、かないません」と、私でも知っている有名な芸人の名前をあげて、○○兄さんの芸のスゴミを語ってくれた。

昼食の終わりぎわに、「昼からの収録では、今しがたチャットしたような話題も少し話しましょう」とM君にいうと、「ええ」と言葉を濁した。〈定常〉状態とは若干ニュアンスが違うが、最初から非常に高いレベルを要求される若手コメディアンが日々必死でもがく姿が、1990年代半ばにすでに高みに達した日本経済で若者たちが必死に踏ん張っている姿と重なったからである。

番組の収録も順調に進んで、前もって準備した材料をほぼ消化したところで、私は、M君に向かって、「今の若手コメディアンの方が、技量が上ということはありませんか」と聞いてみた。M君は、昼食で話題にしたことにはいっさい触れずに、「なんでもかんでもしなければならないので、仕事の幅が広くなったということはあるかもしれませんね」とだけいった。諸先輩への配慮だったのだと思う。私も十分にそのことが分かったので、話題を転じていった。

M君は、収録の最後のところで、「人生は、リーグ戦、不戦勝ってないんですね」という言葉で、長かった1日の収録内容をまとめてくれた。

第1篇への解題

「私たちは、とまっていても走り続けている」では、テレビ出演をされた戸独楽先生がかなり饒舌に語られているので、私が屋上屋を重ねる必要もないであろう。解題はできるだけ簡単にしてみよう。

ただ、テレビ番組の素材として用いられた「ドル表示の一人当たり名目GDP」については、2013年時点の国際比較だけでなく、時系列的な推移も見ておきたいと思う。といっても、一枚のグラフに数多くの国をのせるわけにはいかないので、日本、米国、中国の推移を図1-A1にまとめておこう。

非常に興味深いのは、日本も、米国も、1987年に一人当たり名目GDPが2万ドルを超え、同時に20–50クラブ入りをしているというところであろう。その後の一人当たり名目GDPは、1990年代に日本が勝り、21世紀に入ると米国が勝っていた。日米の格差は、2011年ごろにいったん狭まったものの、2013年は円安で格差が広がった。

テレビ番組では、「拡大していく力」と「縮小していく力」が釣り合って静止しているようにみえる〈定常〉状態をどのように表現するのかをめぐって、いくつかの比喩があげられ

図 1-A1: 一人当たり名目 GDP
（単位：米ドル、出所：IMF）

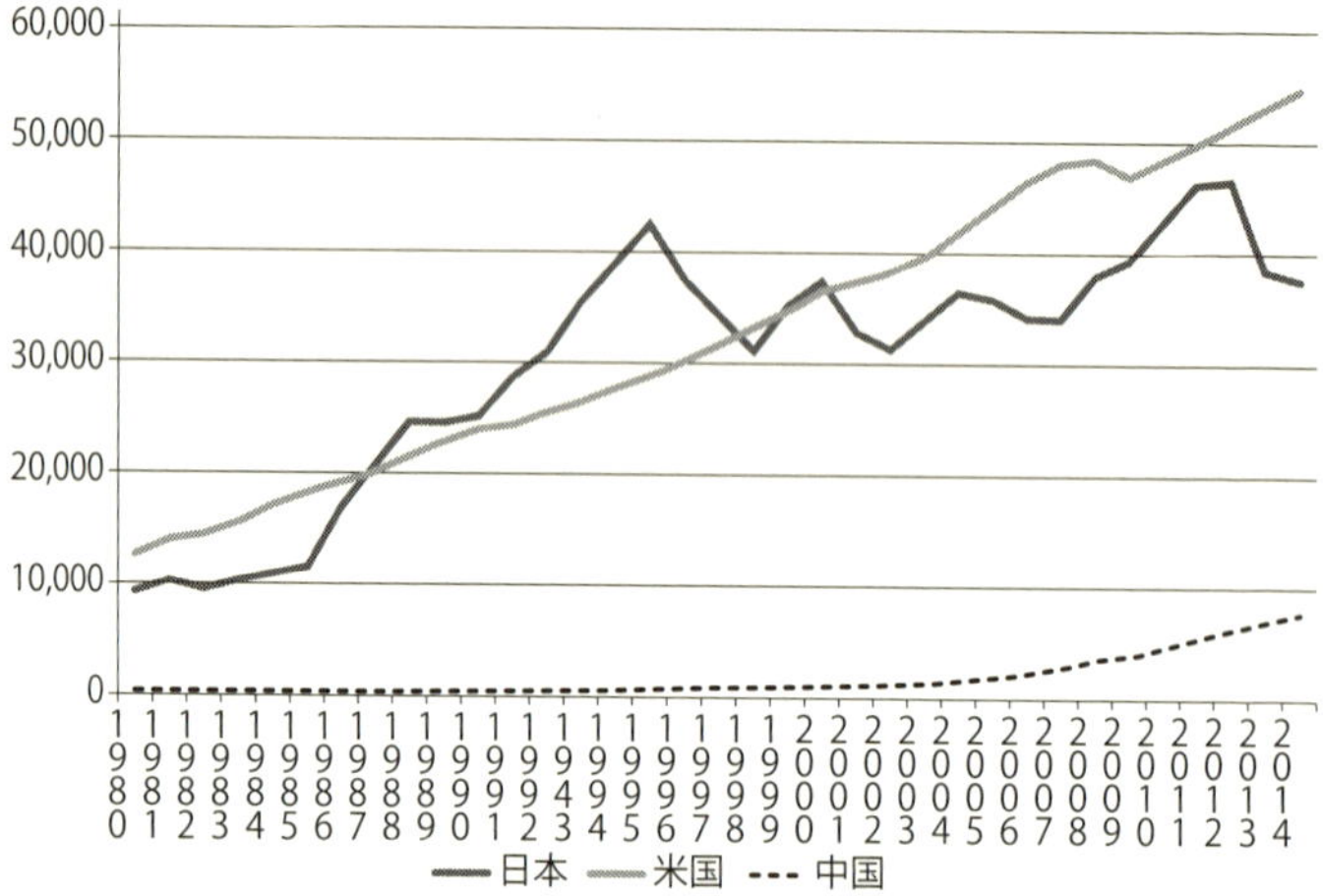

ている。たとえば、『鏡の国のアリス』の赤の女王の言葉を引いたり、ランニングマシーンを引き合いに出したり、弓を射る直前の緊張にたとえたりと、なかなかに多彩である。

戸独楽先生は、以前、市民向けの講演で〈定常〉状態の比喩をめぐって、いろいろなたとえを話したら、講演を聴いた方からお手紙で、「ヘリコプターのホバリング」という新たな提案をもらったそうである。先生から教えてもらったが、ホバリングとは、ヘリコプターが上に浮揚しようとする力と落下しようとする力がちょうど釣り合って、空中で停止している状態なのだそうだ。このホバリングは、ヘリコプターの運転技術としてももっとも高度なものだという点が、この比喩の味噌なのかもしれない。

先生は、次のような話もされていた。「〈定常〉状態の説明は、講義でも苦労するところ。数式を主軸に説明していくと、どうしても、『停止』のイメージが勝ってしまう。かといって、あまり修辞を重ねると、ロジックとレトリックのまた裂きが生じてしまう。たとえば、講義で『〝静〟の中に〝動〟をみつめないといけない』なんていうと、経済学なのか、禅問答なのか区別がつかなくなるな」

先生によると、〈定常〉状態に積極的な意味を最初に見出したのは、19世紀の経済学者、ジョン・スチュアート・ミルなのだそうだ。J・S・ミルの主著作の一つである『経済学原理』には、〈定常〉状態に関する考察が展開されているのだそうである。

先生がそんなことを話されていたおりに、先生のお知り合いだという齊藤誠先生（戸独楽先生と齊藤先生がどの程度にお知り合いなのか、私にはまったく見当がつかなかったが…）が、日本経済新聞に「危機・先人に学ぶ：J・S・ミル」という連載を寄せられていた。2012年6月8日朝刊掲載分「定常状態は停止状態ではない」は、まさに〈定常〉状態に関するものだった。

第3回：定常状態は停止状態ではない

『経済学原理』の第4編でOf the Stationary Stateと題された第6章は、日本の学説史家の間で「定常状態」でなく「停止状態」と翻訳されて、ずいぶんとネガティブな印象を読み手に与えている。

ミルが理論面で依拠したリカードたちも、資本の収益率が低下し、資本蓄積が停止した経済状態を否定的に捉え、強く嫌悪した。彼らの間では、(経済的な望ましさ)＝(進歩的な状態)という発想が支配的だったからである。

しかし、ミルは、定常状態をずいぶんと肯定的に捉えていた。彼は、経済的活力が失われて、経済全体が停止した状態としては捉えていなかった。

ミルの定常状態に対する理解は、現代のマクロ経済学の理解とほぼ同じである。すなわち、資本蓄積の定常状態は、資本蓄積が停止したのはなく、資本を積み上げていく力と、資本が取り崩されている力がちょうど均衡した状態を指している。ミルは、あたかも静止しているように見える定常状態において、経済の新陳代謝を見出していた。

このように理解したミルは、定常状態に達した経済で収益率の低い生産資本に資源を投じて無理に経済成長を図っても、せいぜい低賃金労働者を養うだけだと喝破した。また、資源が投機に浪費されやすいことも指摘した。

ミルは、希少な資源を非効率な投資に浪費するぐらいならば、人々にとって必要な公的支出に充当する、あるいは、技術革新の原資とする方がかえって経済厚生を高められるとさらっと書いている。

もちろん、ミルは、人間の幸福の基盤となる物質的な豊かさを軽んじたわけではない。人々が競争をして豊かになる過程を道徳的に非難したわけでもない。また、ミルは、社会全体の経済状態のいかんにかかわらず、人間には精神的に進歩していく十分な余地があることを指摘している。

ミルのしなやかな筆致の文章に接すると、経済全体の豊かさは、人間の幸福の必要条件にすぎず、豊かな経済環境から幸福を着実に引き出していくには人間としての成熟が必要であるとやんわり諭されているように思ってしまう。

齊藤先生の連載では、『経済学原理』だけでなく、J・S・ミルのもう一つの主著作である『自由論』についても論じられていた。特に、日本経済新聞6月14日朝刊掲載分「ミル流・言論の作法」がとても印象深かった。第1篇の論旨とまったく関係がないが、ここに引用しておく。経済政策であれ、他の政策であれ、公の場所における政策論争の節度は、私たち一人一人が身につけなくてはならない作法みたいなものだと思う。

第6回：ミル流・言論の作法

『自由論』の第2章は、個性豊かな多くの個人が自由闊達に議論できる思想の自由こそ必要であることを語っている。その章を手短にまとめると、いささか味気がない。

① 無謬な人間などいない。
② 人間は議論と事実によって自分の誤りを改めることができる。
③ 言論の自由の原則が適用できない例外的なケースなどない。

しかし、ミルの文章に直に触れていると、彼のユニークさを随所に見つけ出すことができる。彼は、やや逆説的に、異端の意見でなく正統の意見にこそ、言論の自由が必要であると主張している。

ミルは、経済の定常状態を見つめたのと同じ眼差しで、正統的な議論が支配的な状況においても、異なる意見が盛んに取り交わされてはじめて、正統の意見が社会に定着するというダイナミズムを見出していた。

曰く、「正統的な意見を支持する結論に達するもの以外の議論をすべて禁止したとき、そのためにものごとを考えなくなり、知性がとくに堕落するのは異端者の側ではない」と。

また、正統の意見を持つ人がさまざまな反対論にもまれて、自分自身の意見に確固たる信念を抱かないと、「反論ともいえないほど根拠薄弱な反論を受けただけで屈伏することになりやすい」と述べている。

要するに、活発な論争がないと、正統な意見の根拠も、その意味も忘れ去られてしまうのである。

ミルは、建設的な議論に多数の知的エリートの関与が必要不可欠であることも指摘している。「手強い反対意見を論破する立場にある哲学者や神学者は、反対意見のうち、とりわけ論破しにくいものを熟知していなければならない」と述べている。

ミルの言論の作法を端的に表す箇所を以下に引用しておこう。「どのような意見を持っている人であっても、反対意見とそれを主張する相手の実像を冷静に判断して誠実に説明し、論争相手に不利になることは何ひとつ誇張せず、論争相手に有利な点や有利だと見られる点は何ひとつ隠さないようにしているのであれば、その人に相応しい賞賛を与える。以上が、公の場での議論にあたって守るべき真の道徳である」

（参考文献）

ジョン・スチュアート・ミル著、山岡洋一訳、２０１１、『自由論』、日経ＢＰ社。

Part I.

〈定常〉の中で市民として

編集者口上：編集部長に命じられるがままに書いた解題であるが、Part Iのものは、なぜか平易に分かりやすく書けていて、とても自信がある。読者の皆さんには、ぜひとも読んでほしい。

第2篇
中高年の作文コンクール

作文の様式：20字×20行の縦書き原稿用紙に万年筆かボールペンで手書きのこと。原稿用紙枚数は自由。ワープロ原稿は受け取らない。

半年ほど前、経済成長思想普及協会という民間団体が作文コンクールを実施するという広告が、ある経済雑誌にあまり目立たない形で出た。その広告は、非常に不愛想だったが、要領だけは得ていた。

> **趣旨**：最近、若い人々が、経済成長に対して後ろ向きの考え方を抱くようになっているが、当協会は、そうした状況を非常に憂慮すべき事態と考えている。そこで、当協会は、「失われた20年」と呼ばれる忌々しき時代よりも前のエポックに経済成長の恩恵を享受してきた方々に「経済成長のすばらしさ」を語ってもらおうという趣向で作文コンクールを実施する。
>
> **作文の課題**：「**経済成長のすばらしさ**：（副題を入れること）」
>
> **作文の様式**：20字×20行の原稿用紙（縦書きか、横書きかは不問）に万年筆かボールペンで手書きのこと。原稿用紙枚数は自由。ワープロ原稿は受け取らない。
>
> **応募資格**：郵便ポストに投函する時に50歳を超えていること。

さらに続けて、コンクールの審査員5名の名前が記されていた。経済成長の恩恵に対する感想を求めていながら、ワープロなどのIT機器の使用を禁じるくだりは、若干滑稽な感じもした。しかし、手書きにすることで、原稿用紙枚数もおのずと限りが出てくるであろうという深慮でないかと考え直した。

私がこうして作文コンクールの広告に関心を持ったのは、このコンクールの審査員として名前を連ねていたからである。

10ヶ月ほど前に、協会の理事長と名乗る男性から研究室に電話をもらった。電話の声からは、最初の定年退職後にいくつかの会社を渡り歩いて、今の理事長のポストに就いたのであろうと勝手に想像した。彼は、突然の電話の無礼を詫びたうえで、この作文コンクールの趣旨を説明して、「ぜひとも審査員になってほしい」といった。

私は、少しばかり戸惑い気味に、「ご存知かもしれないが、私は、『成長世界からの解脱』などという本も書いていて、経済成長をことさら礼賛するという感じでもないので、御協会の考え方と少しばかり趣旨を異にしているようにも思いますが…」と申し上げた。

電話の先では、「だからよいんですよ」という言葉を急いで呑み込んだような気もしたが、「いやいや、先生のような学識経験が豊富な方に審査員に加わっていただけることは、当協会としても大変に名誉なことでして」と慇懃な言葉が続いた。

おそらくは、経済成長派と考えられている文化人ばかりだと、あまりにあからさまなので、〝バランス〟を取る意味で私の名前を末席に加えたかったのであろう。いつもだったら、使い慣れない丁寧な言葉を連ねて断るのだが、最近、息子や娘のことでやたらと金が入り用になっていたので、提示された案外の謝金の額に、あっさりと引き受けてしまった。

応募締切日を1週間ほどすぎたころ、協会の事務局の若い女性から研究室に電話がかかってきた。彼女は、２００点を超える多数の応募があった旨の報告をしたあと、応募作文のコピーを研究室に郵送するので、１ヶ月をめどに、その中から2点を推薦してほしい、お忙しい中で申し訳ないが、2点の作文それぞれに２００字ほどの推薦理由を付してほしい、ということであった。送られてくる作文のコピーは、応募者の名前が黒塗りにされていることも言い添えられた。

審査謝金が安くなかった理由もこの電話で合点した。２００点強の応募というのは、協会の伝手《つて》を総動員して応募を呼びかけた結果であろう、もしかすると、応募奨励金なんて話もあったのかもしれない、などと勘ぐったりもした。

しかし、届いた応募作品を読み進めていくにつれて、応募者が気乗りせずに書いたものではなく、すすんで書いたものがほとんどでないだろうかと想像するようになった。協会の深慮（と考えているのは、私だけかもしれないが…）が功を奏したのか、原稿用紙何十枚にもなるような大論文はほとんどなかった。

それでも、２００点以上の応募作品から2点を選ぶのは、やはり大変だった。さんざん迷った挙句に2点を選んで、それぞれに推薦理由を付けた。丁寧に手書きされた作文の数々になにか感じるものがあったのであろう。悪筆の私も、2通の推薦理由を手書きした。

推薦作品1

経済成長のすばらしさ：衣食住の豊かさ

[redacted]

私は、1960年生まれで、今年54歳になりました。私は、衣食住の面で経済成長のすばらしさを語ることができます。（それでは、つたない文章ですが、どうかよろしくお願いします。）

衣食住の逆順で、まずは、「住」から書いてみます。ここでは、「便所、お風呂、台所などの水回りの場所が明るくなってすごしやすくなったこと」について、語ってみたいと思います。

そもそも、和式の便所は、大きい時にあのような格好ですから、ゆっくりなどできるはずがありません。それが、80年代半ばごろでしょうか、家庭や職場で、洋式便所が普及して、大きい時でも座ってゆっくりと新聞を読めるようになりました。便所の床も、ひんやりしたタイルから、はだしで入っても大丈夫な素材に変わりました。90年代になると、学校の便所や公園などにある公衆便所も、大変に清潔になりました。

21世紀になると、ピカピカになったように思います。私は、高校生までそうでしたが、学校の便所が水洗ではありましたが、依然として和式で、あまり清潔な感じがしなかったので、便意をもよおした時でも、家まで我慢をしたぐらいです。

お風呂も、70年代までは、木製の風呂桶は、すごくヌべっとした感じで、なんだか落ち着いて入っていることができませんでした。体を洗うときも、足元のタイルがひんやりしていて、特に、冬などは、体や頭も洗わずに、さっさと出たいと思っていました。それが、風呂桶の素材も新しくなって、湯沸しの仕組みも進歩して、洗い場のひんやり感もなくなりました。30分でも、1時間でも、お風呂に入っていたい感じになったわけです。

台所もそうです。昔は、台所が北側の暗いところにあって、調理の場所がとても暗かったです。ですから、家族がそろって台所で調理をするなんていう雰囲気は、まったくありませんでした。それが、キッチンとダイニングが一緒になるとともに、台所が明るい場所に変わって、調理と食事がとても楽しい空間になりました。

便所、風呂場、台所などの水回りの場所が明るくすごしやすくなったことは、経済成長の賜物といわずに、なんと表現したらよいのでしょうか。より快適な便器、風呂、台所になったのは、工法、素材、装置などの技術進歩があったわけです。平均的に所得が増加して、多くの家庭がそうした優れたものを手にすることができるようになりました。技術進歩と所得拡大は、まさに経済成長の果実です。経済成長のおかげで、朝、トイレで新聞を読むことができ、夜、風呂場でゆっくりとすごすことができるようになりました。休日は、明るくなったキッチンで家族そろって楽しくクッキングです。

次は、「食」です。ここでは、「安くておいしいものを食べられるようになったこと」について、語ってみたいと思います。

私は、小・中学生の頃（すなわち、1960年代、1970年代）、母の実家を継いだ伯父のところに遊びに行くのがとても楽しみでした。いくつもの会社を経営していた伯父が、気前よくお小遣いをくれるということもありましたが、伯父の家のダイニングで食べる朝食がとてもおいしかったからです。伯父の家は、いくつもの部屋があるのに平屋で、ダイニングにも朝の日差しが入ってきました。

伯母が作ってくれる朝食は、いつも、ハムエッグとパン、オレンジジュースでしたが、素材全部が本物でした。ハムはロースハム（もちろん、当時は、ロースハムなんて名前は知りませんでしたが）、パンはふわふわの食パン、その食パンにつけるイチゴジャムには、ちゃんとイチゴ粒がそのまま入っていて、オレンジジュースは、100％果汁だったと思います。私は飲みませんでしたが、コーヒーも、なんだか道具を使っていれていたように記憶しています。

方や、自分の家の朝食はというと、父が銀行に勤めていたので、貧しかったというわけではないですが、出てくるものといえば、魚肉ソーセージ、ぱさぱさのロールパン、虫眼鏡でさがしてもイチゴの粒など見つからないジャム、色つきの砂糖水といった方がよいようなジュースでした。父や母が飲んでいたコーヒーも、インスタントコーヒーだったと思います。

それが、今は、ロースハムも、ふわふわの食パンも、果実をふんだんに使ったジャムも、果汁100%のジュースも、豆からいれたコーヒーも、ごく一部の富裕層に限られた食材ということはなくなりました。もちろん、今でも、それらの食材は決して安いわけではないですし、毎日、そのような食材を使っていたら、家計が持たなくなるという家は、私の家を含めて少なくないと思います。しかし、時々、ちょっぴり贅沢をすれば、これらの食材を味わうことができる家はたくさんあると思います。

食事というと、小さい頃の好物は、エビの天ぷらがのったきし麺と、うなぎ丼ぶりでした。といっても、エビ天きし麺も、うな丼も、家族の誰かの誕生日などといった特別な日でしか食べられないほど、庶民にとっては高嶺の花でした。それが、今はどうでしょうか、少し贅沢をするつもりであれば、いつでも、エビ天きし麺やうな丼を食べることができます。そうした手の届きやすさもあってでしょうか、息子も、娘も、「なんでもご馳走してあげるから、なにか好きなものをいいなさい」といっても、もはや、子供たちの口から「エビ天きし麺」や「うな丼」という言葉は出てきません。娘などは、「パパの手作りカレーが一番」といってくれて、うれしい限りです。

このように「おいしいもの」が手頃な値段で手に届くようになったのも、経済成長のおかげです。円通貨が強くなるとともに、農産物自由化を推進できる経済的な余裕のできてきたことが大きく影響していると思います。その結果、海外から安くて高品質の素材が日本市場に入ってきました。国内の食材製造者も、輸入食材との競争に負けまいとがんばって、優れた国産素材が市場に出回るようになったわけです。安くておいしいものが食べられるようになったのも、まさに経済成長のおかげだと思います。

最後に、「衣」にいきたいと思います。ここでは、「男も気軽におしゃれを楽しめるようになったこと」について、語ってみたいと思います。昔は、歳が若くても、歳をとっていても、男がおしゃれをすることは、おカネと勇気が要りました。私が青年だったころも、男のおしゃれがなかったわけではありません。『メンズクラブ』は、男性向けファッション誌の草分け的存在でしたし、VANというアパレル・メーカーは、アイビー・ファッションで一世を風靡しました。しかし、男物であってもというか、男物だからというか、ファッショナブルな服装は、とても高かったと思います。高校生のときに、一枚だけVANのセーター（片方の腕に囚人に推す焼印を模した二重線のデザインが入ったもの）を親に買ってもらったのですが、うれしくて、うれしくてたまりませんでした。

それでは、会社に入って自分で稼ぐようになったら、おしゃれな服を買うようになったかというと、そうでもありません。ファッショナブルな服装を売っている店に入るのが恥ずかしくて、恥ずかしくてたまりませんでした。本屋にいっても、男性向けファッション誌を手に取る勇気さえなかったのです。結婚してからも、妻と一緒でないと、おしゃれな店に入ることができません。

子供を持つようになって分かってきたことは、おしゃれも、食べたり、運動したり、勉強したりと同じで、小さいころからの練習が必要だということです。小さいころから、服装を自分で選ぶことを繰り返していくことで、それぞれの人のおしゃれのセンスも磨かれるのだと思います。日本国内でも、海外の安価な賃金で製造した輸入衣服が手軽な価格で流通するようになったことで、男の子のおしゃれをめぐる状況は革命的な変化をしました。ネット販売は、その変化をいっそう加速させていると思います。男の子であっても、自分自身のお小遣いの範囲で衣服をみずから選ぶ習慣を身につけてはじめて、自分で稼ぐようになったおカネをファッションにうまく使えるようになるのだと思います。

日本が経済大国になって、子供も含めて男性向けアパレル市場が拡大していく可能性があったからこそ、さまざまなメーカーが海外で衣服の製造を大規模に展開して、安価で高品質の衣服を輸入できる体制を築いてきたのだと思います。男性向けファッション市場の拡大も、経済成長の賜物だと思います。

以上、衣食住の側面から経済成長の素晴らしさを書いてみました。（どうか審査のほどよろしくお願いいします。）

【推薦理由】

この作品の良い点は、経済成長の恩恵を日々の生活の豊かさと結び付けて、率直な筆致で書いていること。10年単位、四半世紀単位の非常に長いタームで生み出されてきた成長果実を、量的ではなく、質的な充実として記述しているところに好感が持てる。もう一つ重要な点は、この作者が論じている生活の質的充実は、今の若い世代も、享受できているという点で、日本の成長によって築かれた、世代を超えた豊かさといえるところである。

推薦作品2

経済成長のすばらしさ：余暇の充実

[redacted]

私は、今年、54歳になる。先日の土曜日、朝食を終えて、1歳年下の妻と近所を散歩した。小学校の前を通ると、都内にしては広めの校庭からは、にぎやかな子供たちの声に交じって、男女の大人たちの声が聞こえてきた。校庭の半分では、サッカーの男子のチームが、残りの半分では、男子・女子混成のソフトボールチームが練習をしていた。お父さんたちも、お母さんたちも、ボールを蹴ったり、投げたりしながら、子供たちを指導しているというよりも、自ら球技を楽しんでいるようにみえた。ベンチに座って子供たちや夫の練習風景を眺めているお母さんたちもいた。

「こんな風景は、俺の小学生のころにはなかったなぁ」と隣の妻に話しかけた。私たちが小学生のころは、学校も会社も土曜日は休みでなかった。子供の方は、確かに、昼には授業が終わったが、職場に行った父は、半ドンにもかかわらず、夕飯前に戻ってくることは珍しかった。日曜日も、仕事上の接待でゴルフに出ることが多かった。たまに家にいると、昼まで寝ていた。父が私や妹と一緒に遊ぶというような風景は、まったくなかった。

週休二日制が定着していくのは、確か１９８０年代の終わりの方からだと思う。最初は、官公庁が実施し、民間企業も、徐々に取り入れるようになった。学校も、当初は、隔週で週休二日制としたが、やがて、毎週、そうなった。ただし、中高一貫の私立の学校では、授業日数を確保する目的から、週休一日制のままのところも少なくなかった。

私が大学を出て、会社勤めをするようになったころも、まだ、週休一日制だった。確かに、土曜日は、半ドンであったが、いったん会社に出れば、ついつい仕事をしてしまって、2時や3時に会社を出ることはまれだった。夕方まで会社にいて、「明日は休みだから、飲みにでも行こうか」と上司に誘われれば、付き合わざるをえなかった。結局、土曜日の丸1日が、会社に吸い取られていた。

週休二日制になって、日曜日だけでなく、土曜日も、自分や家族のために使えるようになったのは、大変に嬉しかった。週休二日制になったからといって、1週間にやらなければならない仕事の量が減ったわけではなかったので、月曜日から金曜日までの平日の勤務時間は、それ以前に比べて、結構、長くなったと思う。延長された勤務時間には、残業手当がほとんどつかなかった。それでも、土曜日が、中途半端な形で会社にかすめ取られるよりは、週休二日制の方がはるかにありがたかった。

私は、週休二日制が日本で実施できるようになったことが、日本経済の成長が産み出した、もっとも大きな果実でないかと思っている。平日の5日間に人々ができる範囲で追加の努力をすれば、これまでに築き上げてきた非常に高い生産水準を全体として維持できるほどに、個々人の、あるいは、個々のグループの労働生産性が向上したわけである。その結果、多くの人たちが、土曜日について、12時間ほどの自由に使える余暇を手にすることができた。

【推薦理由】

この作品は短いが、余暇の充実という面で、自分たちが享受できた経済成長の果実をテンポ良く表現していると思う。この作品の良い点も、経済成長の恩恵を日常生活の質的充実の側面でとらえていること、そして、こうした生活上の改善は、現在の世代も享受できていること。GDPなどの生産概念に余暇などの時間価値は含まれないが、GDP統計に表れないものについても、経済成長の恩恵を確実に見出しているところに好感が持てる。

締め切りの数日前に、推薦作品のタイトルと推薦理由を協会に郵送した。その半月後に、推薦作品を持ち寄った5人の審査員が合議で優秀作品を選ぶ会合があった。結論からいうと、私が推した2作品は、佳作にさえ入らなかった。それだけならまだしも、私の推薦作品は、協会理事長の嘲笑の的にもなった。その点は、若干感じるところがあったので、ここで顚末を簡単に記しておきたい。

会合では、優秀作と佳作が1点ずつ決まったが、どちらの受賞作も、私以外の審査員の強い支持を得た上であった。今となっては、優秀作も、佳作も、どんな作品かはっきりとは覚えていない。おそらく、私が推薦作を選ぶときでも、自分の印象に残ることなく、早い段階で私の関心から離れていった作文であろう。

しかし、そのような審査結果は、最初から分かり切ったことなので、あまり気にしなかった。早々に会合の場を去ろうとすると、「先生」と、私を呼び止める声があった。声の主は、協会の理事長だった。理事長は、「先生は、もう少し真摯な方だと思っておりましたよ。小学生の作文のような中年男どもの駄文を推してくるとは思いもよりませんでした」と私に対する不快感をあらわにした。私は、早くその場を去りたかったので、「そういうつもりは毛頭ありませんでしたが、もし、私の推薦理由の書き方に、そうお感じになる部分があったとすれば、私自身の不徳だと思います。申し訳ございませんでした」と丁寧に詫びた。とにもかくにも早く帰りたかった。

すると、理事長の「悪意さえ感じましたよ」という言葉に、私も、若干、不快を感じるところがあって、相手の顔をにらみつけた。理事長は、「先生、そんなこわい顔をなさらずとも。偉大な経済成長の果実を些細な日常の出来事に見出す、中年男どもの態度に、私どもは戸惑っただけですよ。それに、あそこまで安価な海外製品を礼賛されるのも…〝正しい経済成長〟とは、〝節度ある自由貿易〟を大前提としているわけですから。私どもの協会には、農業団体にも賛助会員として参加していただいております」といった。

それでも、早く帰ろうとする意志が勝っていたと思うのだが、「些細な日常」という言葉を思い出すと、とどまってなにかいおうとする衝動の方がついに勝ってしまった。「理事長は、『些細な日常』は、偉大な経済成長の足元にも及ばないとさげすんでおられるようですが、私は、些細かどうかは判断を控えますが、人々の日常生活をしっかりと支えるからこそ、経済成長に意味があるものだと思います」と、できるだけ感情を抑えていった。「いえいえ、私がいっているのは、あの中年男どもの作文には、自分たちの日常生活を支えてもらっている経済成長に対して、深い感謝の念を微塵も感じないという点だけなのです」と、声を荒げた言葉が返ってきた。

「これは、いくら話しても駄目だ」と感じて、「それじゃ、経済成長は、天から降臨した神様ですね」と言葉を残して会議室を出て行った。自活できるように学校で知識を身につけ、職を得てからも技能を高め、配偶者と一緒に、子供を育て、生活を切り盛りしていくという日々の営みの中に、衣食住の喜びを見出し、余暇の充実を感ずることが、はたして意味のないことなのだろうか？　そうした人々の営みの積み重ねこそが、経済成長の土台となっているのでないだろうか？　人々が生活の充実を得ようとして踏ん張っていくことこそが、一国の経済成長の根源的な原動力なのでないだろうか？　疑問符が付いたセンテンスが、いくつも、私の頭の中で響いていった。

ただ、理事長に対する憤懣もやがて去っていくと、「天からの経済成長」を崇める精神態度は、「政府からの経済成長」を推し進める政策発想と、それほど距離が離れていないのかもしれないと感じられて、思わず一人笑いしてしまった。経済成長思想普及協会の連中も、政府で成長戦略を練っている連中も、人々のたゆまない日常の努力に支えられた経済成長のおかげで飯を食っているわけで、彼らが崇めなければならないのは、経済成長なんかではなく、経済成長を支えている人民ではないかと、左翼思想家のような妄想が、一瞬、頭をよぎった。

以前、大学生の息子から「意識高い系」という言葉の微妙なニュアンスを教えてもらった。私が意味を取り違えているのかもしれないが、「力が入っているわりには、勘違いしていてピントがずれている」というような意味合いだろうか。もしかすると、成長信仰や成長戦略を徒にふりかざす大人たちは、「意識高い系中高年」と呼んでもよいかもしれないと、ふと思った。

第2篇への解題

「**中高年の作文コンクール**」の懸賞論文の広告文を読んでいて、戸独楽先生がよくいわれていたことを思い出した。大学で教鞭をとられている先生は、課題提出について、すべて「手書き」で「手渡し」であるそうだ。そんな話をされるとき、先生は、「handwritten and by handだ」と、下手な発音でいい直したりもされた。

「手書き」で「手渡し」の直接の理由は、コピペ対策だったとのことだが、かといって、クラスメートから教えてもらうことを禁じられたわけではなかった。先生は、「手書きで写すのとコピペはまったく違う。写経を考えてみなさい」とよくいわれていた。また、「手書きの文字を見ていると、達筆か、悪筆かにかかわらず、その学生の人柄がわかるんだよな」ともいわれた。

さて、閑話休題。

「**中高年の作文コンクール**」のメッセージは、（先生にはおしかりを受けるだろうが…）乱暴にまとめてみると、「経済成長という現象は、比較的長い期間で振り返ってみよう」ということになるかもしれない。「比較的長い期間」とは、最低でも、5年単位、できれば、10年、四半世紀というような長いタイムスパンということになる。

戸独楽先生が推薦された2つの「作文」も、そうした長いタイムスパンで見た現在の豊かさのありようを語っている。最初の「作文」は、1960年代、70年代に比べた現在の豊かさについて、二番目の「作文」は、1980年代後半から週休二日制が導入される前に比べた現在の豊かさについて、それぞれ率直に感想が書かれている。

図2-A1は、1955年度から2013年度の期間について、名目GDPの推移を描いたものである。よく知られているように、名目GDPとは、国内総生産（Gross Domestic Product）の略で、日本経済全体の生産規模をその時々の貨幣価値で評価したものである。

名目GDPは、60年あまりの間に急激に成長してきた。1955年度は、8・6兆円にすぎなかったが、1960年度には16・7兆円、1970年度には75・3兆円、1980年度には248・4兆円、1990年度には451・7兆円に拡大した。1995年度に500兆円に達してからは、ほぼ横ばいで推移している。

世の中で「失われた20年」と呼ばれている経済停滞は、1990年代半ばから名目GDPが500兆円前後にとどまっている状態を指しているが、1990年代前半までの経済状態に比べれば、きわめて高い水準を保っている。最初の「作文」は、1960年代、1970年代の貧しさに比べた、21世紀の豊かさを、非常に率直に語ったものといえる。

図 2-A1:1955 年度から 2014 年度までの名目 GDP の推移
(単位 : 十億円、出所 : 国民経済計算)

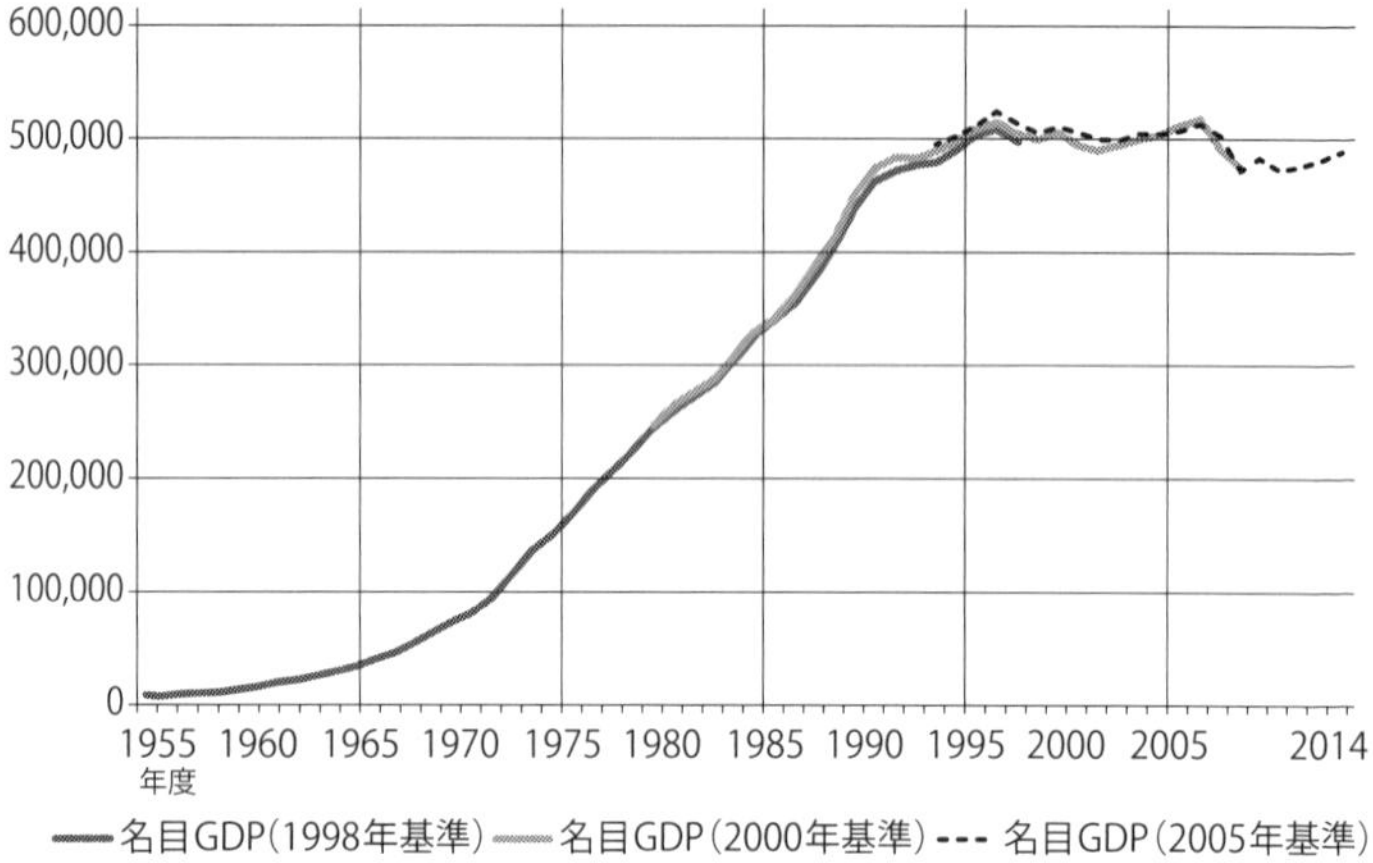

では、「失われた20年」自体をどのように評価すべきなのだろうか。

それは、本書の短編の連作で一つのテーマにもなっているように思う。先生は、『失われた20年』こそ、〈定常〉な状態なのだ」とよくおっしゃられた。「〈定常〉な状態では、少々の上げ下げに一喜一憂していてもしかたがない」ともいわれた。「経済を拡大させていく力とそれを縮小させていく力がほぼ拮抗しているときには、拡大させていく力がわずかに勝ってGDPが拡大する年も、逆に、縮小させていく力がわずかに勝ってGDPが縮小する年もある」というのが、先生の詳らかにしたかったことなのであろう。

先生は、「人間の感覚なんて頼りないもので、GDPが縮小した印象の方だけが残ってしまいがち」だというようなこともいわれていた。先生に最後にお会いしたときにも、図2－A2のようなグラフをみせられた。そのグラフには、物価変動の要因を除いた実質GDPの21世紀における推移が四半期（3ヶ月）ごとに描かれていた。といっても、それは、2013年初めごろのことなので、グラフは2012年末までで終わっていたのであるが。

2008年9月には、リーマンショックと呼ばれる金融危機が世界経済を襲った。リーマンショックは、リーマンブラザーズと呼ばれる米国の投資銀行が破綻したことが引き金となって起きた金融ショックだったことから、そう呼ばれるようになった。

日本経済の実質GDPは、リーマンショックの少し前の2008年1－3月期にピークを迎え、2009年1－3月期までの1年間で9％強落ち込んだ。日本経済は、リーマンショックを中心とした影響で、2003年初からの5年間の成長分、すなわち、480兆円から530兆円への50兆円分が吹き飛んだのであった。

先生は、「多くの日本人は、リーマンショック以降、日本経済は落ち込んだままだと信じているが、データを見ると、そうでないことがすぐにわかるのだが」と少し残念がっていた。確かに、図2－A2を見れば明らかなように、日本経済は、2009年初以降の5年間で50兆円分の落ち込みをほぼ取り戻していた。

それにもかかわらず、多くの人々が、最近の5～6年間は、その前の5～6年間に比べて日本経済が停滞したような印象をもったのはなぜなのであろうか。おそらくは、先生がいわ

図2-A2:2000 年以降の実質 GDP
（単位：十億円、2005 年価格、出所：国民経済計算）

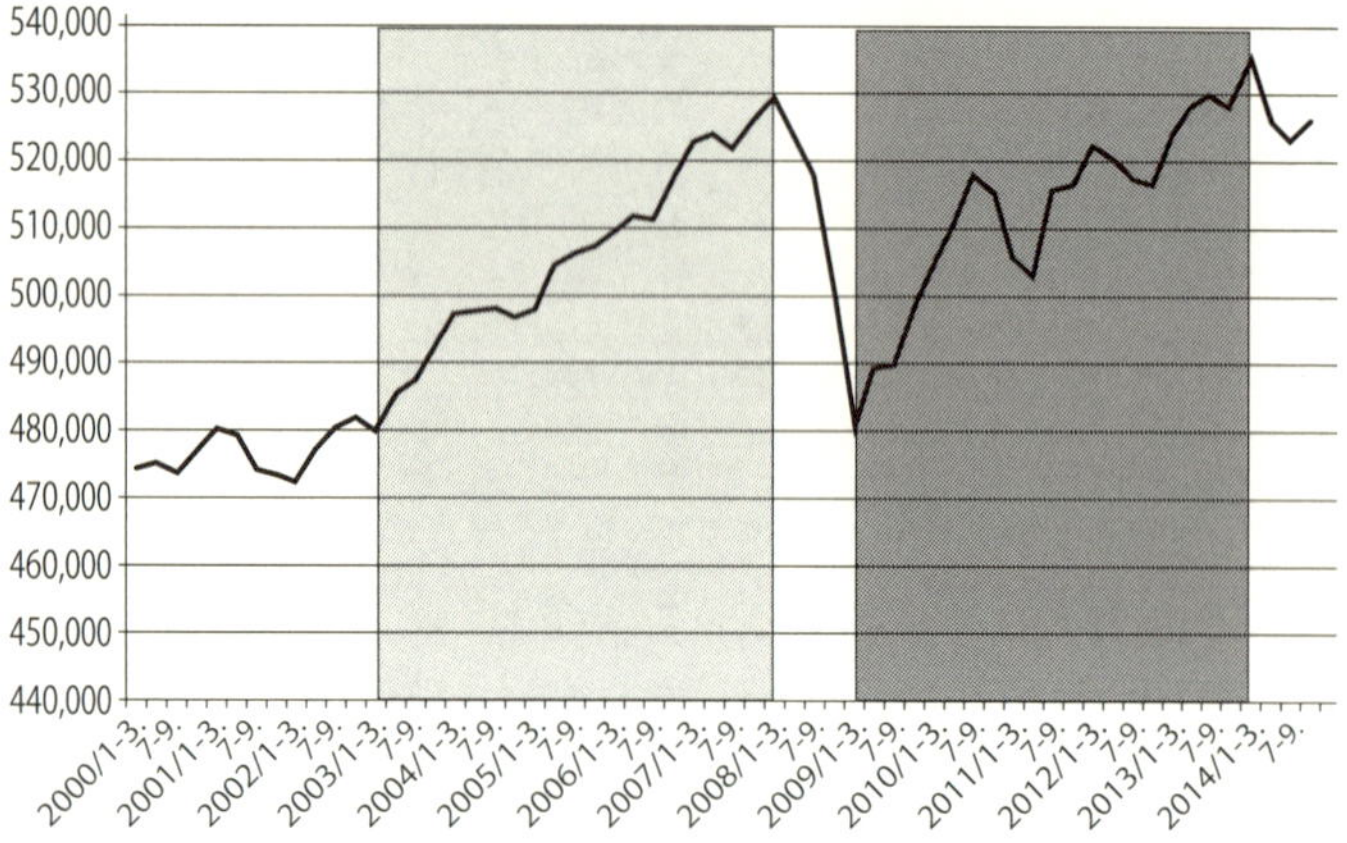

れるように、２００９年初以降の景気回復が、上下を伴ったものであったからであろう。確かに、２０１０年秋から２０１１年前半にかけてと、２０１２年春からその年末にかけてのそれぞれ９ヶ月間は、実質ＧＤＰで見てマイナス成長を記録した。現実は、そのマイナス成長を十分に打ち消すだけのプラス成長があったにもかかわらず、マイナス成長の印象だけが人々の心に残ったのであろう。

ただ、「**元経済官僚の手記**」（Part IIの第8篇）では、２００８年9月のリーマンショック後の景気回復だけでなく、２００２年から２００７年の順調な経済成長もひっくるめて、「失われた20年」とか、「15年にわたるデフレ」とかネガティブな評価が人々の間に定着した背景を探っておられる。

この解題の最後に、二番目の「作文」に関

図2-A3:1968年度から2013年度にかけての非農林業・週当たり労働時間
（単位：時間／週、出所：労働力調査）

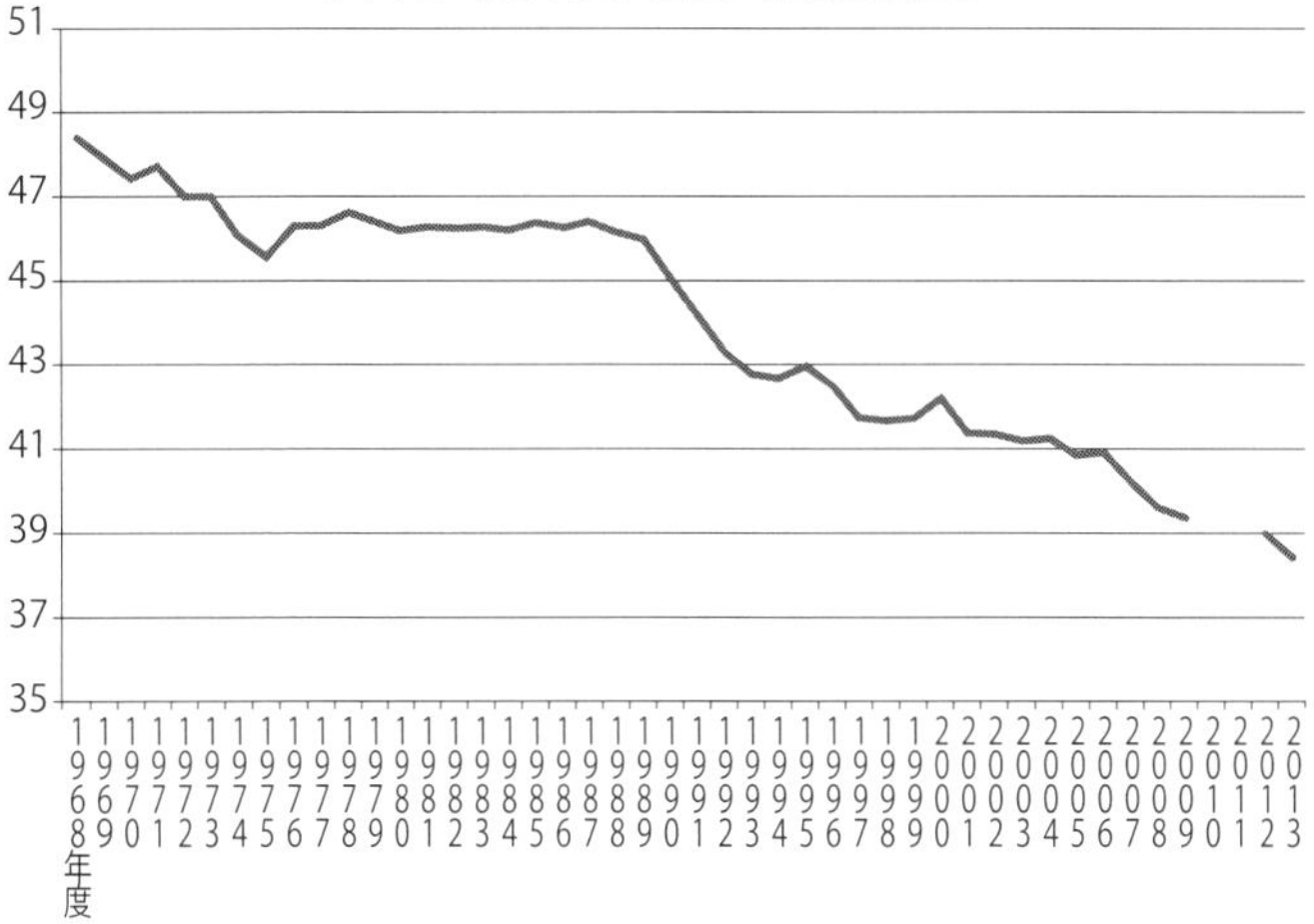

係する労働時間の短縮について見てみよう。図２－Ａ３は、農林業を除く産業部門について、週当たりの労働時間の推移を描いたものである。なお、２０１０年度と２０１１年度のデータが欠けているのは、２０１１年３月11日の東日本大震災の後、しばらくの期間、調査が行われなかったためである。

　週当たり労働時間は、１９８０年代半ばごろまで46時間前後で推移してきた。すなわち、週労働時間は月曜日から金曜日までの一日当たり８時間、土曜日の４時間、さらに残業を加えた長さであった。ところが、１９８０年代末以降、週労働時間は、急速に短くなり、21世紀に入ると、41時間にまで縮小した。

　ただし、山本・黒田（２０１４）によると、週休二日制が普及するとともに、一日当たりの労働時間がかなり長期化して、週労働時間はそれほど短くならなかったという指摘もある。それにしても、二番目の「作文」の応募者が主張するように、土曜日の労働から解放されて週末に長い余暇を持てるようになったことが、日本人の生活を大きく変えたことにちがいはない。

〈参考文献〉

齊藤誠、２００６、『成長信仰の桎梏―消費重視のマクロ経済学』、勁草書房。
山本勲・黒田祥子、２０１４、『労働時間の経済分析―超高齢社会の働き方を展望する』、日本経済新聞出版社。

第3篇

ある経営者との対話

「それじゃ、ここで、白でも、黒でもいいから、『ホッピー飲みながら』ってのはどうだ。ホッピーに勝つ料理だったら、どうとでもなるだろう」という提案は、なぜか、私には魅力的に思えた。

昨年の居酒屋でのことだったと思う。長い付き合いのある新聞記者は、白ホッピーの入ったジョッキを片手に「王仁郷《わにごう》のオヤジと会ってくれないか」と私にいった。王仁郷は、都内の高級住宅地の地名だったが、まったく要領を得なかったので、「王仁郷のオヤジって誰だ」と聞いた。そうすると、著名な経営者の名前があがった。

「なぜ、俺が？　お前知っているだろう、俺が、公の場以外では、経営者にも、政治家にも会わないってことを。これは、俺のポリシーだ！」と言い返した。「何を青臭いことをいって、なんで、そんな方針にこだわるんだ」という彼には、「会って転んだ優秀な研究者を何人も見てきたから」といいかけたが、結局、「性に合わないのさ」とだけいった。

「高級料亭でうまいものを、たんまり食いながらでもダメか」といってくるから、「それでも、ダメだ。高級料亭ってところは、旨い酒は出ても、それに見合う美味しい料理なんて出て来やしない」と、つれなく返事をした。ただ、「それじゃ、ここで、白でも、黒でもいいから、『ホッピー飲みながら』ってのはどうだ。ホッピーに勝つ料理だったら、どうとでもなるだろう」という提案は、なぜか、私には魅力的に思えた。「ジーパンでもいいか」と聞いたら、「膝のところが擦り切れて、ワッペンべたべたっていうのでもいいぞ」というものだから、この居酒屋で経営者と会うことにした。

1週間後の5時に同じ居酒屋で経営者と落ち合うことになった。彼は、カジュアルな姿で現れたが、60歳代半ばぐらいだろうか（そうすると、私より10歳ほど年上になる）。私は、テレビで経営者の顔を知っていたので、「会長、こちらですよ」と手をあげた。経営者は、「先生、会長はやめてくださいよ。さん付けでお願いしますよ」と提案した。しかし、「そちらも、『先生』だから、こちらも、『会長』でよいじゃないですか」という再提案で、「会長」、「先生」のままとなった。

経営者は、「ホッピーとは、ひさしぶりだな」と、まんざらでもないふうに杯を進めていた。単に愚痴を聞いてほしいというのが、経営者が私に会いたがった理由らしい。もう少し若いころは、「なぜ、私なんですか」と聞いたものだが、歳をとってきて、そういうことを聞くのが面倒くさくなった。

「最近、政府がうるさくて、箸の上げ下ろしにいちいち文句をいってくる」と愚痴が始まった。「賃上げのことですか」と聞くと、「賃上げは、どうとでもごまかせる」とはっきりといった。たとえベースアップをしても、賞与のところで調整できるし、それでも足りなければ、正規雇用を非正規雇用に切り替えればいいからだそうだ。「賃上げで政府に恩を売れるんだったら、いくらでも政府に協力するよ」と笑っていた。

経営者の口から出てくる言葉は、労働者にとって心地がよいものではなかったが、5時からの飲食ということもあって、私たちの周りには、人がそれほど多くなかった。経営者のあまりに屈託のない言葉に、正規と非正規の区別をあまりに便宜として用いていると、経営側も、正規従業員側も、いつかしっぺ返しを食らうのでないかと、若干不安を覚えたが、私は、あえて口にしなかった。

「それでは、何が」という私の一言は、経営者の愚痴の導火線に火を付けてしまった。

「『銀行からカネを借りろ、借りろ』と、政府の連中がうるさいんだ。日銀は、さすがに事業会社に直接いってこないが、民間銀行には、あれでもか、これでもかって感じで、融資を後押ししているっていうじゃないか。日銀は、民間銀行に低利で融資までしている。金利が、すでにとんでもなく低いのにだ」

「おまけに、カネの使い道にまで、口をはさんでくる。××地域の方に工場を建てろ、○○の補助金事業に見合うような設備投資をしろ、政府の成長戦略のシンボルになるような投資をしろと、とにかくうるさい。工場の規模縮小や撤退をしようものなら、△△の補助金をたんまり付けるから、残ってくれといってくる。政府も、日銀も、一体全体、なんてことなんだ！」

経営者の口からは、政府や日銀を呪う言葉が次から次に出てきた。

黒ホッピーの入ったジョッキを片手に、「先生さ、企業が投資するって、命懸けなんだよ。もちろん、人間様の命じゃなくて、たかが企業の命にすぎないけれど、投資に失敗すれば、すぐに倒産さ」と弁じた。「経営者は、会社の行く末を考えに考え抜いて、機械を導入する、工場を建てる、研究開発をする。いったん決めたら、おいそれと、撤回できない。『投資する』っていうのは、未来にコミットメントするってことなんだ！」

私が「投資が未来へのコミットメントですか、良い文言ですね」と評論家めいたことをいったら、「だから、大学の先生は、お気楽だな」と返してきた。「それで、会長は、財界の役職をすべて退いたわけですか」というと、「そう、全部辞めた。なまじ、財界活動になんて足を突っ込んでいると、政府や日銀に足を引っ張られるだけだ。今は、会社経営に専念している」と声を荒げた。

「それで、先生は、俺の話をどう思う？」と切り出してきた。私は、不意を突かれたように、「といわれても」と口ごもってしまった。

「先生の新書『競争のエチケット』は、サブタイトルが、『いかに働き、投資するか』じゃないか。競争、労働、投資を本のタイトルにする先生に意見が聞きたかったんだ。普通だったら、競争も、労働も、投資も、自らの『幸福』のためにやるんだから、タイトルに、幸福云々とした方が、読者の受けがよいに決まっている。それを、みんなが敬遠しそうな競争がメインで、労働と投資がサブのタイトルだから、どんな奴かって、興味が湧いて、新書を手に取った。内容は、あれだな、納得するところもあったが、ちょっとばかりというか、相当、ずれているなってところもあった。特に、同業の経営者に対して、こっぴどくいう性根が気に食わなかった」と続けざまにしゃべった。

そういうことだったのかと思いつつ、「そういっていただいた会長には恐縮なのですが、私は、本のタイトルに『ハピネス』という言葉を入れたかったんですが、『柔《やわ》すぎる』と編集者に拒否されたんですよ」と、やっと口をはさめた。「それは、気骨のある編集者だ。それで、どう思うんだ」と再び聞いてきた。

少し思案して、「会長の話と少しずれるかもしれないですし、また、学者はお気軽だって落胆されるかもしれませんが、会長の会社の姿が、日本経済の姿とかなり重なっているのかなと思って、会長のお話をうかがっていました」というと、「どういうことだ」と聞き返した。「会長のいっていることって、要するに、金利が安い、税金が低い、補助金を付けるから、っていわれても、将来のことを慮れば、国内でおいそれと設備投資なんてできやしないってことでしょう。会長のところだって、できれば早く撤退したい工場さえ持っているわけですよね。実は、ここ10年のマクロ経済のデータを見ていると、会長のように思っている経営者の方が、多数派なんじゃないかなと思っているんですよ」と話すと、「先生の話が全然見えてこない。どういうことだ」と再び聞き返してきた。

「マクロ経済の企業動向というと、世間では、設備投資の水準がしばしば話題になりますが、私は、あまり関心を持っていません。設備投資水準がいくら高くても、それが即座に資本設備ストックの拡大に結び付くわけではありませんから。毎年、資本設備は、減耗するので」といいかけると、「ゲンモウって何だ」とたずねてきた。「資本設備が摩耗して、擦り減るから、減耗ですよ。企業会計でいえば、減価償却に相当すると考えてください。資本設備が減耗する分を上回る設備投資、すなわち、**純設備投資**こそ、経済学的には重要な指標ですね」と話すと、「ジュンって、純粋の純か」と聞かれた。

「そうです。純設備投資がポシティブであれば、資本設備ストックが拡大していくプロセスなので、将来、生産活動で生み出される価値も増大して、人々は、より高い水準の消費を享受することができます。逆に、純設備投資がネガティブであれば、将来、産み出される価値が縮小して、人々は、より低い水準の消費を強いられるわけです」

「何だか、先生から講義を受けているみたいだな。設備投資水準が、資本ゲンモウっていったっけ、そのゲンモウ分とちょうど見合って、純設備投資がゼロだったら、生産水準も、消費水準も、現状維持ってことだろう」と得意気だったので、「さすが、会長、分かりが早い！」と茶化すと、「馬鹿にするな」と笑っていた。

「昨日の講義用に準備したものなんですが、ちょっと面白いグラフを持っていますよ」といって、鞄からグラフ（図3－1）を取り出した。「マクロ経済統計では、経済全体の純設備投資に相当するのが、純固定資本形成。この図は、物価水準の変化を調整した実質純固定資本形成について、1994年以降の推移を描いています。実線は水準で、点線は、実質GDPに対する比率。少し注意が必要なのは、ここでいう設備投資には、民間企業の設備投資だけでなく、政府や地方自治体の公共投資、さらには、家計の住宅投資も含まれているん

図 3-1：実質純固定資本形成の動向
（単位：十億円、2005 年価格、出所：国民経済計算）

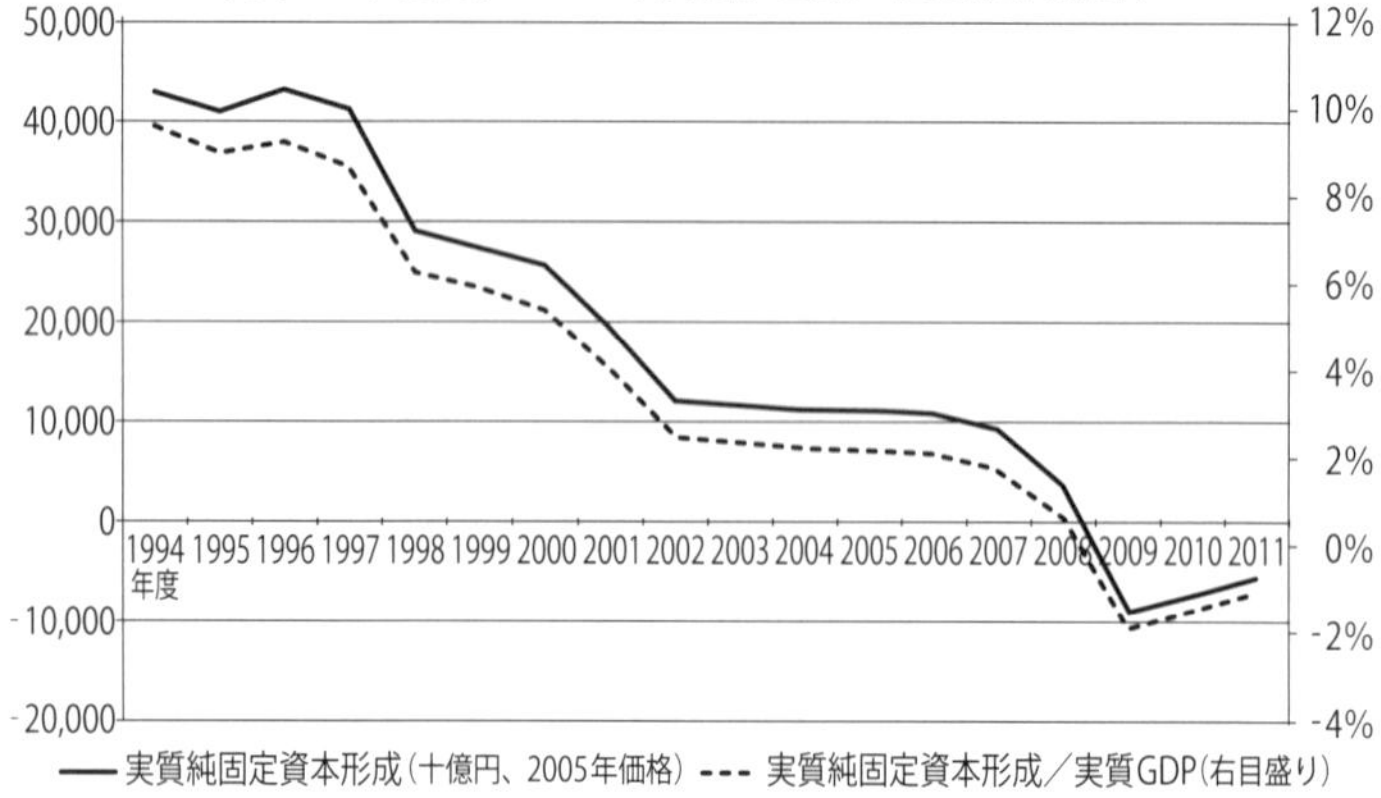

ですよ」とたてつづけに説明を重ねた。

そして、「それにしても、すごい変化でしょう」と、経営者に対してグラフに注目するように促した。

「確かに、すごいな。実質ＧＤＰに対して１０％近くあったものが、１９９８年以降、急激に低下して、２００２年以降、２％の水準を下回った。急激な下落だ」と、経営者はやや興奮気味だった。「やや大雑把すぎるかもしれませんが、対実質ＧＤＰでプラス・マイナス２％の範囲は、ゼロ近傍だとすると、２００２年以降は、日本経済全体の純設備投資がほぼゼロで推移していることになりますね。２００２年から２００７年は、『戦後最長の景気回復期』ですが、好景気でも、純設備投資は、ほぼゼロ」。

「ということだな」と、経営者は私の言葉を継いだ。

私は、「ただ、日本経済はすでに成熟していて、資本設備ストックの水準は非常に高く、その結果、毎年の資本減耗分も巨額なので、それを打ち消すだけの設備投資水準は保たれていますね」と解説をして、さらには、「現状維持もなかなか大変ということになりますね」と感想めいたことも述べた。

「いずれにしても、将来も、現状維持が相場っていうことか」

「そうなりますね。先ほど、会長の会社が日本経済と重なるっていったのも、将来に向けて現状維持が相場観のところで、政府や日銀に、カネ借りて、投資しろと、いくらいわれても、うっとうしいだけですね」

「そうだな。それでも、政府の要請に根負けして、政府の言うなりに、経営者たちが設備投資を実行したらどうなる？」

「余分な設備投資をするわけですから、投資収益も上がらないままに、過剰設備の運命じゃないですかね」

経営者は、「そうか…」といったかと思うと、「ところで」と話題を転じた。

「先生を紹介してくれた新聞記者がいっていたけど、先生は、経営者にも、政治家にも、会わないんだって。もっと、いろいろな人と頻繁に会って、今日みたくな話をすればいいんだ。楽しかったぞ」

「会長とは、今日一度きりだから、楽しかったんですよ。会長が60年以上生きてきて、私が50年以上生きてきて、居酒屋でせいぜい2時間駄弁《だべ》るだけですから、面白いネタも見つかるのが当然じゃないですか。それが、定期的に会うってことになれば、そうはいかないでしょう」

「それじゃ、先生は、象牙の塔に籠りきりで、実社会とは没交渉かい」

「ほとんど毎日、大学の研究室通いなので、象牙の塔には籠っていますが、実社会に対しては、野次馬根性丸出しですよ。自分でいうのも変ですが、日本と世界のデータを、ここまで観ている経済学者なんて、そんなにいないと思いますよ」

「でも、出し惜しみしているじゃないか」

「全然。会長も、どうせ斜め読みでしょうけど、私の書いた本を読んでくれたじゃないですか。読者に手にとってもらえるほどには魅力があって、いざ、読みだすと、読者の気持ちを、ほんの少し逆なでして、彼・彼女の頭の中に化学反応を起こさせればいいわけですから。私の書いたものは、ベストセラーとはいきませんが、それでも、何千人という読者が手に取ってくれるわけです。こうして一対一で会長と話しているより、本っていうのは、ずっと影響力があるわけですよ」

「そういうものか…　俺には、よく分からんな」

少し前から、運転手らしい人が居酒屋の入口の方で待っていた。経営者が、勘定を持とうとしたが、私は、割り勘をお願いした。白黒のホッピー1本ずつに、数杯だけ焼酎のお替わりをして、ちょっとしたツマミを頼んだだけだったので、一人2500円にもならなかった。経営者が「また、今度」と笑っていうものだから、私も、「積もり積もった話となると、せめて10年後でしょうか」と笑って別れた。

経営者が政府への憤懣から財界の職を辞したわけではなかったことを知ったのは、その半年後に彼の訃報に接した時だった。

第3篇への解題

「**ある経営者との対話**」は、日本経済がどういった意味で〈定常〉状態にあるのかを掘り下げて考えていく上で、とても重要な意味を持っているので、戸独楽先生が喫茶店で一生懸命に教えてくださったことを思い出しながら、丁寧に、丁寧に解題を書いていこうと思う。

ここから先は、先生が私に乗り移ったかのように書いてしまいそうである。

それでは、まずは、理屈から。

マクロ経済学には、「現在の設備投資は、『将来の消費』に貢献する」という考え方がある。このようにいうと、「『将来の消費』ではなく、将来の生産の間違いでないか」といい返されてしまいそうだが、「将来の消費」が正しい。現在、生産したものをすべて生産設備に投じて将来の生産をいくら拡大させても、人間の生活は豊かにならないからである。生産したものを消費してはじめて、人間の生活は豊かになる。

したがって、今の時点で生産したものを、「現在の消費」に充てるのか、生産設備に投じるのかの判断は、どれだけ「現在の消費」を犠牲にして、代わりに設備投資を通じて「将来の消費」を確保するのかの決定に他ならない。いいかえてみると、「現在の消費」と「将来の消費」を天秤にかけながら、現時点で消費と設備投資の配分を決めているわけである。進んだマクロ経済学理論では、こうした「現在の消費」と「将来の消費」の緊張関係を次のような数式で表している。

$$\frac{\text{将来の消費の平均水準}-\text{現在の消費水準}}{\text{現在の消費水準}}=\frac{\text{現在の純設備投資水準}}{\text{現在の消費水準}}$$

右の式は、将来（future）と現在（current）の頭文字をとって、**FC式**とニックネームをつけておくことにしよう。何だか、サッカーチームのように響いてしまうが…

FC式をどのように導出するのかは、戸独楽先生の友人（らしい…）の齊藤先生の著作（参考文献にあげてある）に詳しく説明されているが、それを数学的に理解するのは相当厄介である。ここでは、**FC式**が成り立つことを前提として、議論を進めていきたい。

まず最初に**FC式**の右辺は、粗設備投資でなく、純設備投資になっているところが鍵となってくる。粗設備投資には、現在の生産活動で生産設備が消耗してしまう部分（固定資本減耗）が含まれているが、当然、この消耗部分は、将来の生産に貢献することはない。そのために、粗設備投資から減耗部分を差し引いた純設備投資部分をもって、将来の生産、ひいては、「将来の消費」に貢献する部分と考えるわけである。

こうしてみてくると、**ＦＣ式**の解釈は容易になってくるであろう。純設備投資がプラスであると、将来の生産が拡大する分、「将来の消費」も現在の水準に比べて改善する。逆に、純設備投資がマイナスであるとすると、将来の生産が縮小する分、「将来の消費」が現在の水準に比べて減少する。また、純設備投資がほぼゼロであると、「将来の消費」は、現在とほぼ同水準で推移していくことになる。

ただ、これまでの説明は、間違っていないが、正確ではない。というのは、右の説明では、**ＦＣ式**の「右辺から左辺への因果関係」を語っているように聞こえてしまうからである。正確にいうと、**ＦＣ式**では、右辺と左辺が同時に決まっていて、「右辺から左辺への因果関係」もあれば、「左辺から右辺の因果関係」もあるのである。

それでは、「左辺から右辺の因果関係」とは、どのようなものであろうか。それは、「将来の消費」を取り巻く環境から現在の設備投資が縛られるような側面である。たとえば、経済成長が確実に見込まれ、「将来の消費」が拡大すると予想されると、現在の設備投資が活発になって、純設備投資がプラス方向に大きく転じる。あるいは、経済が安定して「将来の消費」も現在の消費水準と同程度に推移すると予想されると、現在の設備投資を固定資本減耗分程度にとどめて、純設備投資がゼロになる。

「会長」たちを設備投資促進に駆り立てようとする「政府」は、**ＦＣ式**における「右辺から左辺の因果関係」しか見ていないといえるかもしれない。「政府」は、現在の設備投資を促進すれば、将来の経済成長に結びつき、「将来の消費」が拡大すると考えている。

一方、「会長」たちを悩ませているのは、**FC式**における「左辺から右辺の因果関係」であろう。「会長」が苦悩するように、将来の消費拡大が見込めないときに、設備投資の増額に踏み切るのは非常に難しい。経済が拡大する局面であれば、投資の失敗も、「企業の成長」の果実で尻拭いすることができる。しかし、経済が安定的に推移する〈定常〉状態においては、一民間企業にとって投資の失敗を尻拭いする余裕がなく、「企業の死」に直結する。そうした可能性が常にあるので、低利、減税、補助金と設備投資推進のメニューを並べられても、「会長」をはじめとした民間企業の経営者たちは慎重となるわけである。

しかし、日本経済のレベルで設備投資が失敗すれば、一民間企業に「死」がもたらされるだけでない。経済全体としては、投資のために犠牲にした過去の消費も、投資の果実として約束された現在の消費も、どちらも失われてしまうのである。「余分な設備投資をするわけですから、投資収益も上がらないままに、過剰設備の運命じゃないですかね」と語る「先生」の懸念は、むしろこちらの方にあるのであろう。

それでは、実際のデータにあたりながら、日本経済がどのような局面にあるのかを見てみよう。

図 3-A1：粗設備投資(総固定資本形成)と純設備投資(純固定資本形成)
(単位：十億円、2005 年基準、出所：国民経済計算)

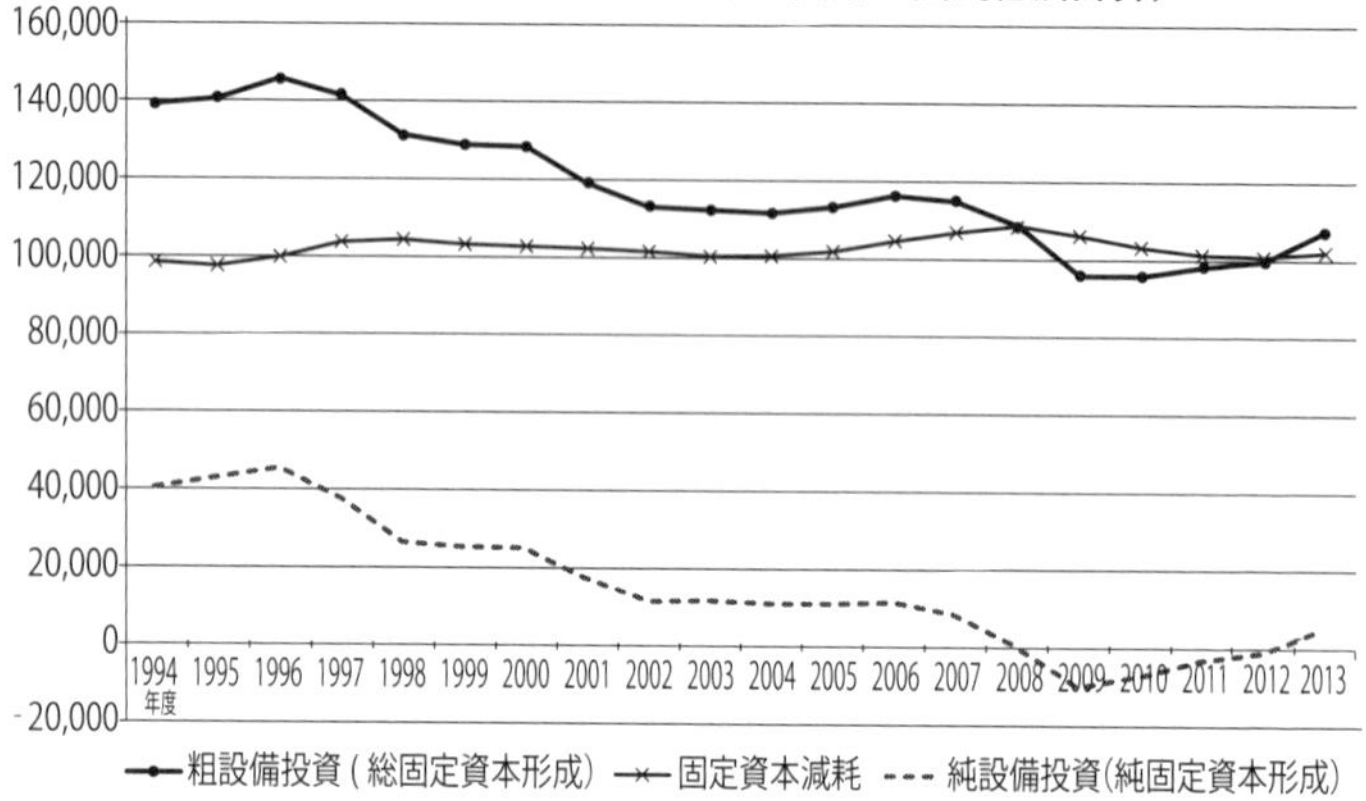

まずは、日本経済の純設備投資の総額を見ていく。「**ある経営者との対話**」の「先生」が説明していたように、経済全体の設備投資には、民間企業や公的企業の設備投資だけでなく、政府や地方自治体の公共投資や家計の住宅投資も含まれている。「**ある経営者との対話**」の図3－1では、その当座で得られるデータの制約で2011年までしか記録されていなかったが、今では、2013年までデータをえることができる。図3－1は、純設備投資比率について対実質GDPの割合で見てきたが、以下では（後に出てくる図3－A2や図3－A3）、**FC式**の右辺のことを考えて、対家計消費の割合で見ていこう。

図3－A1には、純設備投資（純固定資本形成）だけでなく、粗設備投資（総固定資本形成）と固定資本減耗が名目額で描かれている。

図 3-A2：実質純固定資本形成／実質家計消費（1994年度～2013年度）
（単位：2005 年価格、出所：国民経済計算）

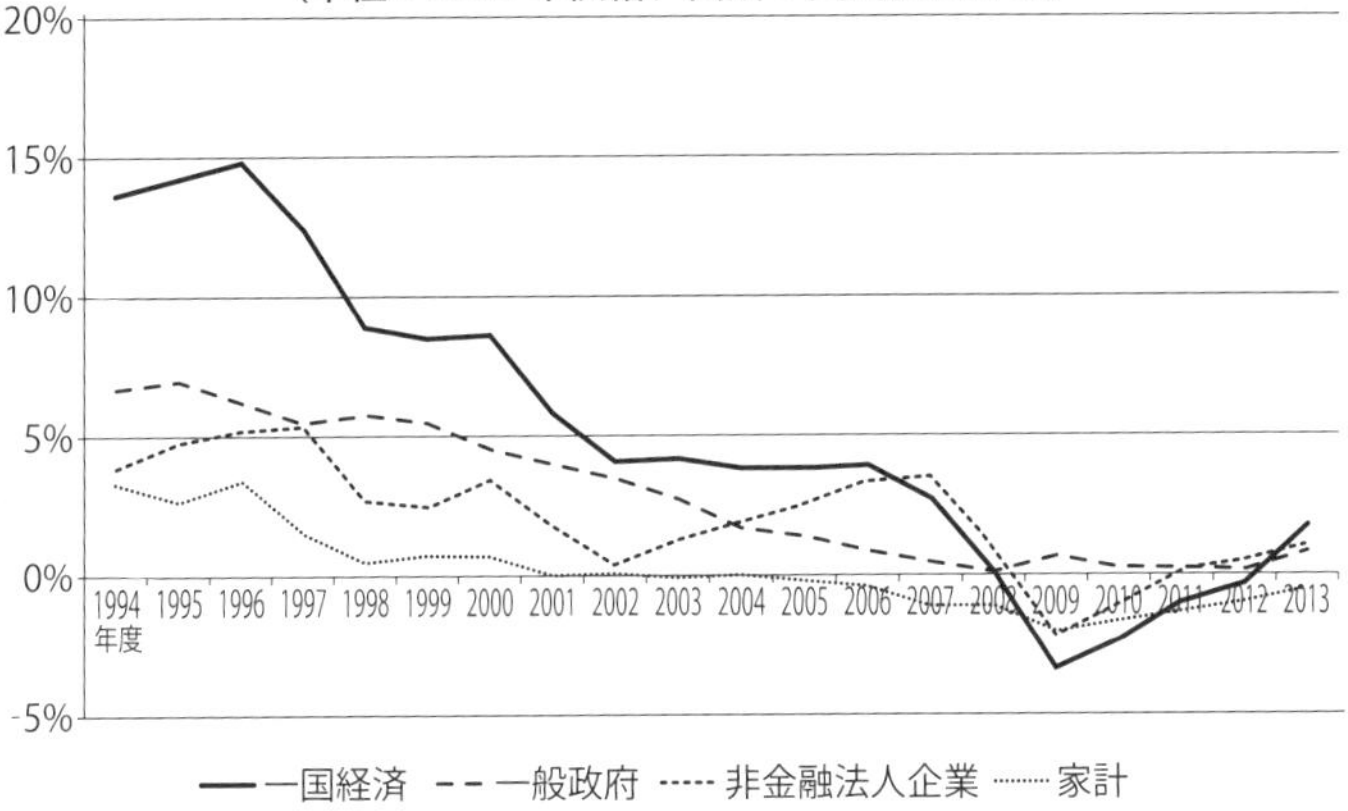

経済全体の粗設備投資は、１９９４年に１４０兆円あったものが、21世紀に入ると、１２０兆円を切り、２００８年以降、１００兆円前後で推移した。一方、固定資本減耗は、資本設備ストックが積み増されるにしたがって、90兆円から１１０兆円に緩やかに上昇し、２００８年をピークになり、その後緩やかに減少してきた。現在は、約１００兆円の水準にある。

　総固定資本形成の傾向的減少と固定資本減耗の高位安定を反映して、経済全体の純設備投資は、１９９４年に40兆円を超えていたが、21世紀に入ると、20兆円を割り込んだ。さらに２００８年には、粗設備投資と固定資本減耗がほぼ等しくなって、純設備投資がほぼゼロになる。２００９年から２０１１年は、純設備投資がマイナスで、２０１２年がほぼゼロ、２０１３年がプラス６兆円弱であった。

なお、日本経済は、２００２年から２００７年にかけて輸出主導の景気回復期にあったが、そんな局面にあっても、粗設備投資が固定資本減耗を10兆円強上回っただけであった。純設備投資の低迷がつい最近に始まったわけではないことは、肝に銘じておくべきであろう。

「会長」の相手をした「先生」がいうように、21世紀に入って、粗設備投資が固定資本減耗とほぼ釣り合って、純設備投資がゼロ近傍で推移してきた。このことを**ＦＣ式**にそって解釈すると、日本経済の消費水準は、今後、おおむね横ばいで推移することになる。日本経済は、消費と設備投資の関係から見ると、まさに〈定常〉状態に達したと判断することができる。

それでは、純設備投資が停滞してきたのがどの部門なのか、すなわち、設備投資なのか、公共投資なのか、住宅投資なのかを見ていくことにしよう。図３‐Ａ２は、**ＦＣ式**の右辺に相当する純設備投資比率（実質純固定資本形成／実質家計消費）について１９９４年度から２０１３年度の推移を、経済全体だけでなく、一般政府（政府と地方自治体）、非金融法人企業（民間企業と公的企業）、家計ごとに描いたものである。

経済全体の純設備投資が長期的に低下傾向にあるのは、一般政府で、政府や地方の公共投資が持続的に縮小してきた影響が一番大きい。また、家計部門の住宅投資も、人口停滞を反映して長期的に低下傾向にある。一方、民間企業や公的企業の設備投資は、上下の振幅が大きい。１９９７年度の５％から２００２年度には０％まで低下したが、その後、２００７年

図3-A3：実質純固定資本形成／実質家計消費（1980年度～2009年度）
（単位：2000年価格、出所：国民経済計算）

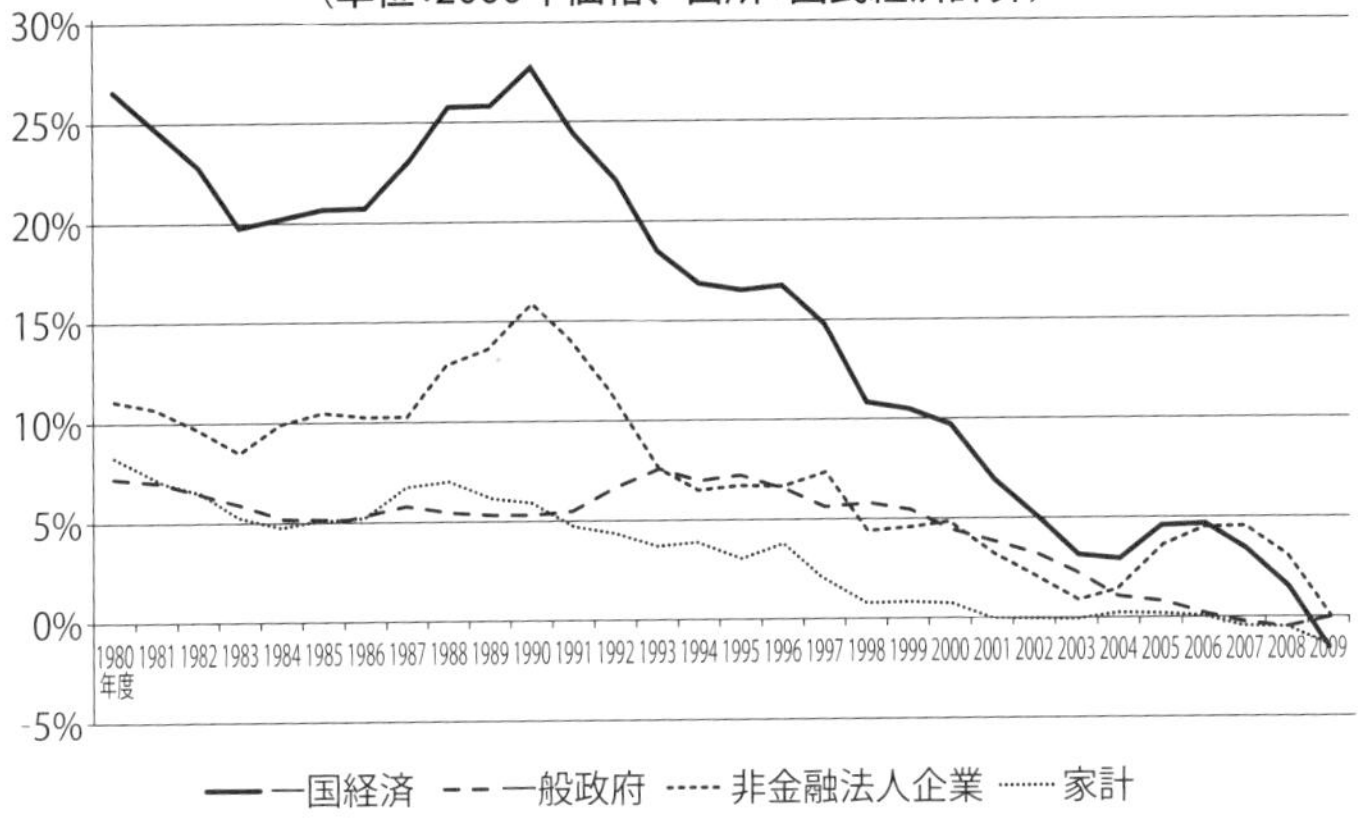

度にかけて4%まで上昇した。2008年度以降は、大きく落ち込み、2013年度に若干プラスに転じた。

図3-A3は、図3-A2と同じグラフを1980年度までさかのぼって描いたものである。このように四半世紀を超えるスパンで見ると、1994年度から2013年度の期間では上下しているように見えた企業の設備投資も、1990年度をピークに長期低下傾向にあることがわかる。図3-A3によると、民間企業や公的企業の設備投資動向が経済全体の設備投資動向を引っ張っているといえる

それでは、これまで示してきたデータにそって、**FC式**が日本経済におおむね当てはまるのかを見ていこう。**FC式**の右辺の純設備投資比率は、日本経済レベルで1980年代の平均が23%であった。この場合、**FC式**の左辺は、

1980年代から見て「将来」に当たる1990年代にかけて家計消費が平均でどのくらい上昇したかに対応するが、207兆円から271兆円へと31％増加している。

1990年代、2000年代について同じように見てみると、FC式の右辺に相当する純設備投資は、それぞれ18％、4％である。一方、その左辺に相当する将来にかけての家計消費の増加率は、271兆円から306兆円へと13％増、306兆円から321兆円へと5％増である。ただし、2010年代の家計消費は、2010年度から2013年度の平均水準である。

図3－A4は、以上のことをまとめている。1980年代から2010年代にかけて平均消費の伸び（左辺、棒グラフと棒グラフの間を結ぶ矢印の傾きが平均消費の伸びに相当している）は、31％、13％、5％と鈍化していくことに対応して、純設備投資が実質GDPに占める割合（右辺、折れ線グラフが純設備投資／実質GDPに相当している）も、23％、18％、4％と低下してきている。すなわち、FC式の左辺と右辺で正確に等号が成立しているわけではないが、それでも、両辺がほぼ同様の水準で推移していることがわかる。

それでは、2010年代以降はどうなるであろうか。先述のように2010年代のデータは2010年度から2013年度までしかなく、**FC式**の右辺に相当する純設備投資比率の平均は、ほぼゼロである。ということは、**FC式**に基づくと、今後の家計消費は、横ばいで推移していくことになる。こうして見てくると、消費と設備投資の関係を見るかぎりは、日

図 3-A4：消費と純設備投資
（単位：兆円、2005年価格、出所：国民経済計算）

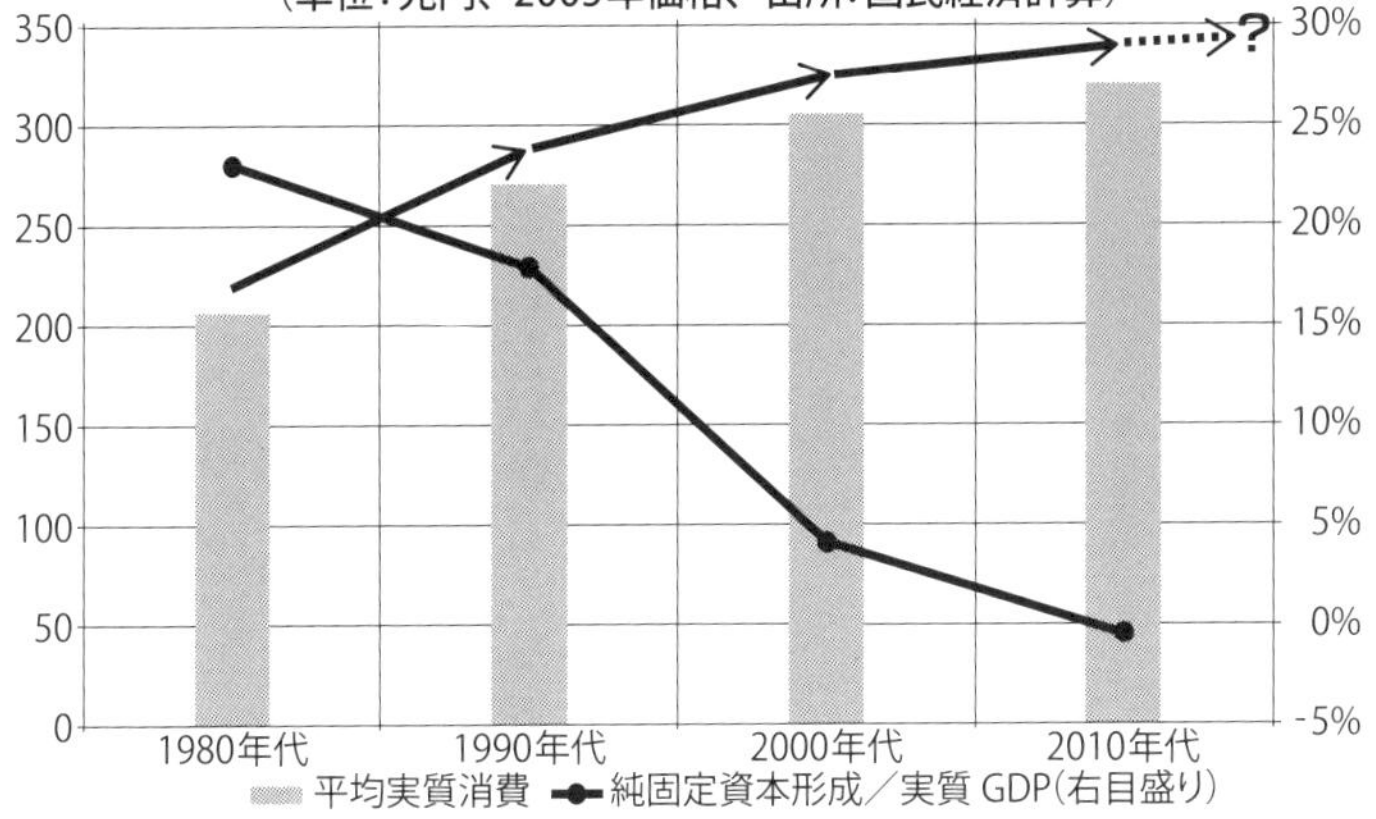

本経済は、〈定常〉状態に入ったと考えてよいであろう。

そろそろ、戸独楽先生の憑依を取り払って、この解題を締めくくらないといけない。

以前、先生に対して、失礼ながらも、「先生は、なぜ、一般の読者に向けて本をお書きになるのですか」とお伺いしたことがある。すると、先生は、マイケル・フレイン作『コペンハーゲン』（小田島恒志訳、劇書房、２００１年）という演劇にある次のような一節を示された。ニルス・ボーアとヴェルナー・ハイゼンベルクは物理学者で、マルグレーテはボーアの妻である。

ハイゼンベルク　あることに意味があるとすれば、それは数学的な意味です。

ボーア　つまり君は、数学が成り立っていれば、意味はどうでもいいと。

ハイゼンベルク　数学こそ「意味」なんです！それが、意味があるということです。

ボーア　だが、最終的には、いいかい、最終的には、わたしたちはマルグレーテに説明できなければならないんだよ！

そして、先生は、「**だが、最終的には、いいかい、最終的には、わたしたちはマルグレーテに説明できなければならないんだよ！**」というボーアの台詞を繰り返された。さらに先生は、次のようなことをいわれたと思う。

この式（**FC式**）も、フォーマルな経済モデルからそれを導いている私たち研究者には、右辺と左辺が同時に決まって、両辺の間に双方向の因果関係があることは、わざわざ言葉にするまでもなく、当たり前に考えている。あえて、言葉で説明する必要もないような自明なことなんだよ。

でも、この式（**FC式**）がフォーマルな経済モデルから引き離されて、世間に流通するやいなや、その式は、いかようにも解釈されてしまうね。たとえば、政治家や役人が、「右辺から左辺の因果関係」だけを考えて、「設備投資を増やせば、経済が成長する」という主張が理論的な裏付けを持っていると信じ込んでしまうんだよ。その信念に基づいて、経済政策が立案されていくことになる。

でも、そんな政策主張が大手を振ってまかり通ってしまえば、将来の可能性に縛られながら、実際の設備投資を決定する民間企業の経営者を追いこむことになりかねない。大げさにいえば、政治家や役人には、民間人の苦悩がわからないということになってしまう。

たとえば、「左辺から右辺の因果関係」も、現時点で設備投資を決定する経営者にとってとてつもなく厳しい制約になる可能性がある。もし、将来、少子高齢化で国内の消費需要が縮小することが確実に見込まれれば、経営者が現在の設備投資を躊躇するのは当然であろう。

それでは、そうした政策主張をする政治家や役人に、悪意があるかというと、どうだろうか。もしかすると、本当にずるがしこい奴には、相当の悪意があるのかもしれないが、多くの政治家や役人にとっては、「経済理論によると」という部分が免罪符のように働いているんじゃないかな。

だからこそ、私たち研究者は、この式（**FC式**）には双方向の因果関係があるということを、多くの人たちに「**説明できなければならないんだよ！**」

（参考文献）

齊藤誠、２０１０、『競争の作法―いかに働き、投資するか』、ちくま新書。
齊藤誠、２０１４、『父が息子に語るマクロ経済学』、勁草書房。

第4篇 若者との対話・三題

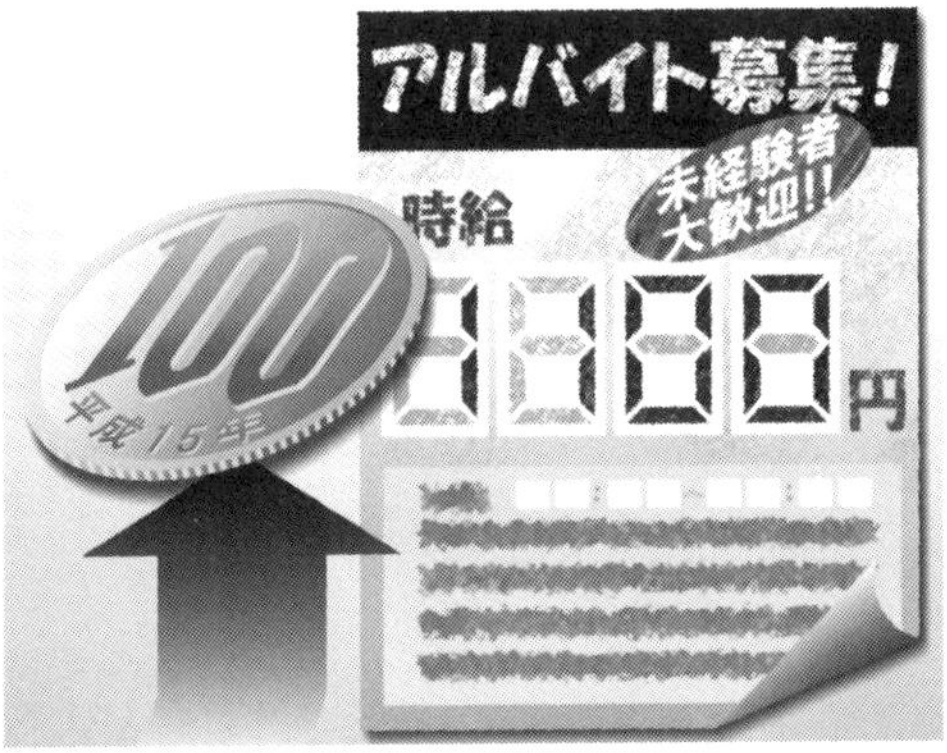

「…コーヒーショップチェーンの時給100円の昇給で大騒ぎするなんて、馬鹿らしい。そんな暇があったら、もっと勉強しろ」

第一題

私のゼミの卒業生が、ショートノーティスで私の研究室を訪ねてきた。彼が卒業して5年ぐらい経っていただろうか。あまり勉強はしなかったが、地頭の良い学生だった。英語も結構できたと思う。

彼は、いきなり、「先生、銀行を辞めて、海外で勉強したい」といった。「行内の留学制度があるだろう」というと、「英語の試験は上出来なのに、会社は行かせてくれないんだ」と不遇をかこった。おそらくは、彼の仕事に対する行内の評価が芳しくないのだろうと思ったが、そのことには触れなかった。

「今の銀行を辞めたからといって、人生が開けるとは思わないけどな」と、やんわり反対すると、「先生だって、銀行を辞めて、大学の研究者になったじゃないか」と、妙な反論をしてきた。「誤解をしてもらったら困るけど、俺は、次の行き先が決まっていなくて、辞めたことは一度もないぞ。石橋をたたいて渡る慎重居士だな」と、再反論した。

「ところで、君の年収はいくらだ」

「税や社会保険料を含めて、７００万円弱かな」

「結構、稼いでいるじゃないか。それじゃ、十万円の位を切り捨てて、年収６００万円だ。君は、向こう25年間、我慢して働けば、少なくとも６００万円の年収がもらえるとしよう。さて、君の人的資本の価値はいくらになる？」

「割引とか考えなければ、年６００万円×25年で１億５千万円」

「そうだな。ということは、１億円５千万円の貯金があって、向こう25年間、１年間で６００万円引き出せることができるわけだ。もちろん、人的資本と貯金は違う。貯金は何もしなくても引き出せるけど、人的資本の場合は、我慢して働かないといけない」

「先生の話が見えてこない…」

「俺がいいたいのは、１億５千万円が、君が今、会社を辞めることで生じる機会費用といえなくもないということ。厳密にいうと少し違うんだけど…　会社を辞めて、海外で勉強するという選択は、もろもろの費用を控除して、向こう四半世紀の君の人生に１億５千万円を上回る価値を生み出すだろうか。そういう算段が立つかな…」

「あらためて、そういわれると、まったく自信がない」

「君は、大学で経済学を専攻したのに、こんな簡単な費用便益分析を自分の人生に適用していないなんて、経済学部の教員として、少しさびしいな…」

すると、彼は、けらけらと笑いだして、「先生と話していると、タイムマシーンで学生時代に引き戻された感じだよ。コンパのときに、僕らが、コーヒーショップチェーンのバイトで昇給したのを自慢しあっていたら、先生が、急に割り込んできて、すごく怒ったのを思い出した」といった。私も、学生たちが、バイトの時給が1000円から1100円に昇給して大騒ぎしていたのを、「まったく馬鹿らしい」といったことを思い出した。


「一日8時間、週5日、年50週間だと、1年でどれだけ働くことになる…」

「8×5×50で、2000時間」

「時給1000円だと、年収は…」

「1000×2000で200万円」

「時給が100円昇給すると、年収は…」

「20万円上がる」

「それでは、年収500万円を得るには、時給が…」

「2500円」

「すると、年収1千万円だと、時給が5千円、2千万円だと、時給が1万円」

「先生、簡単な算術だよ」

「そうだ、簡単だな。年収500万円というと、入社数年後の年収。40歳で課長になれば、年収1千万円だ。お前たちが学生時代にすべきことは、時給換算にして、5千円、1万円を稼ぎだすことができるような基礎を築くことじゃないか。コーヒーショップチェーンの時給100円の昇給で大騒ぎするなんて、馬鹿らしい。そんな暇があったら、もっと勉強しろ」

「先生は、コーヒーショップチェーンが僕たちから勉強時間を奪っているっていいたいの…」

「お前は、どうしようもないな。お前は、コーヒーショップチェーンでバイトするって同意したわけだろう。コーヒーショップチェーンが低賃金でお前らを搾取しているんじゃなくて、お前たちが自分自身をコーヒーショップチェーンに安売りしているだけじゃないか」

「勉強時間を奪っている」云々といっていた学生が、研究室を訪ねてきた卒業生であった。

「先生は、今の僕に『銀行を辞めるな』とやんわりいい、学生時代の僕たちに『コーヒーショップチェーンなんて辞めてしまえ』と強く叱った。今の僕は、海外で勉強することで獲得できる価値を過大に見積もっていて、学生時代の僕たちは、大学で勉強することで獲得できる価値を過小に見積もっていた。そういうことだよね、先生」と、彼は私に確かめてきた。こうした要約をできるところは、「さすがだ」と思ったが、本人の前では、いっさいほめなかった。

ひとしきり雑談の後、「飲みに行くか」と誘ったが、「先生の説教が続くかと思うと、お酒が全然おいしそうじゃないから、やめておくよ」と断られた。彼女とデートでもあったのだろう。彼が研究室を出ていく際に、「あと5年、今の銀行で働いてみろよ」と声をかけた。

私は、彼が50歳ころまで、その銀行で働き続ける姿を想像していた。

第二題

今学期、生まれて初めて、学部1年生を対象とした演習を持った。経済学を始めたばかりの学生からの質問は、新鮮で印象深いものが少なくなかった。

学期が始まって間もない演習の冒頭で、女子学生が元気よく手を挙げて、「なぜ、失業率のコンマ1％の上下に、みんな神経をとがらすのでしょうか」と質問してきた。「1000人の労働者がいたとして、失業率が4％から4・1％に上昇しても、たった1人しか失業者は増えないから、たいしたことはない」というのが、彼女の質問の趣旨だった。私は、ちょっと面白い質問の仕方だと思ったので、急遽、用意していた題材から、失業にトピックスを変更した。

まず、ホワイトボードに1つの大きな囲みを書いて、その内側に2つの小さな囲みと、その外側に1つの小さな囲みを加えた（図4－1）。ホワイトボードに向かいつつ、（Ⅰ）労働統計上の**労働力**には、すでに働いている**就業者**（①）と、働く意思はあるが就業していない**失業者**（②）に分かれること、（Ⅱ）労働力にカウントされていない人々、すなわち、**非労**

図4−1：労働力の移動

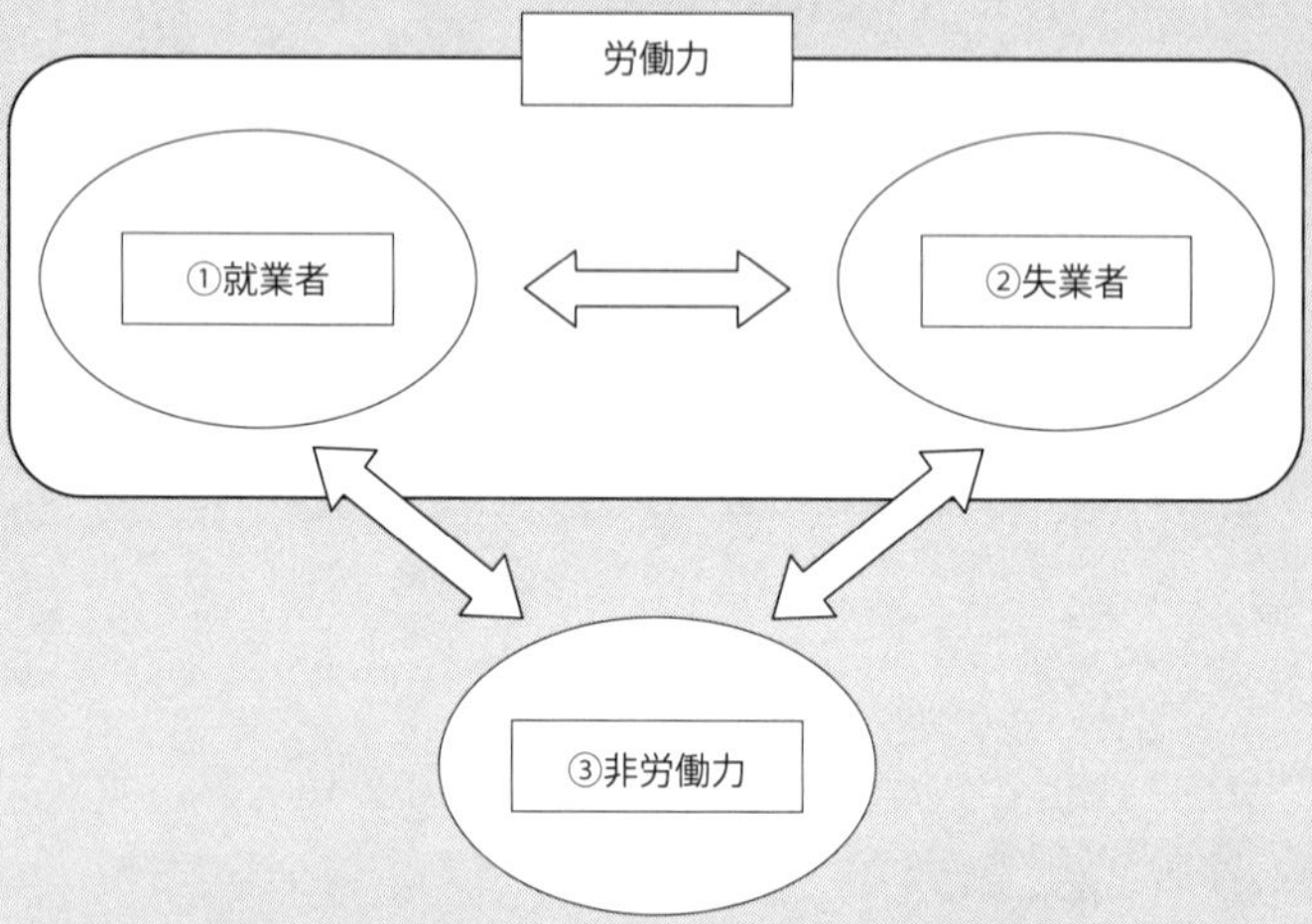

働力（③）も定義されていること、（Ⅲ）非労働力は、15歳以上の全日制生徒・学生、家事に専従している男女、引退をした人々などが含まれること、（Ⅳ）失業率が、労働力に対する失業者の割合であること、を説明した。

そんな説明をすると、男子学生が、「僕たちが就職活動でうまくいくと、③から①で、失敗すると、③から②なんだ」と茶化し気味に発言した。まさに、男子学生の言う通りだったが、演習では、①と②の間の双方向の動きだけに注目することにした。

私は、日本経済の数字とあまり大きくかけ離れていない数値例を即興で作った。月初の就業者が６０００万人、失業者が２５０万人と想定した。このケースでは、250万人÷（6000万人＋250万人）で、今月の失業率が４％となる。今月、「０・５％の就業者、すなわち、30万人が職を失う」一方で、「10％の失業者、すなわち、25万人が職に就ける」という想定を、①と②の間の労働力移動に置いた。

私は、「翌月の失業率は、どうなるだろうか」と学生たちにたずねた。一人の男子学生は、電卓をたたきながら、「30万人失業者が増える一方で、25万人失業者が減るので、その差し引きで失業者は５万人増えて２５５万人。労働力は、依然として６２５０万人なので、255万人÷6250万人で、失業率が４・０８％、０・０８％の上昇」と退屈気に答えた。

私は、最初に質問を発した女子学生に「たった０・０８％の上昇といえるかな」と聞いてみた。彼女は、失業者数５万人増の背後に、①から②の移動で30万人と６倍の規模が、②から①の移動で25万人と５倍の規模があることに驚いていた。「確かに、差し引きでみると、５万人と小さな数字ですが、その背後にある労働力の移動は、その数字の５倍以上なのですね」というのが、彼女のまとめだった。

私は、失業者数５万人増がたった１ヶ月の動きであることにも、学生たちの注意を促した。もし、１ヶ月間で①から②が30万人、②から①が25万人の労働力移動が、１年間続いたら、①から②で累計３６０万人、②から①で累計３００万人、差し引きで60万人の失業者数が増える。

さらには、これまでの数値例を、ほんの少しいじってみた。「今月中に、失業者の10％でなく、12％が職を見つけることができると、②から①の移動も30万人（250万人×0.12）となって、①から②の移動を丁度打ち消して、失業率には、いっさい変化がない。それでも、①と②の間には、それぞれの方向に、30万人の規模の労働力移動がある」と説明した。

件の女子学生は、「失業率が全然変化していないのに、その背景では、活発な労働力の移動があるわけですね」と、自分で自分に言い聞かせるかのようにして、再度、今日の演習をまとめてくれた。

私は、「動かない数字に動きを感じるようになったら一人前」と、何だか禅問答のような言葉で演習をしめくくった。

第三題

私には、直弟子といえるような若手研究者がいない。指導してきた若手研究者が博士論文を書き上げる前後には、いつも私のもとを去ってしまうからである。若い人の前で「いいすぎる」というのが原因であることは自覚しているのだが、これぱかりは、なかなか治すことができない。

あの時も、そうだったと思う。博士論文を書き上げたばかりの院生と、就職に対する考え方で激しい口論となった。彼と別れた後も、気分がむしゃくしゃしていた。家に帰って一人で晩酌をして、焼酎のボトルを半分ほど空けた。酔った勢いだったと思うが、そばにあった原稿用紙と万年筆で4枚分の原稿を一気に書き上げた。

翌日、原稿用紙4枚を秘書に渡して、ワープロでタイプしてもらった。秘書は、原稿の筆致から察したのか、「先生、酔っ払って、お書きになったでしょう。お体に気を付けてくださいよ」と笑って、タイプ原稿を渡してくれた。タイプされた原稿を読み直して、書き直したいと思うところもあったが、雑文ばかりを収めている私のウェブページに、そのままの形でアップすることにした。

大学研究者と世間体

大学学部生から「大学研究者になりたい」という相談を受けると、目の覚める成績をとっている学生以外には、「辞めておいた方がよいのでは」というようにしている。誰が見ても「秀才」という学生は、今でも十中八、九が海外留学志望なので、大学の指導教官など、志望大学院に推薦状を書く道具程度にしか考えていない。それはそれでよい。そうした振る舞いの帳尻もすべて自分で引き受けなければならないのであるから。

しかし、優れた学業成績だけが、研究者の資質ではない。ある程度、知力があれば、面倒をいとわない愚直な根気に、研究対象に対する関心の執拗な持続の方がずっと大切である。指導教官としては、そうした部分に対する覚悟を見極めるのが大変に難しい。昔であれば、『ラーメンの屋台を引いてでも』という覚悟がありますか」とでも聞いたのであろうが、今の学生にはピンとこない。

私の場合、「今、一生懸命に就職活動をして得られるであろう生涯所得や、世間体は、かなりの確率で失われる運命」を自分の意志で受け入れた学生だけを、狭義の学問的規律の範囲で指導することにしている。でも、研究がうまく進めば、進むほど、院生たちは、自分の投じたとてつもない努力に比して、社会が用意している待遇が不釣り合いで、世間体を保つことができない現実に苛立ちが高じてくる。

ここの部分を乗り越えられるかどうかは、ひとえに、人生や人間社会に対する考え方の成熟さにかかっている。研究業績が劣る同僚研究者が有名大学に職を得ると、心が穏やかでなくなる。しかし、その前に「業績がなくて有名大学に行くと、どんな運命が待ちかまえているのか」を考えてみればよい。採用する方だって、研究能力に期待しているわけではないので、膨大な教育・行政負担を背負わされ、多くの場合、研究キャリアを断念しなければならない。

官庁やビジネスから大学に転じた人（私もその一人である）に対しても、「ろくに研究業績もないのに」と嫉妬にさいなまれる。しかし、官庁や企業に入った人が、最初から大学研究者を目指したであろうか。多くの場合、組織の出世競争からはじき出されて体のよい再雇用先がたまたま大学だったということにすぎない。時々、そうした人達が、古巣の組織や個人を激しく批判するのも、出世競争に敗れた腹いせなのであろう。

そもそも、大学組織においても、どんなバックグラウンドであれ、所属組織のスタンダードに比して研究業績が不十分な研究者がどんなにみじめなのかは、官庁や企業の組織と変わるところはない。

そうしたことを見通せれば、若い時は、世間体を保つのには魅力に劣るかもしれないが、できるだけ研究機会を確保できるような場所で修行するのがよいのではないか。教授昇格の四十歳前後で研究業績に、社会で認められていて、自分でも納得できる仕事がいくつかあれば、それが自分の勲章なのである。

日本の学界において辛いことは、むしろ、四十歳を過ぎてからである。教授になれば、それ以降、研究業績に対する人事考課はまったくなくなる。権威のある雑誌に学術論文を載せても、給与が上がるわけではない。むしろ、官庁やビジネスに関係する仕事（内職）の方が経済的便益はずっと大きい。地味な研究書や手の込んだ教科書を執筆しても、ほとんど持ち出しである。むしろ、手軽に読むことができる教科書や啓蒙書の方が、印税収入ははるかに大きい。

要するに、日本の大学は、狭義の学術研究をする機会費用がいつでもとてつもなく大きい。指導をした若い研究者たちがそんな状況に直面した時に、「生涯所得や世間体よりも研究を」と指導教官に誓ったことをふと思い出してほしい。

（２０１０年××月××日）

第4篇への解題

「**若者との対話・三題**」のうち、第一題と第三題は、読者の方々の受け止め方にお任せする方がよいように思う。経済学的な解題を必要とするのは、第二題であろう。

そこでは、労働市場の〈定常〉状態をめぐって、「私」と「学部1年生」がちょっとした対話を行っている。労働市場における〈定常〉状態とは、失業率が一定で推移していても、その裏側では、就業者のプールから失業者のプールへ移動する労働力と、逆の方向に移動する労働力がぶつかり、打ち消しあっている状況である。すなわち、失業率自体が安定していても、就業者のプールと失業者のプールの間で活発な労働移動があるわけである。

問題を提起した女子学生は、最近の失業率の動向を見ていたのだろうか（図4-A1）。失業率は、2008年9月のリーマンショックと呼ばれている金融危機以降、4%前後の水準から2009年7月に5・5%まで一挙に上昇した。その後、徐々に低下して、2013年後半には4%を切った。失業率は、その後も低下し、3%台半ばで推移している。2002年から2007年にかけても、同規模の失業率の低下が認められる。

失業率3・5%と5・5%の間の2%の変化にも、その背後には、就業者プール、失業者

図4-A1：完全失業率の推移
（単位：%、出所：労働力調査）

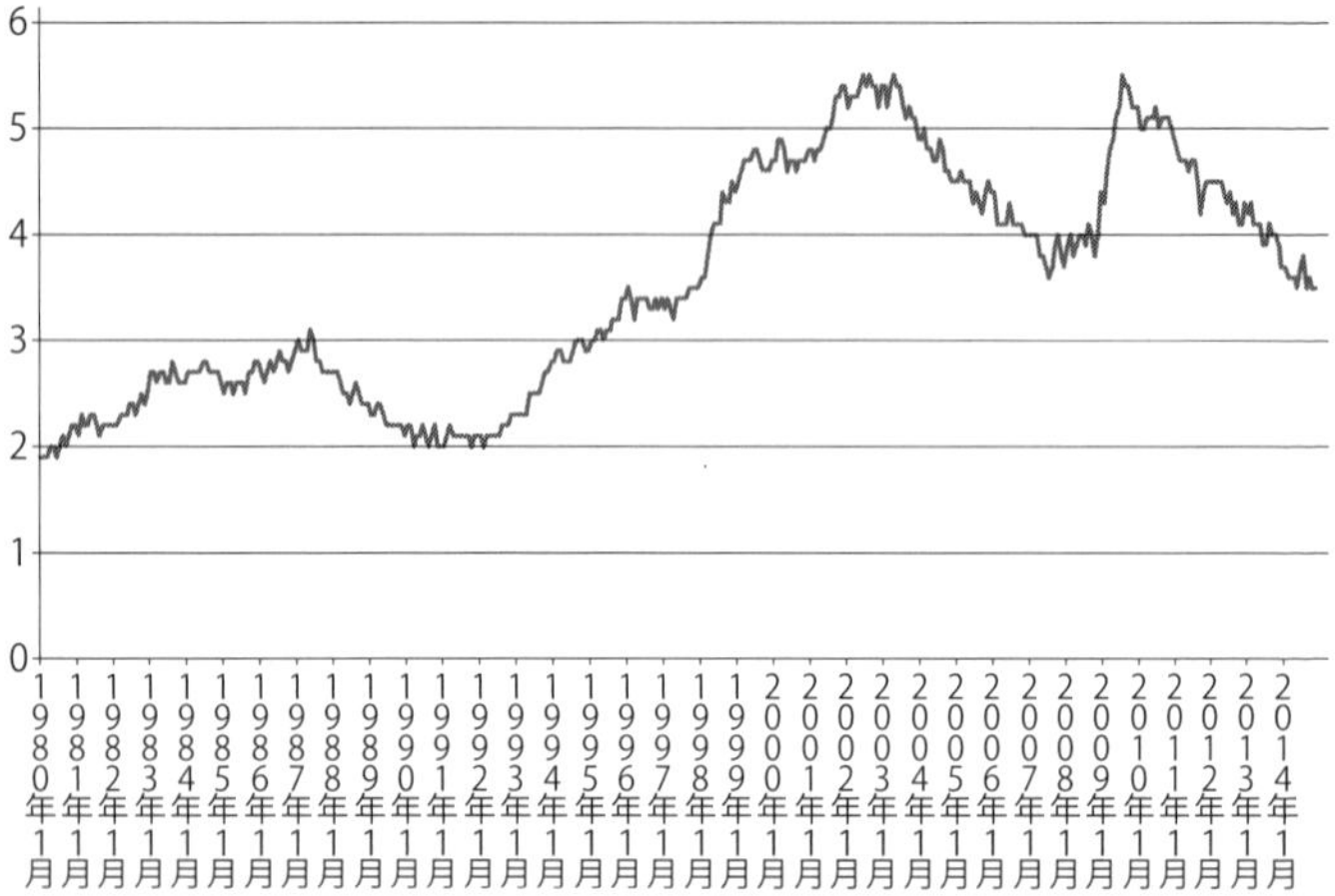

プール、非労働力プールの三つ巴の関係の中で大規模で複雑な労働力移動があった。失業率が5・5%に近付いた2001年から2002年、あるいは、2009年には、非労働力から労働力として社会に参加しようとしていた学生諸君は、厳しい局面に直面した。

ここで、就業者プールと失業者プールの間の労働力移動の規模をもう少し詳しく見てみよう。図4-A2は、「前月に就業していた人が当月に失業する割合」である**失業流入率**と、「前月に失業していた人が当月に就業する割合」である**失業流出率**の推移を描いたものである。なお、2011年3月の東日本大震災の影響で岩手、宮城、福島の3県において労働力調査が実施できなかったために、

図4-A2: 失業流入率と失業流出率
(出所：労働力調査)

震災後の半年間は、失業流出入率の全国集計がとれなかった。

失業流入率は、不景気になると上昇し、好景気になると低下する。図４－Ａ２が示すように、21世紀の失業流入率は、０・45％から０・７％の範囲で変動してきた。

失業流入率は、水準も低く、その変動もわずかな印象を与えるが、ふたつのことに留意する必要がある。

第一に、失業流入率を計算するときの分母が「前月の就業者数」で６千万人を超えるという点に注意をする必要がある。仮に就業者数の規模を６千万人とすると、失業流入率が０・１％上昇しただけでも、１ヶ月当たりの失業者プールへの流入が６万人も増える。

第二に、失業流入率が月単位で計算された月率の数字であることに気をつけなければならない。もし、失業流入率が月率０・６％の場合、１年当たりの失業流入率は７・２％（０・6％／月×12ヶ月）にもなる。再び就業者数の規模を6千万人とすると、失業流入率が月率０・6％の場合、1年当たりで４３２万人が失業者プールに流入する勘定になる。

先にも述べたように、失業率は、２００９年秋をピークに減少傾向にあったが、その要因の一つは、失業流入率が同時期に低下傾向にあったからである。失業流入率は、２０１２年に一時的に上昇したが、０・5％の水準を大きく超えることはなかった。

一方、失業流出率は、好景気になると上昇し、不景気になると低下する傾向がある。図4-A2が示すように、21世紀の失業流出率は、10％から13％の範囲で変動してきた。

ただし、失業流出率が上下するタイミングは、景気の変化に若干遅れる傾向がある。たとえば、景気が回復しても、失業流出率は、しばらくの間低下した後に反転上昇する。逆に、景気が悪化しても、失業流出率が即座に低下するわけではない。図４-Ａ２を注意深く見てみると、２００８年9月のリーマンショックの直後も、失業流出率はしばらく横ばいで推移した。失業流出率が反転上昇するのは、２０１２年に入ってからである。

失業流出率の大きさについては、次のように考えると、直感的に理解することができるかもしれない。今、失業流出率が月率10％で、失業者が１００人とする。毎月、１００人の10％、すなわち、10人が職に就けるとすると、当初１００人の失業者は、10ヶ月で全員職を見つけることができる。

このように考えると、月率の失業流出率の逆数（上の例であると、1/0.1＝10）が、失業者が職を見つけることができるまでの期間の平均的な月数とみなすことができるであろう。先に述べたとおり、21世紀の失業流出率は、10％から13％の範囲で変動してきたので、失業者は、平均すると、8ヶ月弱（1/0.13≒7.7）から10ヶ月（1/0.1＝10）の間に再び職に付けたことになる。

もしかすると、読者の中には、8ヶ月弱から10ヶ月という失業期間が比較的短いように感じる人がいるかもしれない。しかし、通常、毎日、規則的に働いていた人間が、3ヶ月を超えて失業期間を経験すると、たとえ失業保険である程度所得が確保できたとしても、元の勤労規律に戻るのに非常に苦労するといわれている。その意味では、半年を超える失業期間は、決して短いとはいえない。私自身、博士学位を取ってから職を転々とし、その間、半年、いや一年を超える失業も味わっているので、自分の経験からも、そのようにいうことができる。

昔、戸独楽先生は、大手出版社の若い編集者に対して、「半年を超える失業期間は、一人の労働者にとって大変なんだ」というようなことを話されたそうだ。そのときの編集者の反応は、「個人的な感想を述べさせてもらうと、失業しても、平均して、たった8ヶ月弱から10ヶ月で次の職業が見つかるってことは、失業保険でカバーされている期間に職が見つかるってことですよね。ということは、失業って、そんなに深刻じゃないですね」と屈託のないものだった。先生は、そうした無責任な感想を腹立たしく思われ、「そうとってもらっては、困る！」と若干声を荒げ、「君のように大きな出版社に勤めていれば、失業なんて他人事なのかもしれないが…」といわれたきり、面会を打ち切られた。

話はそれてしまったが、最後に労働市場の状況が数字通りに正確に理解されていないことを指摘しておきたい。たとえば、しばしば、労働市場の改善は、２０１２年12月に民主党から自民党への政権交代があってからと思われているが、実際には、そのはるか以前から失業率は低下傾向にあった。

先にも述べたように、失業率は、２００９年7月に5・5％を記録した後、一貫して低下し続けた。民主党が政権に就いていた２００９年9月から２０１２年12月までの期間に、失業率は5・4％から4・3％へと1・1％の幅で低下した。

２０１３年に入っても、失業率の低下傾向が続いた。民主党から自民党に政権が交代した２０１２年12月以降、２０１４年12月までの期間に、失業率は4・3％から3・4％へと0・9％の幅で低下した。すなわち、失業率の改善度合いで見ると、どちらの政権の成績も、それほど変わらなかったのである。

〈参考文献〉

齊藤誠、２０１０、『競争の作法―いかに働き、投資するか』、ちくま新書。

第5篇 父の株式投資

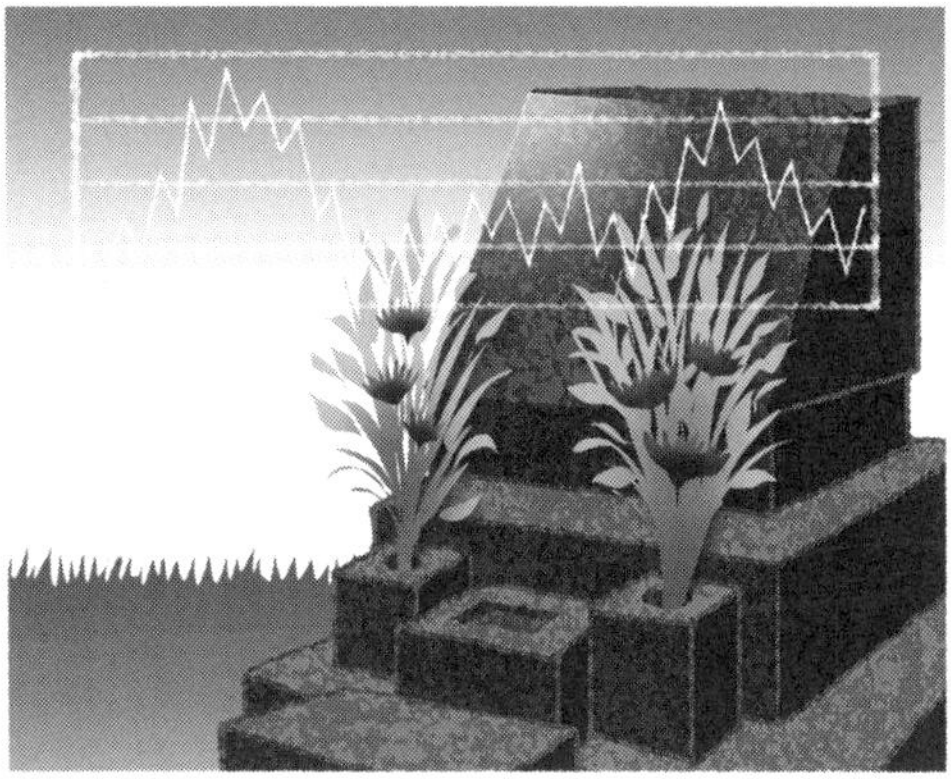

インド黒の墓石が、父の最期の投資果実だったのかもしれない。

私の父は、日本が大地震に襲われる3日前の2011年3月8日に亡くなった。2009年2月の腰の手術後、病状が芳しくなく、それ以降、寝たきりのままで週3回の人工透析を受けていた。

父は、亡くなるまでの2年間、家に帰ることなく、4回転院した。看病の苦労は、母や妹がすべてを負ってくれた。彼女らに比べれば、父の看護で私が苦労したことはたいしたことがなかった。

しかし、ただ一つ、私をずいぶんと悩ませた問題があった。それは、父の世話ではなく、父の株式投資の世話であった。父が倒れたのが急だったので、父の信用取引勘定には、未決の取引がかなり残っていた。

父は、入院当初、勘定を閉めるつもりは毛頭なかった。母に新聞の株式市況欄を読んでもらっていた。週末に病院に行くと、私に取引指示を出した。私は、翌週、父の求める取引を証券会社に依頼するのだが、父の言葉が極度に聞き辛かったために、間違った注文を出したこともあった。また、注文のタイミングのわずかなずれで、損が出たこともあった。翌週末、そうした経緯を報告にいくと、父は、病床で激しく怒り始めて、周囲を困らせた。

そんなことが何カ月も続いたが、父の精神衛生にも悪いかと思い、長い時間をかけて父を説得して、やっとのことで信用取引勘定を閉じることに合意してもらった。

父との思い出には、株式投資のことが多い。

小学生の頃、父は、突然、あこがれのサイクリング自転車を買ってくれた。「なぜだろう」と思っていたら、母が、そっと、「お父さんは、株で儲けたみたいよ」と教えてくれた。父は、たびたび、大規模な親族会を主催したが、その原資も、どうやら、株式投資からの果実だった。

父は、儲かったときの自慢しかしなかったので、本当のところ、株式投資の成果がどうだったのかは、私には分からない。それでも、20世紀中は、結構楽しんだようだ。

しかし、21世紀に入って、父は、日本の株式市場に対して、悲観的な言辞を口にするようになった。

それは、株式投資に失敗した腹いせというわけではなかった。父のように信用取引をしている投資家からすれば、相場が上がろうが、下がろうが、変化の方向さえ見定めれば、それで儲けることができたはずである。

確か、2007年の正月に妻子を連れて実家に戻ったときのことだったと思う。

父は、「日本の株式市場が弱い」と何度もいった。私が、「日経平均は、結構よいじゃないか」というと、父は、「そこが、ひとつの問題なんだ。昔は、日経平均が良ければ、東証一部の銘柄全部が良かった。でも、今は違う。このごろの日経平均というのは、優等生ばかり225人集めてきて、『うちの学校は優秀です』って、東証の過剰宣伝みたいなものだ」と、投げやりに話した。「逆もあるんじゃないかな。2000年4月だったか、日経平均の30銘柄をIT株に入れ替えたのが裏目に出たよね」と、私が反論めいたことをいうと、父は、「あれは、優等生だと思って集めたら、『ろくでもない劣等生だった』というにすぎない」と、再び投げやりにいった。父は、このように巧みな比喩を使って、私を感心させた。

父が続けて「日本経済を代表する企業の収益力が、全体として弱まっているのも気になる」といった。私は、「上場企業は、結構好決算じゃないか」と再び反論すると、父は、「お前は、一部の企業の、せいぜい一年、二年のことをいっているわけだ。俺がいうのは、もっと大きな、長い流れなんだ」と、禅問答のような答えが返ってきた。「今の株価は、そうした大きな、長い流れに照らすと、高すぎるんだな」と、さらに禅問答が続いた。父は、それ以上、株式市場のことを話さなかった。

父との会話がどうも気になってしまい、東京に戻ってから研究室で数字を少しいじってみた。まずは、東証1部の225銘柄の株価平均を表した**日経平均株価**と、東証1部の全銘柄の株価平均を表した**東証株価単純平均**とをグラフに描いてみた（図5-1）。

確かに、父のいう通り、1980年から2004年ごろまでは、両平均がほぼ同じ傾向を描いていた。しかし、2005年ころからは、日経平均が大きく上がっても、東証株価単純平均はそれほど上昇しなくなった。

上場企業の長期的な収益力の指標をどうするかは、若干迷ったが、とりあえず、イェール

図5-1: 日経平均株価と東証株価単純平均
（単位:円、出所:日本経済新聞社、東京証券取引所）

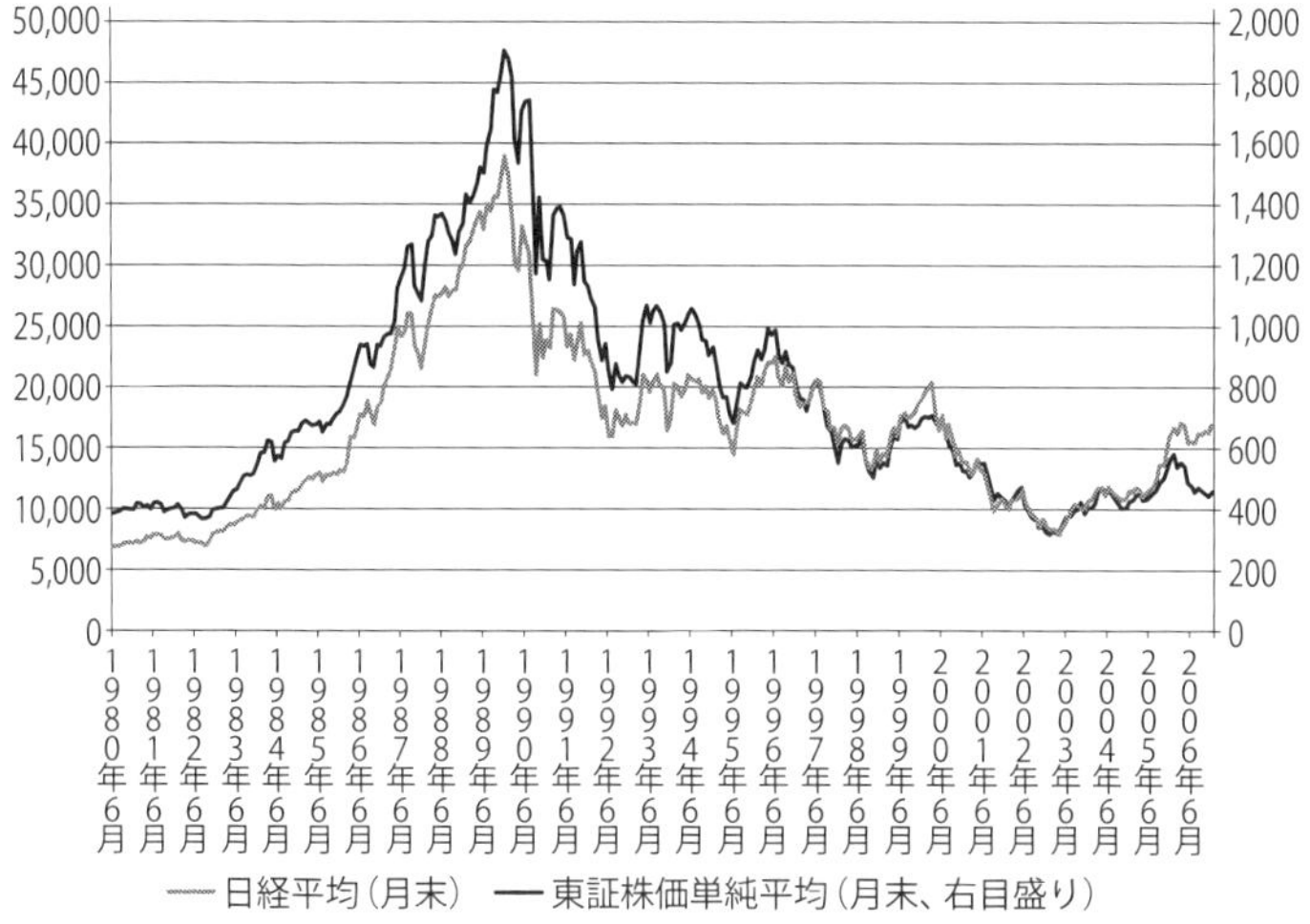

大学のシラー教授の方法に従った。シラー教授は、**１株当たりの収益**を実質化して、過去10年間の移動平均をもって、上場企業の長期的な収益力と考えていた。東証１部上場の全企業平均について、東証は、単独決算であるが、１９７０年代からの「１株当たりの収益」を報告している。日本銀行が作成している企業物価指数で実質化して、10年移動平均をプロットしてみた。

　グラフを描いてみて驚いたのだが、父がいっていた通りであった（図５－２）。１９８０年から20世紀いっぱいまでは、１株当たり実質収益の長期的な水準は、15円（２００５年価格）から20円だった。それが、21世紀初頭に大幅に下方シフトして、５円から７円の水準になった。

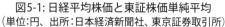

図5-2: 長期的な1株当たり収益と株価単純平均
（単位：円、2005年価格、出所：東京証券取引所と日本銀行のデータから作成）

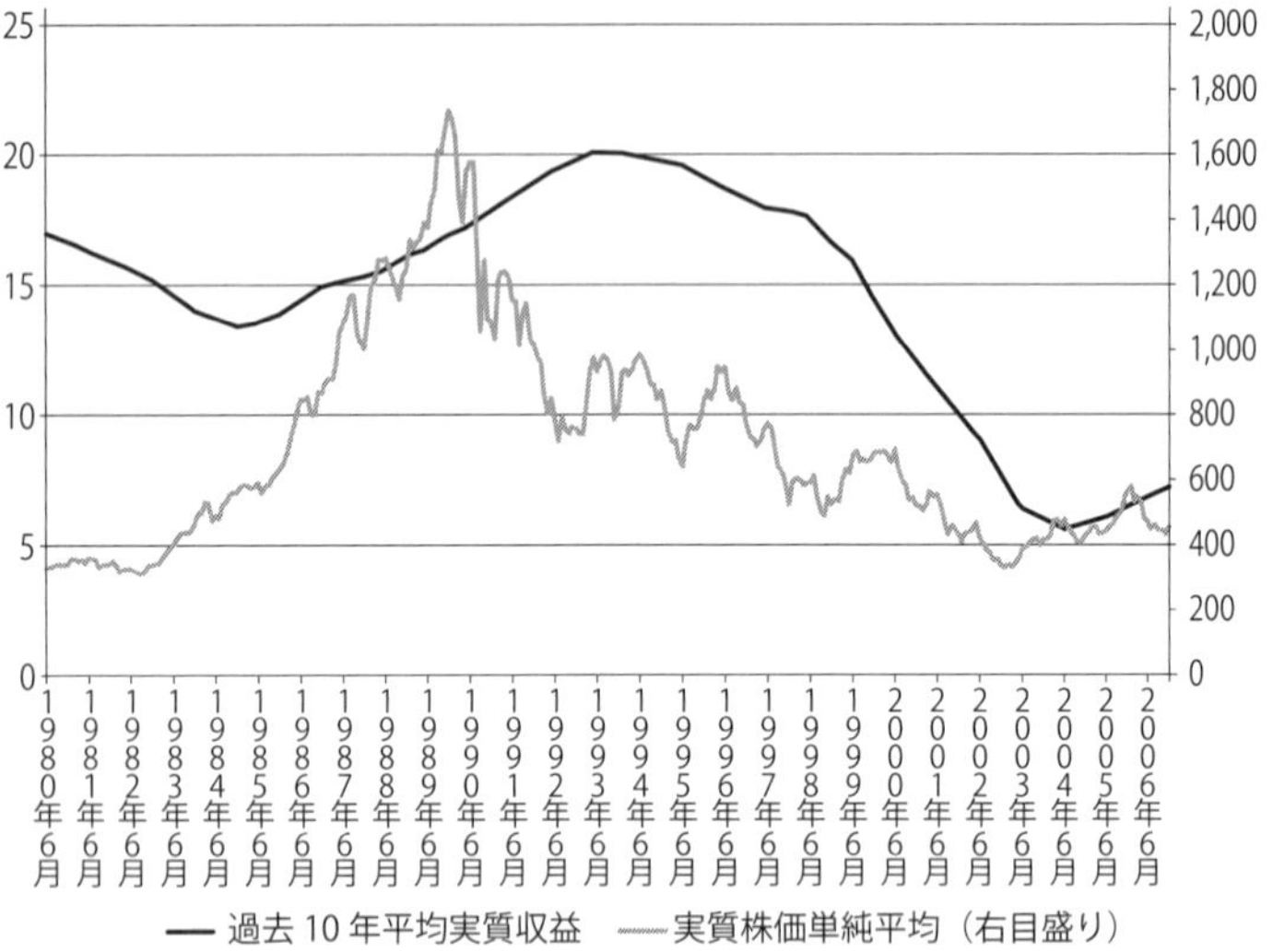

市場参加者たちは、株価水準が収益に見合って適切かどうかを、分母に「1株当たり収益」、分子に株価をとった比率で判断することがある。この指標は、英語のPrice Earnings Ratioからとって、**P／E**（ピーイーと読む）と呼ばれている。

シラー教授は、分母には長期的な収益の方がふさわしいと考えて、分母に「1株当たり実質収益の10年移動平均」、分子に実質株価をとった**シラー式P／E**を提案した。このシラー式P／Eを計算して、グラフを描いてみた。

こちらの方のグラフも、父のいっていた通りだった（図5-3）。長期的な水準に対する株価の比率は、2007年初には、1980年代後半

図5-3:シラー式P/E 比率（東証第1部、実質株価／過去10年実質収益平均）
（出所：東京証券取引所と日本銀行のデータから作成）

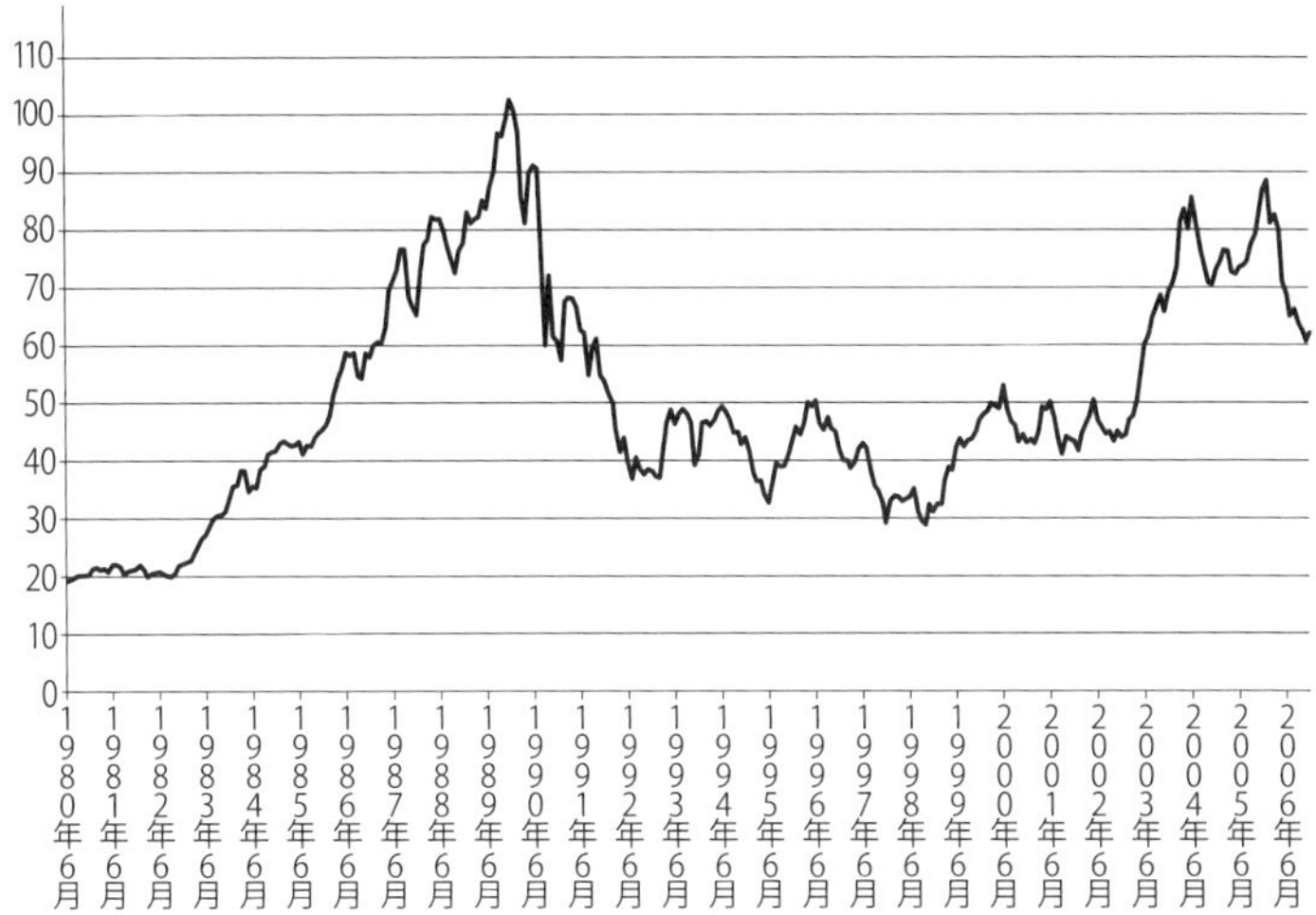

の資産価格バブル期のシラー式P／Eに匹敵した。シラー式P／Eは、通常であれば、20倍から50倍ぐらいの幅なのに、２００６年には、90倍近くの水準に達していた。

要するに、東証１部全体の平均的な株価動向は、長期的な収益動向に比べて、あまりに高すぎたわけである。

今から思うと、このシンプルな結果だけでもメモにして、父に送ればよかったと反省している。

ただ、父との何気ない会話がきっかけとなって、こうした計算作業をしたことは、その後の私の仕事に、大げさにいえば、私の人生に大いに役に立った。

当時、ある経済学会の会計担当理事

をやっていた。学会が株式投資をしていたファンドについて、今後、どのようにするかが、懸案事項の一つとなっていた。理事会でも、いろいろと議論があって、私も、さんざん悩んだ。しかし、２００７年の夏、米国のサブプライムローン証券化問題に端を発した金融危機で、日本の株式市場も調整を迫られたこともあって、ファンドをすべて解約して、資金を普通預金に振り替えた。

２００７年初から継続して計算していたシラー式Ｐ／Ｅの結果が、私の背中を押したという面もあったと思う。

その後も、毎月計算していた東証１部のシラー式Ｐ／Ｅは低下し続け、２００８年９月のリーマンショックでさらに下落した。世の中は、リーマンショックの株価暴落で大騒ぎだったが、シラー式Ｐ／Ｅを計算していて、「心の準備ができていた」というのも妙な言い方になってしまうが、私は、あまり動揺をしなかったように思う。

どういう経緯だったかまったく覚えていないが、２００８年11月ころに、翌年１月発売の総合雑誌から原稿を依頼された。寄稿したエッセー「金融危機で浮かび上がった日本経済のクライシスとチャンス」は、リーマンショックに起因した経済混乱も、20世紀からの大きな、長い流れの中で当然の調整局面であったというような論調だったと思う。

このエッセーの元原稿は、父にもメイルで送ったが、「読んだ」と一言返事があっただけだった。父は、文句をいわなかったわけで、彼なりの同意だったのかと解釈した。２００９

年正月は、娘の中学受験があって実家に戻らなかったので、原稿のことを話す機会もなかった。

その年の2月、父は倒れた。

父の入院が長期にわたることが分かってからは、介護費用や毎週の交通費の捻出も、私の重要なテーマとなった。私は、父のように器用に株式市場から売買益を絞り出す自信がなかったので、「売れる本」を書く決意をした。

たまたま知り合った編集者に新書の企画を提案したら、それが採択された。２００９年晩秋ごろから、かなり急いで書いたつもりだったが、結局、２０１０年６月に『競争のエチケット』をやっと上梓することができた。

その新書にも、シラー式P／Eのネタを多用した。残念ながら、当初の目論見に反して、その年は、まったく売れなかった。２０１０年末に、ある新聞の「今年の経済書」ベストワンに選ばれて、年が明けてから売れ始めた。しかし、その２ヶ月後に父は他界したので、介護費用や交通費の捻出には間に合わなかった。

結局、新書出版からの印税は、墓石に充てた。私の稼いだ資金程度では、国産高級品とはいかなかったが、インド産の黒御影石で少しだけ贅沢をした。

インド黒の墓石が、父の最期の投資果実だったのかもしれない。

第5篇への解題

戸独楽先生は、めったに株式の話をされることがなかったので、「**父の株式投資**」は、若干意外感を持って、しかし、楽しく拝読させてもらった。それにしても、そこで語られている日経平均と東証株価単純平均の比較は、自分の株式投資の少々面白くない経験に照らしても腑に落ちる話であった

2012年末の民主党から自民党への政権交代と相前後して、日経平均は急テンポで上がり始めた。2012年末に1万395円だった相場が、2013年末には1万6291円、2014年末には1万7451円まで上昇した。2013年の中ごろ、亡くなった父から譲り受けた株式のことを思い出して、「大化けしているかも」と勇んで株価を調べてみると、それが全然上がっていなくてがっくりした。父から譲ってもらった株式は、東証1部に上場されていたが、日経平均には含まれていない銘柄だった。要するに、「日経平均の上昇=全銘柄の株高」というわけでは、ぜんぜんなかったのである。

「**父の株式投資**」では、主として2007年初めまでの株式相場が語られているが、この解題では、「**父の株式投資**」に出てくるトピックスをヒントにして、2014年末までの株

式市場のありようをあらためて振り返ってみたい。そのためにも、私は、本篇の図5－1、図5－2、図5－3の期間を2014年末まで引き延ばした図（図5－A2、図5－A3、図5－A4）を用意してみた。

まずは、日経平均と東証株価単純平均に乖離が生じてきた事情を掘り下げて考えてみよう。テレビや新聞でおなじみの**日経平均**（単位は円で測られている）は、東京証券取引所（東証）の1部市場に上場されている銘柄の中から、日本経済の動向を代表していると考えられている銘柄、225を選んで、その株価の単純平均をとっている。一方、**東証株価単純平均**（こちらも単位は円）は、東証1部に上場しているすべての銘柄について単純平均を求めたものである。ただし、日経平均は、単に株価を足し合わせて銘柄数で割った平均をとっているのではない。銘柄数については、公募増資、株式分割、株式転換などで発行済み株式数に変更があった場合に調整を行っている。

日経平均が東証1部の動向を反映しにくくなった理由の一つには、日経平均を構成している銘柄数が225に固定されている一方で、東証一部の上場銘柄数が拡大してきたという事情がある（図5－A1）。1990年代半ばは、約1200銘柄だったものが、2000年代半ばには、約1700銘柄に達した。上場銘柄数は、2008年9月のリーマンショックの影響で上場廃止した企業が相次いだことから、1700銘柄を割り込んだ。しかし、その後、

図5-A1: 東証１部上場銘柄数
（出所：東京証券取引所）

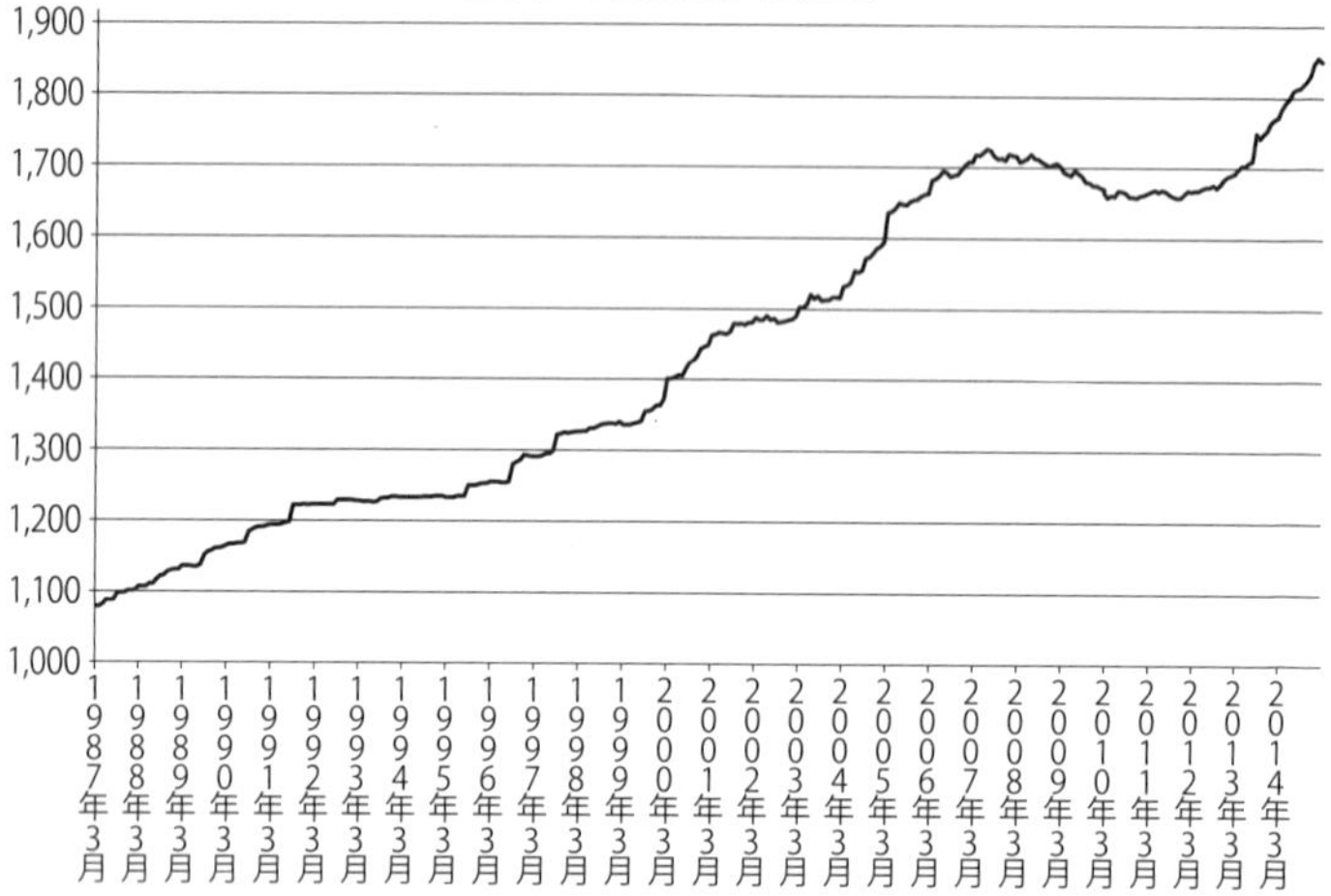

徐々に上昇して、２０１４年には１８００銘柄を超えるようになった。

いい方を変えると、１９９０年代半ばでは、日経平均は、「１２００銘柄中の２２５銘柄」だったが、２０００年代半ばには、「１８００を超える銘柄中の２２５銘柄」となったために、日経平均の東証全体を代表する度合が低くなった。そうした事情に加えて、２０００年半ばごろから、日経平均を構成する２２５銘柄とそれ以外の東証一部上場銘柄の株価に大きな乖離が生じるようになった。その結果、「東証一部の２２５銘柄の日経平均」と「東証一部全体の東証株価単純平均」の間では、２０００年代半ば以降、大きな乖離が生じてきたのである（図5-A2）。

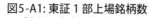

図5-A2: 日経平均と株価単純平均
（単位：円、出所：日本経済新聞社、東京証券取引所）

たとえば、2003年4月から2007年6月の期間について日経平均を見ると、7831円から1万8138円と2・3倍になったが、全銘柄の株価単純平均は、330円から472円と1・4倍にしかなっていない。より最近を見ると、2009年2月から2014年12月にかけては、日経平均が7568円から1万7451円へと2・3倍になったが、全銘柄の株価単純平均は、218円から315円へと1・4倍になったにすぎない。

現在の政府は、日経平均で見た株式市場のパフォーマンスの良好さをもって、経済政策の効果としてさかんに宣伝しているが、このようにみてくると、21世紀の日経平均には、「東証の過剰宣伝」、いや、「**日本経済の過剰宣伝**」といわれても仕方がない面が若干あるのかもしれない。

次に、**シラー式P／E**の背後にある考え方を簡単におさらいしておこう。

「**父の株式投資**」で「私」が説明しているように、分母に「1株当たり収益」、分子に株価をとっている指標は、英語のPricing Earnings Ratioを略してP／E（ピーイーと発音する）と呼ばれている。この指標が注目されるのは、株価の形成が、収益状況に見合っているかどうかを測ることができるからである。

ここで、1株当たりの株価をPと、1株当たりの収益をEと、長期的な利回りをrとそれぞれすると、長期の関係として、

$$E = rP$$

が成り立つと考える。言い換えると、毎年、1株の投資から、rの利回りで収益が生じると考える。

P／Eは、$\frac{P}{E}$と表すことができるので、上の関係からは、

$$\frac{P}{E} = \frac{1}{r}$$

が成り立つ。

すなわち、P／Eとは、長期的な利回りの逆数となる。たとえば、投資家が長期的に年4％の利回りを求めていたら、P／Eは25倍（＝1/0.04）となるし、年2％の利回りを求めていたら、P／Eは50倍（＝1/0.02）となる。

ここで、投資家が年2％の利回りを求めているとしよう。この場合、P／Eが50倍（＝1/0.02）を超えていたら、株価は、収益動向に比して〝割高〟であり、逆に、50倍を下回っていたら、株価は、収益動向に比して〝割安〟と判断される。株価が割高である状況が顕著になると、**資産価格バブルの生成**と呼ばれることがある。

一点だけ、断っておくが、上述のP／Eで、分母に当期の「1株当たり収益」を持ってくると、収益の変動が激しいことから、P／Eも過度に変動することになる。シラー式P／Eの特徴は、分母の「1株当たり収益」を、当期のものではなくて、過去10年間の1株当たり実質収益の平均とする。分母を実質化している関係から、分子の株価も実質化する必要が生じることにも注意をしてほしい。

シラー教授は、米国ニューヨーク証券取引所に上場されている500銘柄の株価からシラー式P／Eを計算している。米国の場合、P／Eの平均は、20倍前後なので、投資家が長期的に求める利回りは、20の逆数で年5％程度ということになる。一方、日本の株式市場、P／Eの平均は、50倍前後なので、投資家が長期的に求める利回りは、50の逆数で年2％と、米国と比べるとかなり低い。

図5-A3:シラー式P/E（東証第1部、実質株価／過去10年実質収益平均）
（出所：東京証券取引所と日本銀行のデータから作成）

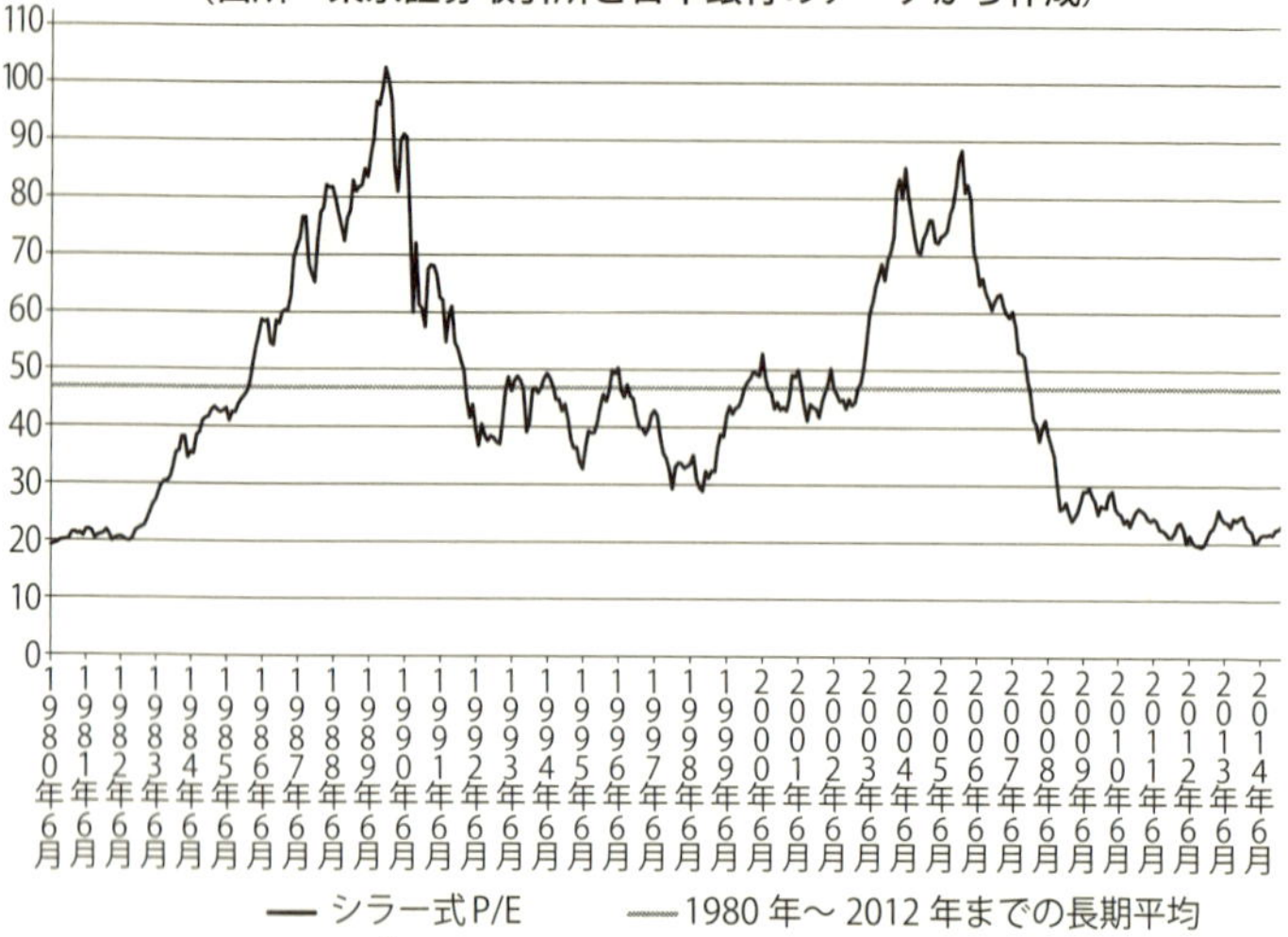

それでは、実際のシラー式P／Eについて、最近の動向を見ていこう。

先ほど、2009年2月から2014年12月にかけて、225銘柄から構成される日経平均が2・3倍になったのに対して、全銘柄の株価単純平均は1・4倍しか上昇しなかったと述べた。

実は、シラー式P／Eでみると、株式市場全体のパフォーマンスは、さらに控えめな評価となる。シラー式P／Eは、2009年2月に23・9倍だったが、2014年12月には22・6倍へとかえって低下している（図5-A3）。株価が上昇したのにもかかわらず、シラー式P／Eが低下した背

図5-A4: 長期的な1株当たり収益と株価単純平均
（単位：円、2005年価格、出所：東京証券取引所と日本銀行のデータから作成）

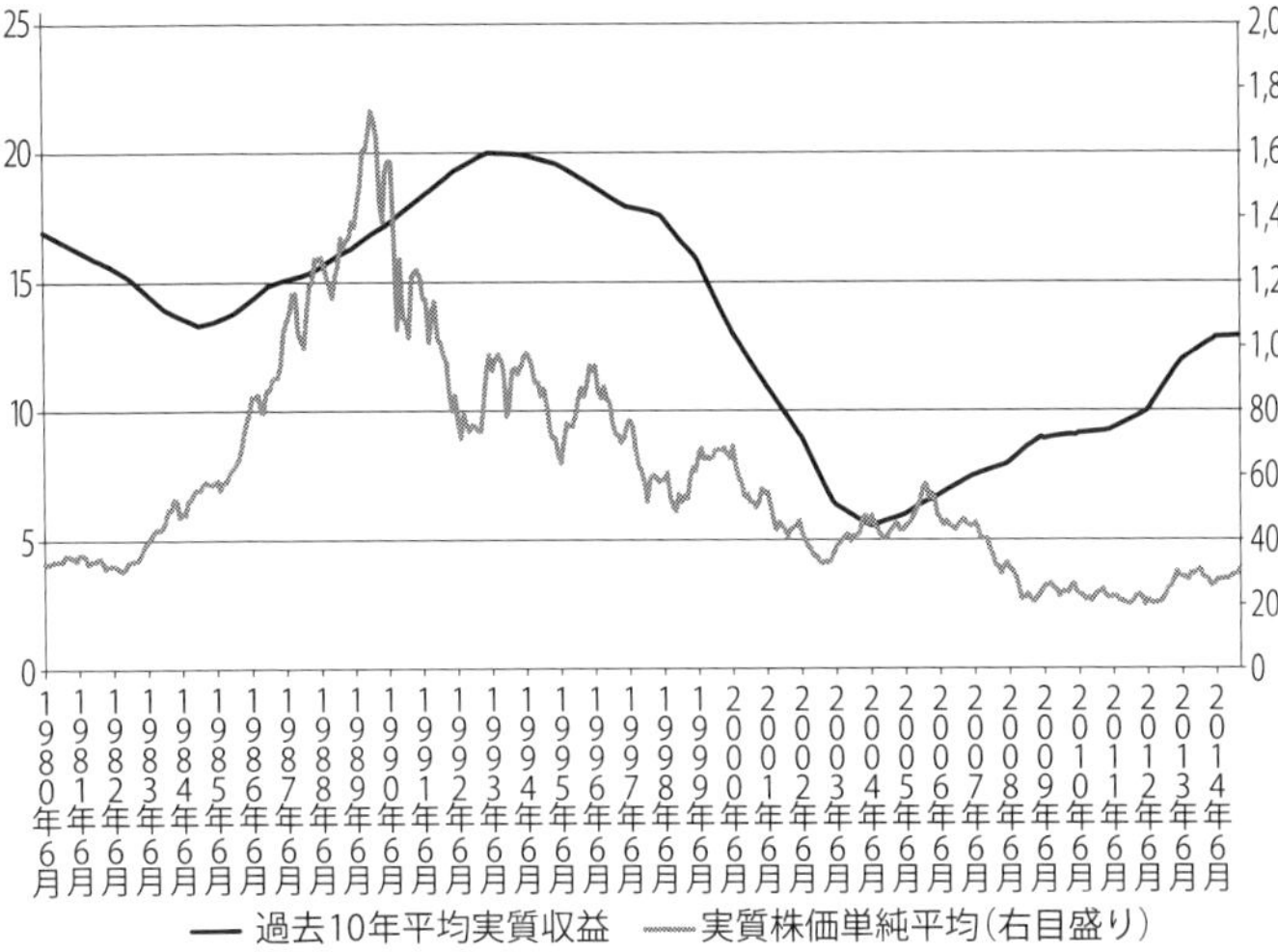

景は、株価の上昇が、長期的な「1株当たり収益」の上昇した範囲にとどまったからである。具体的には、1株あたり実質収益の過去10年平均は、同期間に1・7倍となり、株価上昇率（実質でも1・4倍）を若干上回った。

図5－A4を用いながら、東証全体の収益と株価の関係をもう少し詳しく見てみよう。1株当たり実質収益の過去10年平均は、2000年代に5円（2005年価格）から10円の水準だったものが、2010年代前半には10円の水準を上回るところまで改善する。しかし、そうした2010年代前半の実質収益水準も、15円から20円の水準で推移してきた1980年代、1990年代に比べるとかなり低いといえる。

企業収益が改善したといっても、その程度の改善度合いなのである。

こうして見てくると、2014年末にかけて日経平均が大きく上昇したことをもって、一方で「株式市場のパフォーマンスが飛躍的に改善した」とみるのも穏当でないし、他方で「株式市場で資産価格バブルが生じた」とみるのも妥当しない。

東証全体で見た2010年代前半のシラー式P／Eは、90倍から100倍の水準に達した1980年代後半や2000年代半ばはおろか、50倍弱の水準の長期平均に比べても、非常に低い水準で推移してきた。ここまでの議論を踏まえると、「2010年代前半の株価上昇は、長期的な収益の緩やかな改善を控えめに反映した」と表現するのが適切でないであろうか。

政府、財界、メディア、あるいは、一部の研究者たちが「株式市場の高揚」をいくら演出しようとしても、実際の株式市場は、依然として平静を保ってきた、そういってよいのでないだろうか。こうした株式市場のありようも、また、日本経済が〈定常〉状態にあることを象徴しているのかもしれない。


〈参考文献〉

齊藤誠、2009、「金融危機が浮かび上がらせた日本経済の危機と機会」、『世界』2009年2月号。

齊藤誠、２０１０、『競争の作法―いかに働き、投資するか』、ちくま新書。
齊藤誠、２０１４、『父が息子に語るマクロ経済学』、勁草書房。

第6篇

原発事故の実相

問題は、その次の世代の運転員たち。整備されたマニュアルにそって運転することが中心となるので、なにごともルーティン化して、ややもすると、応用問題が解けない状態になる。

先日、ある雑誌の編集者から非常に変わったインタビュー取材のオファーを受けた。

彼女は、私に「原発危機のことを語ってほしい」と依頼してきた。私は、2013年の初めころ、2度ほど、経済政策に関わるインタビュー取材で不本意な経験をしたことから、「取材は、お引き受けしない」と断った。彼女は、「そのことは、存じ上げています。先生のお受けになられたインタビュー記事が印刷・配信される直前で、先生への設問が巧みに脚色されたり、先生のお答えが興味本位な表現になったりしたとお伺いしています」といって、「そこで」と言葉を継いだ。

彼女の提案は、インタビュー記事の原稿ができた時点で、彼女と私の両方が合意した場合にだけ、記事を公にするというものだった。仮に、どちらかが記事の公開を拒否した場合は、あらかじめ決めた取材謝金の半分だけが、私に支払われるという条件も付されていた。

彼女の提案は、私にとって、魅力的だった。

私がインタビュー記事の原稿を気に入らなければ、公開を拒否して、それでも、半分の謝金を手にすることができる。けっして悪い話ではない。

面白いのは、彼女の側にも、記事公開に対する拒否権があるところであった。おそらくは、私に対するインタビュー記事が商業価値のないものになる可能性も、織り込まれていたのであろう。

結局は、インタビュー取材を引き受けることにした。

昨日、インタビュー記事の原稿が、大学の方に郵送されてきた。

――なぜ、先生は、福島第一原発事故直後から、原発危機の問題に精力的に取り組まれたのですか。

いくつかの理由があります。

まずは、事故前から、原発施設の耐震基準について、ある程度の知識があって、1981年に原発施設に対して耐震基準が適応される前の1971年に運転開始をした福島第一原発がとても心配になったからです。

女川、福島第二、東海第二については、強い根拠があったわけではないですが、「大丈夫だ」と思っていました。ただ、後から詳しく調べてみると、これらの原発でも、「大丈夫」というわけではなかったのですが……

また、原発事故を含めて、3・11の大震災は、日本経済が非常にしんどい時に起きました。「しんどい」というのは、石油や天然ガスなどの輸入原材料価格が高騰する一方で、一部の輸出産業が国際競争力を失っていたタイミングでの大震災であり、原発事故でした。

もちろん、この事故で原発に対する反発がとてつもなく強まることは容易に予想されましたが、だからといって、厳しいエネルギー環境を考えれば、原発から完全に撤退することがありえないというのも、合理的な判断だと思っていました。

日本全体の原発の〝規模感〟を見直さなければならないとして、どのような座標軸を持ってきたら、この問題に取り組めるのかと考えた時に、原発の〝古さ〟が重要な切り口になるのでないかと思ったのです。

――原発の〝古さ〟とは、どういうことなのでしょうか。たとえば、耐震基準などの規制が、〝古い〟ということなのでしょうか。

私も、当初は、「規制が古い」というところでくくろうかと思っていたのですが、調べれば調べるほど、「原発の年齢」に関わる問題は、奥が深いのですね。

原発施設は、運転開始から少なくとも40年間は運転することが想定されています。40年以上の耐用年数というのは、産業施設としては、とてつもなく長い。この耐用年数の長さについて、電力事業者も、規制当局も、1970年代に原発を導入した当初、あまり深刻に考えていなかった節がありますね。

40年の間には、技術の進歩があります、素材の進歩があります、安全思想の進化があります。原発が長い期間運転されれば、当然ながら、原発施設が地元経済にどんどん根付いていきます。原発施設で働いている人も、10年くらいのサイクルで入れ替わっていくわけです。

この40年間という時間の経過は、もろもろのダイナミックな変化を必然的に伴っています。

（略）


——先生が各地の原発施設を訪れて、現場の技術者や責任者と対話することで、原発の〝古さ〟を切実にお感じになったことはありますか。


たくさんあるのですが、ここでは、ひとつだけ。

福島第一原発の1号機の非常時炉心冷却機能を担っていたのが、非常用復水器で、英語の isolation condenser からＩＣと略されています。

政府の事故調査報告書には、①津波到来以前に、ＩＣの一時停止の操作が行われていたこと、②津波到来後も、機能再開の運転確認が正確になされなかったことが、1号機の炉心溶融の進行を著しく早めたという指摘がありました。

私は、当初、ＩＣのような古い冷却装置が働こうが、働くまいが、事態の進行にあまり影響がなかったのではないかと思っていました。政府事故調は、問題を矮小化しているとさえ勘ぐったわけです。

しかし、現場の技術者たちがＩＣに寄せる信頼感は、非常に高いんですよ。ＩＣは、原子炉からの蒸気で駆動するので、電源も必要ありませんし、ICに水さえ補給できれば、確実に冷やすことができます。シンプルな構造こそ、非常時に高い価値を持つと、技術者たちは認識しています。

それにもかかわらず、なぜ、冷却機能を一時停止させる操作をしてしまったのか。

実は、あの操作は、**平常時のマニュアル**通りなのです。ICの冷却機能が高いために、継続稼働で急激に冷却すると、原子炉に負荷がかかるので、一旦止めるんですね。

津波到来までは、非常用ディーゼル発電機や非常用海水取水ポンプがやられるとは思っていなかったので、平常時のマニュアルにそってICを一時停止させたわけです。

重要な点なのですが、**非常時対応のマニュアル**では、過酷事故時に原子炉の多少の負荷など、考える必要もなく、炉心溶融をとにかく回避するために、**ひたすら冷やす**ことが最優先なので、ICも停止させずに、継続稼働させることになっています。

津波到来で非常用ディーゼル発電機も、非常用海水取水ポンプも冠水して、まさに、ICのシンプルさが必要とされたときに、現場が混乱して、平常時のマニュアルに従ってICの運転を一時停止していたかどうかさえも、確認できない状況に陥っていました。

そこで、運転員に1号機の近くまで行かせて、ICの排気口の様子から、ICが動いているかどうかを確認させたわけです。その運転員は、排気口からわずかに煙が出ているのを観察して、ICが動いていると判断したわけです。その状況判断について、上司も疑いを持たなかった。

しかし、ICの機能を本質的に理解していたならば、ICが稼働している状態がどんなものなのかについて、適切に想像することができたはずです。とんでもない高温の蒸気を水で一挙に冷やすわけですから、けたたましい音がして、大量の煙が発生します。蒸気機関車が近くを通り過ぎるようなイメージでしょうか。決して、「煙ちょろちょろ」という生やさしいものではありません。

現場が混乱していたことが一番の原因なのでしょうが、原理原則に立ち返って、状況を判断することができなくなっていたわけです。

実は、福島第一原発では、運転開始以降、ICを一度も本格的に動かしたことがなかったのですね。だから、運転員は、ICが動いた状態を、身をもって経験していなかったわけです。日本原子力発電の敦賀原発の1号機も、ICを備えているのですが、非常時の原子炉停止の手続きでICを用いてきたことから、5〜6年に一度は、ICが動いていて、運転員たちは、けたたましい音を聞いています。

ICに関わることは、いくつもの教訓を含んでいると思います。

非常に古い福島第一原発1号機にも、冷却の潜在的な能力を有したICが備わっていた。しかし、ICの操作について、平常時モードから非常時モードへの切り替えが瞬時になされなかった。現場の運転員や彼らを監督する責任者は、ＩＣの機能や運転状況について正確な知識を持っていなかった。

設備やマニュアルが備わっていても、それを操作する人間の側が適切な知識を持たず、適切な判断ができなければ、まったく意味がないということです。

おそらくは、福島第一原発の現場は、ＩＣという、とても古いけれども、シンプルさゆえに、機動性の高い安全装置について、愛着を寄せていなかったのでしょう。

私が大変に感心したのは、１９７９年のスリーマイル島原発事故を教訓として、非常時対応のマニュアルにＩＣの継続稼働が新たに明記されていたということでした。当時の技術者たちは、いろいろなことを周到に考えていた。

しかし、そうして一生懸命に考えて、丁寧に活字になっていたものでさえも、今、生きている人間の関心の外側になってしまえば、その安全装置がないのとまったく同じなのですね。

（略）

――耐用年数が40年以上と長い原発施設において、運転に関するメモリーを保ち、運転員たちのモラルを維持していくのには、現場はどのような取り組みをしているのでしょうか。

現場の最重要課題は、〝古くなっていくこと〟への戦いといってもよいかもしれません。

運転開始後の10年間は、予期していなかったことが数多く起きて、その度に運転方法を改善し、マニュアルを整備していきます。その時期を担った運転員たちは、運転の技量も、原発機器に対する理解も高い。

問題は、その次の世代の運転員たち。

整備されたマニュアルにそって運転することが中心となるので、なにごともルーティン化して、ややもすると、応用問題が解けない状態になる。非常時は、応用問題を解くことの連続なので、非常事態への対応能力も落ちてしまう可能性があります。

どうやって運転員のメモリーを保って、モラルを維持していくのか。

現場は、強制的に応用問題を解かざるをえない状況を作っていきます。たとえば、大規模な主要部品を交換するとなれば、いろいろなことを考えざるをえなくなる。

時には、中央制御室の制御盤を全面的にデジタル化する。取り替える計器やレバーの先には、複雑なハードウェアーがあるわけですから、運転員にとってブラックボックスと化していた原子炉が、ふたたび〝見える化〟するわけです。

世間では、原子力規制委員会が２０１３年7月に定めた新規制基準について、電力事業者は、渋々、嫌々ながら、対応しているように思われていますが、少なくとも、現場ではそうした印象を受けません。

現場の運転員も、技術者も、責任者も、「自分たちの原発をより深く知る格好の機会」として、前向きに受け止めているのではないでしょうか。


と、ここで原稿が終わっていた。原稿の2ヶ所に（略）を挿入したのも、もちろん彼女であった。

不思議に思って、原稿の入った封筒を確かめてみると、1通の達筆な手紙が添えられていた。


先生、先日は、インタビューに応じていただいてありがとうございました。大変に楽しい機会でした。

いきなり、要件になってしまいますが、私の方から、原稿公開を拒否するオプションを行使します。といっても、先生に対するインタビューが芳しくなかったというわけではないのです。先生が語られたことは、大変に興味深いものだったと思います。

以前、先生が不快な思いをされたインタビューですが、ああした記事は、ジャーナリストという職業の宿命みたいなところがあります。インタビュー記事というのは、話されたことを正確に要約するのではなく、ドラマティックに創作していく部分があって、はじめてジャーナリストの仕事になるわけです。

先生が創作部分をお嫌いなのは、十分に分かっているつもりですが、インタビューを受けていただいた人によっては、創作部分を大変に喜んでくれます。

実は、私も、先生に対する取材を素材として、非常にドラマティックな記事を創作しようと考えていました。「先生は、私の創作作品の公開にきっと同意してくれる」という自信もありました。

それがどうでしょう。

録音したテープを聞いて、取材ノートを読み返していると、先生が話されたことをできるだけ忠実に復元しようとする私がいるのです。お送りした原稿を書いたところで、創作をあきらめたというわけです。

きっと、先生が、ご自身の言葉で語りたいことを、ご自身の文章で執筆されるのが一番良いと思います。『経済学から見た原発危機』の続編、期待しています。

お約束のとおり、謝金の半分をお支払いいたしますので、同封した用紙に銀行の口座番号を記入していただいて、私宛に返送してください。どうかよろしくお願いします。

編集者からの手紙を読み終わって、送ってくれた原稿に2ヶ所ある（略）のところで、自分が何を話したのかを思い返してみた。

1番目の（略）では、原発が立地している地域は、いわゆる「僻地」でないということを話したと思う。日本の多くの原発は、半島部の先に、あるいは、根っこに立地しているが、「それを僻地というのは、陸からの視点であって、これらの地域は、**海に開かれた共同体**として、豊かな歴史を持っているんですよ」という趣旨のことをいった。「日本の原発は、熱交換の関係で**海に開かれたシステム**ですが、まさに、そうした地域にふさわしい構造物なのかもしれません」とも付け加えたと思う。

2番目の（略）は、BWRと呼ばれている沸騰水型軽水炉が1970年代に飛躍的な技術進歩を遂げたことを話したと思う。結構、技術的な話だったので、彼女は、退屈そうだったが、急に身を乗り出してきた。2013年8月に中国電力の島根原発の話をしたときだった。

島根原発には、1973年運転開始の1号機と1989年運転開始の2号機、まだ、運転に入っていない新品の3号機がある。丸一日かけて、これら3つの原子炉を案内してもらったが、原子炉の新旧を比較する格好の機会となった。特に、印象深かったのが、1号機の格納容器に入ったときで、非常に狭く、常に中腰で、上がり下がりは、階段ではなく梯子だった。

編集者には、島根原発での見学を終えたあとの懇談のことも話した。私は、1970年代前半に運転開始した原子炉の古さに現場で接して「1号機を動かすかどうかは、御社にとって重要な意思決定になるかもしれませんね」という感想を述べた。もちろん、発電所の責任者は、私の無責任な感想に応じたわけではなく、「先生は、もしかすると、規制当局以外の外部の方では、いちばん、私どもの原発を見ていただいた方かもしれませんね」と、別の趣旨のことを述べた。

…というようなことを、編集者に話したと思う。

それらのもろもろのことは、（略）となっていて、記されていなかった。編集者は、インタビューの終わり方で、「先生のお話は、生き生きとした風景が浮かんできますね」と感想めいたことをいったように思うが、彼女は、そうした部分からドラマティックな記事を創作することをあえてしなかったのかもしれない。

結局、編集者に言われたとおりに、自分の口座番号を記入して、返送することにした。何か手紙でも添えようかとも思ったが、結局、「ありがとう。TT」と書いたパッドを用紙に張り付けるだけにした。

第6篇への解題

「原発事故の実相」に対しては、経済学的な観点からの解題をあきらめて、原発事故後に戸独楽先生とかかわって思い出すことをとりとめもなく書いてみたい。

その前に、僭越ながら、1点だけ、戸独楽先生の誤解を正しておく。先生は、大地震発生後に運転員が平常時のマニュアルに従ってＩＣを停止させたことを事故原因の一つと考えられていた。しかし、実際は、大津波到来後に全電源を喪失した結果、原子炉からＩＣにつながる管のバブルがすべて自動的に閉じられてしまい、その後、ＩＣがまったく機能しなくなった。本質的な事故原因は、発電所の責任者たちが、ＩＣのバブルが全電源喪失で自動的に閉じられる機能を十分に理解していなかったことにあった。

２０１１年3月11日の東日本大震災以降、先生の顔からは、思いつめたような表情が長く消えなかった。福島第一原発事故による影響で東京でも放射能被曝の可能性が指摘されていた3月中は、高校生の息子さんと中学生の娘さんを名古屋のご実家で預かってもらったそうである。大震災直前に亡くなられたお父様のことでも、たびたび名古屋に帰られた。

先生は、大震災後の半年ぐらいの間、ご自宅の書斎でかなりの時間を過ごされた（といっても、ご自宅をお訪ねしたことはないが…）。書斎では、津波に被災した地域の社会経済状況を丹念に調べられ、原発技術に関する資料を片っ端から読んでおられたそうだ。

時々、例の喫茶店で先生にお会いしたが、「非常時に象牙の塔の人間であることは本当に辛い。医者でも、自衛隊員でも、消防隊員でもない自分が心底恨めしい」というようなことを何度かおっしゃっていた。それでも、先生は、大震災2ヶ月後の5月中旬に石巻や女川を訪れ、津波被災の状況を見てこられた。先生は、沿岸部の被災の状況に強い衝撃を覚えられた一方、内陸部の被害が想像したよりも軽微であったことに安堵しておられた。

同じく5月には、炉心溶融が起きた3つの原子炉について、格納容器に7、8分目まで水を浸して溶融した核燃料を冷却する水棺という措置が不可能であると報じられた。格納容器の底部にいくつもの破損があって、格納容器に水を貯めることができなかったからである。水棺が不可能ということは、福島第一原発の廃炉が10年以内に片付くようなものではなく、四半世紀、半世紀、あるいは、一世紀の歳月を必要とすることをただちに意味していた。そのニュースに接せられたときの先生の深く思いつめた姿は、今でも目に焼き付いている。

喫茶店の席では、図6-A1のような原油価格や天然ガスの価格の推移を描いたグラフも見せられた。もちろん、当時のグラフは、2011年前半のところで止まっていた。原油価格も、天然ガス価格も、2008年9月のリーマンショックの直後に暴落したが、その後、

図6-A1: 原油と天然ガスの価格
（出所：IMF）

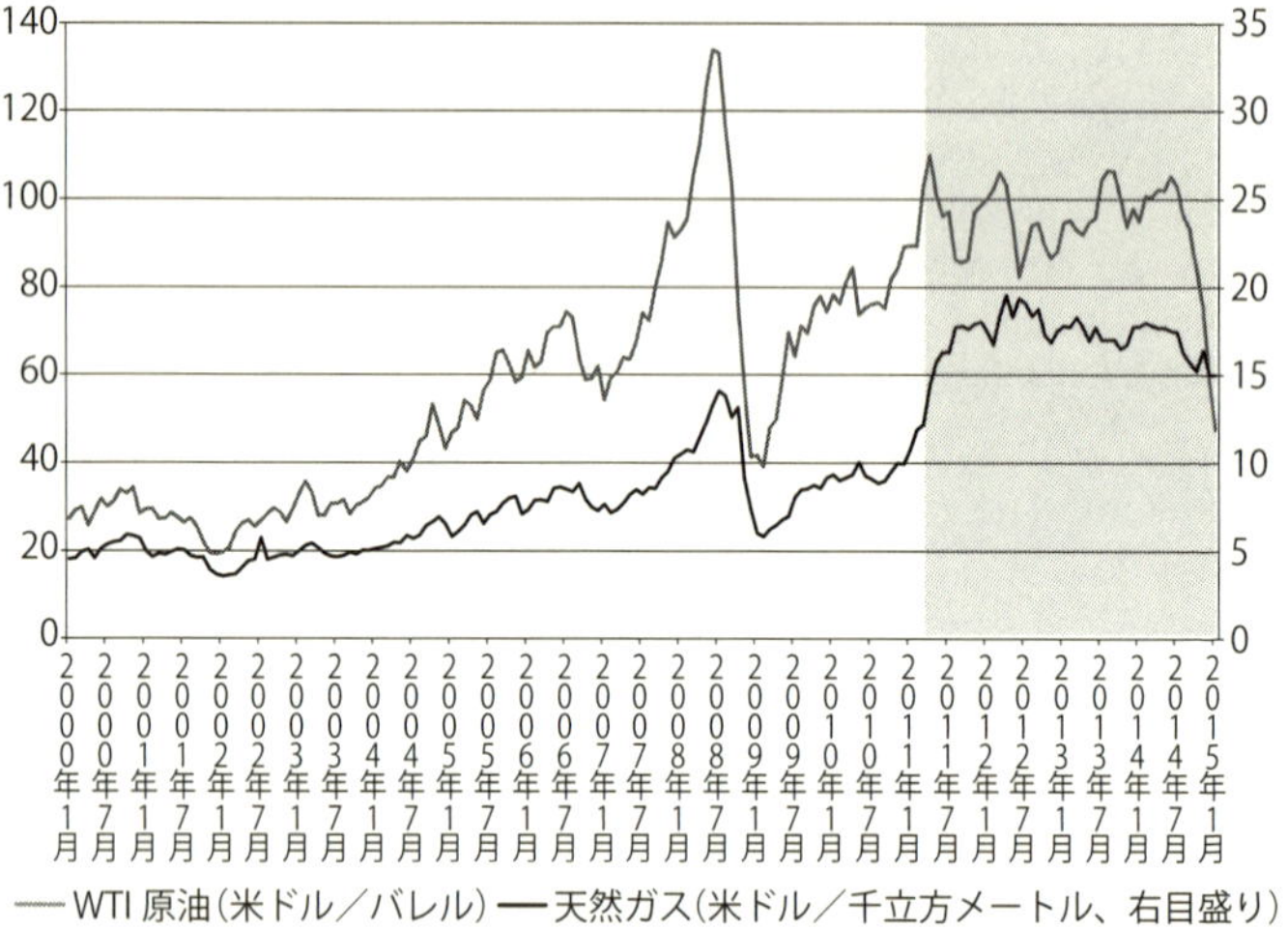

再び上昇し始めた。たとえば、石油価格は、１バレル当たり１３０ドル強の水準から40ドル前後まで暴落したが、２００９年、２０１０年にかけて再び１００ドルに向かって上昇し始めた。

福島第一原発事故は、日本経済がエネルギー価格高騰という厳しい国際環境への適応を迫られている中で起きた悲劇だった。いい方をかえれば、原発事故は、日本経済にとってきわめて悪いタイミングで起きた。先生を含めた多くの人々は、国内の原発のほとんどが一時的に運転停止となり、日本経済が非常に高いエネルギーコストで火力発電に代替せざるをえない事態を予想していた。

事実、私たちは、原発事故後、非常に高いエネルギーコストを支払ってきた。

図6-A2: 液化天然ガスの輸入数量と輸入金額
（出所：財務省貿易統計）

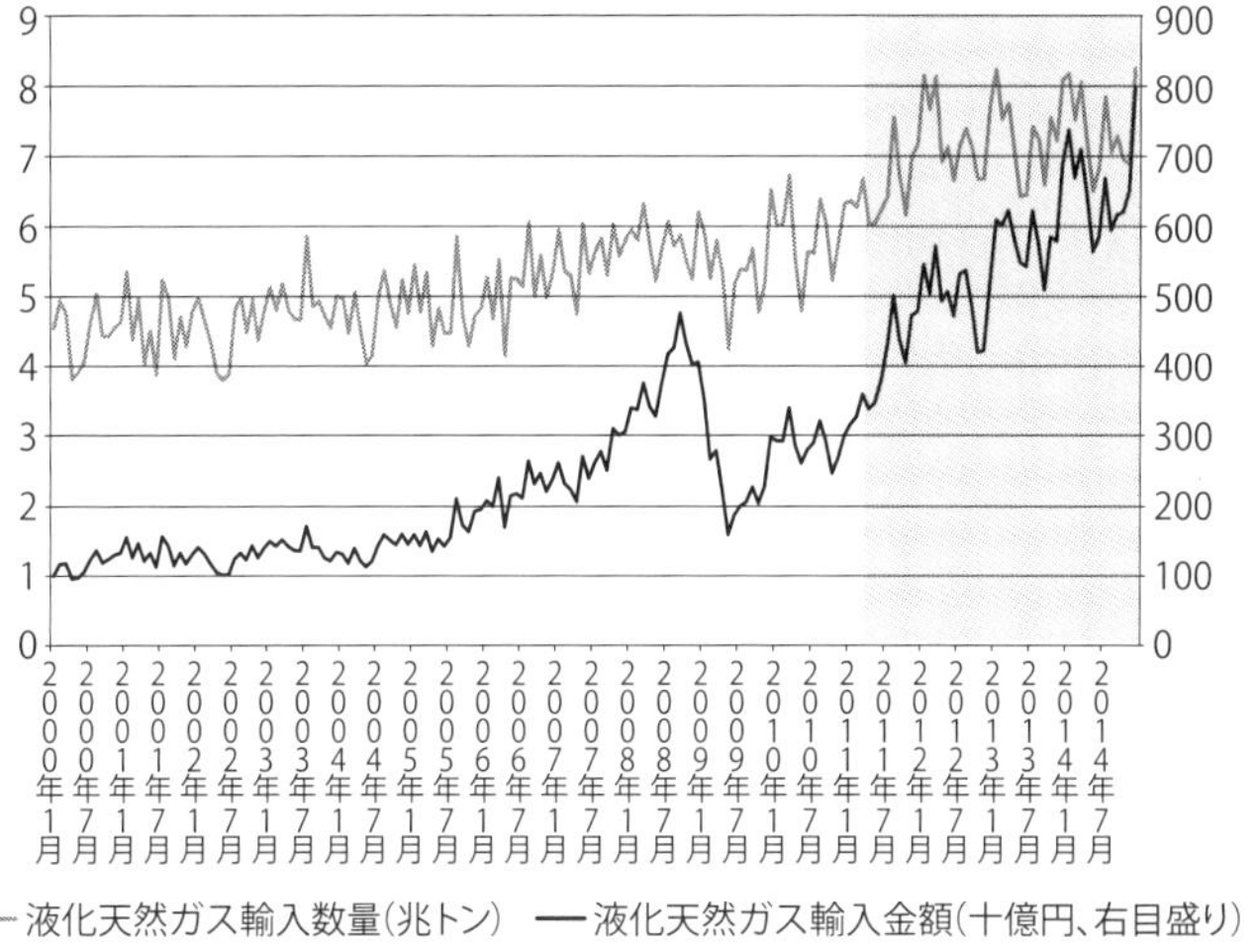

図6－A2が示すように、火力発電の主要燃料である液化天然ガスの輸入数量は、月当たり5兆トンから6兆トンのレンジから、大震災後に6兆トンから8兆トンのレンジまで跳ね上がった。月当たりの輸入金額も、4千億円を下回る水準から6千億円超の水準に向かって急上昇した。液化天然ガスだけをとっても、1年当たりの負担増は、2兆円を大きく超えるようになったわけである。

図6－A1が示すように、2014年半ばごろから原油や液化天然ガスの価格が下落し始めた。もし、戸独楽先生ならば、「こうした情勢の変化は、原発問題の解決に時間的な余裕を与えてくれるという意味で、大変にありがたいことである」といわれたにちがいない。

2011年末に政府の事故調査委員会は中間報告を公表した。先生は、非常に早いタイミングで詳細な事故報告が出されたことに、「日本も捨てたものではない」と大変に喜んでおられた。同時に、そこに書かれている多くのディティルが先生を驚かせた。1号機の冷却装置である非常用復水器（IC）は、原理も、操作も単純だったにもかかわらず、その操作に関する現場のメモリーが貧弱であったこと、炉心溶融が進行する蓋然性が高かったにもかかわらず、廃炉自体を極力回避しようとする意識が東電本社側に強かったこと、古いタイプの原発は原子炉建屋内が手狭でベントを手動で開放するのに必要な作業スペースがなかったこと、などなど。

政府事故調の中間報告を精読した先生は、実際の原発施設を訪れて、現場の責任者や技術者と話してみる必要を強く感じるようになられたのだと思う。2012年夏に国会事故調の査読委員の仕事が終えたのを契機に、全国の原発をまわられた。2014年夏までに、福島第一原発を含めてすべての原発やその関連施設を訪れる予定だと話されていた。

先生は、福島第一原発の1号機が1971年に運転開始をして経過した40年間の静かな時間の流れの中で、現場において高い規律を保っていくのに、とんでもないエネルギーが必要であった事態をあらためて受け止められたのだと思う。結果論からすれば、福島第一原発は、現場の規律を維持するのに失敗した。先生の『**原発事故の実相**』を拝読して、「施設やマニュアルが不十分だったことだけではなく、生身の人間集団が、40年間の長きにわたって、高い運転規律を維持していくことがいかに難事であるかということについても、事業者も、現場も、行政も、とことん突き詰めて考えてこなかった」というのが、先生が至られた結論ではなかったかと勝手に推察している。

戸独楽先生は、原発危機に関する長い論考を、大震災の年の6月に脱稿し、10月に公刊した。その本は、次のような文章でしめくくられていた。

結局は、今般の原発危機について非常に平凡な結論になってしまった。このような結論を導き出すために、ここまで紙幅を費やす必要はなかったのかもしれない。

それにもかかわらずこのように長い文章を書いてしまったのは、費用面でも、リスク面でも、取り扱いに高度の慎重さを要する原発という発電手段を大規模に展開し、それによって発電された電力に依存するようになった社会には、相当の責任があるという思いが私にあったからである。原発に反対する試み（反原発）も、原発を脱する試み（脱原発）も、「すでに原発を始めてしまった」というところでは責任を全うしていないと思う。

社会の構成員の一人であり、責任の一端を決して免れることができない私は、本書を書きあげるのに、これまでに味わったことがないような極度の緊張を強いられた。

心が折れそうになったことも幾度かあった。そんなときに私に勇気を与えてくれたのは、芥川龍之介が関東大震災直後に執筆した「大正12年9月1日の大震に際して」に連ねられた言葉であった。4年後に自殺する人間が書いたとは思えない、人間に信頼を寄せた力強い文章であった。本書の最後に芥川の一節を引きたい。

自然は人間に冷淡なり。されど人間なるが故に、人間たる事実を軽蔑《けいべつ》すべからず。人間たる尊厳を拋棄《はうき》すべからず。人肉を食《くら》はずんば生き難しとせよ。汝《なんぢ》とともに人肉を食《くら》はん。人肉を食《くら》うて腹鼓然《こぜん》たらば、汝の父母妻子を始め、隣人を愛するに躊躇《ちゆうちよ》することなかれ。その後《のち》に尚余力あらば、風景を愛し、芸術を愛し、万般の学問を愛すべし。

誰か自《みづか》ら省れば脚に疵《きず》なきものあらんや。僕の如きは両脚《りやうきやく》の疵、殆《ほとん》ど両脚を中断せんとす。されど幸ひにこの大震を天譴《てんけん》なりと思ふ能《あた》はず。況《いは》んや天譴《てんけん》の不公平なるにも呪詛《じゆそ》の声を挙ぐる能はず。唯姉弟《してい》の家を焼かれ、数人の知友を死せしめしが故に、已《や》み難き遺憾《ゐかん》を感ずるのみ。我等は皆歎《なげ》くべし、歎きたりと雖《いへど》も絶望すべからず。絶望は死と暗黒とへの門なり。

同胞よ。面皮《めんぴ》を厚くせよ。「カンニング」を見つけられし中学生の如く、天譴なりなどと信ずること勿《なか》れ。僕のこの言《げん》を倣《な》す所以《ゆゑん》は、渋沢《しぶさは》子爵の一言《いちげん》より、滔《たう》滔《たう》と何《なん》でもしやべり得る僕のオカを示さんが為なり。されどかならずしもその為のみにはあらず。同胞よ。冷淡なる自然の前に、アダム以来の人間を樹立せよ。否定的精神の奴隷《どれい》となること勿《なか》れ。

芥川の最後の、もしかすると、精神の均衡を保てていた彼の最期のセンテンス、「同胞よ。冷淡なる自然の前に、アダム以来の人間を樹立せよ。否定的精神の奴隷となること勿れ」は、読むものに、静かに、しかし、力強く迫ってくる。そして、勇気を与えてくれる。

しかしながら、「否定的精神の奴隷」とならずに、社会科学者として原発危機に向き合うことは、大変に難しいことであった。当然、どこまでできたのかは、読者の判断を待たなければならない。

〈参考文献〉

齊藤誠、２０１１、『原発危機の経済学―社会科学者として考えたこと』、日本評論社。
齊藤誠、２０１５、『震災復興の政治経済学―津波被災と原発危機の分離と交錯』、日本評論社。

Part II.

〈定常〉の中で公僕として

編集者口上：編集部長に命じられるがままに書いた解題であるが、Part IIのものは、なぜか小難しいものになってしまって、あまり自信がない。読者には、あるいは読み飛ばしてもらってもかまわないと思う。

第7篇

鏡の国から見た震災復興

最初は、目の錯覚かと思ったが、さらに後ずさりすると、鏡と鏡の重なりが少しずつ離れていって、俺の前には、いくつもの鏡が、上下に、左右に、斜め上下に、斜め左右にと並んだ。

著者口上：この短篇集の一篇ぐらいは、私が主語でなくてもよいであろう。「俺」の正体がいずれわかるのであれば…

2011年3月11日に大津波が東北地方の太平洋岸を襲ったとき、俺は、小さな民間調査会社に勤めていた。その会社は、学位をとったものの、大学に職がなく、予備校講師、新聞社校正係、ミニコミ誌編集者などの職を転々としたあとにたどりついた職場であった。

この調査会社は、建設関係の調査を専門としていた。とはいっても、大手のゼネコンや中央官庁を直接のクライアントとしていたわけではなかった。そうした大企業や役所から調査を委託された大手のシンクタンクやコンサルティング会社の下請けのような仕事をこなしていた。

3月末に上司に「柿之句《かきのく》君、ちょっとこちらに」と呼ばれた。柿之句とは、俺のうっとおしい苗字である。母方の先祖が俳人の真似事をしていて、子規から句をほめられたものだから、有頂天になって柿之句という姓に改めてしまったそうだ。

上司からは、「津波被災による建物の被害規模を推計してほしい。もちろん、推計額は、大きい方がよい」と仕事を命じられた。その際に「これを参考にしろ」と渡された数枚のプレスリリースが、**3月23日**に内閣府の経済財政分析担当が公表した被害推計であった。その推計では、原発事故の影響を除いた被害総額は、16兆円から25兆円にのぼり、そのうち、建物被害規模は、11兆円から20兆円という範囲であった。

内閣府のプレスリリースを渡されるときには、「どうも、関係者は、5年間20兆の復興予算を落としどころに考えているようだな。ということは、被害総額もその程度に積み上げないと…それには、建物被害だけで最低10兆はいるな」と、事実上、報告書の結論をいい渡された。

最後に、「締め切りは、**5月末**だ。いつものようにやってくれ」といわれた。

ここでいくつか説明を加えておかなければならない。

「推計額は、大きい方がよい」というのは、建物被害の推計値が大きければ、大きいほど、甚大な震災被害ということで、復興予算を肥大化させるという算段であった。

これは、阪神・淡路大震災の復興予算の経緯が踏まえられていて、「震災復興の予算規模が被害推計額にほぼ見合うように決める」というのが、その当時、政治家や役人などの政策関係者の間で、すでに暗黙のコンセンサスになっていた。阪神・淡路大震災のときは、被害推計9・6兆円（国土庁推計）に対して、5年間の復興予算規模が9・5兆円だった。建物被害は、6・3兆円に達した。

「いつものように」と俺にいってきたのは、「これまでのように、調査費用は節約してくれ」ということであった。俺は、元来が出無精なこともあって、出張や視察が大嫌いである。現地に行って見てくれれば、何かが分かるというものではない。また、特別に実施したアンケート調査なども、ほとんど意義を感じていない。政府が公開しているデータをしっかりと分析すれば、たいがいのことは分かるものだ。出張費も、アンケート調査費もいらず、まったくただの政府データだけで締め切りまでに（今回の場合であれば、２ヶ月で）、仕事をこなしてしまう俺は、上司のお気に入りであった。

今のような調査会社で調査報告書を作成するということは、「嘘をつく」とほぼ同義である。しかし、立派に嘘をつこうと思えば、真実を知っておく必要がある。嘘と知りつつ嘘をいって、はじめて、嘘は嘘となるわけで、真実を知らないままに、嘘をついていると、調査している当事者が、嘘を信じるという、本末転倒なことが起きてしまう。そんないいかげんな嘘で固められた報告書など、だれも読んでくれるはずがない。読んでもらえるような報告書にしようとすれば、立派に嘘をつく覚悟が必要なのである。

そこで、津波で被災した建物被害について、俺なりに真実を知ろうとかなり努力をした。

俺が知りたいと思っていたことは、**4月中**にほとんど出そろった。

国土地理院は、**3月後半**に航空写真と衛星写真から津波で震災した地域をほぼ掌握し、**4月18日**に電子地図データの形で公表した。総務省統計局は、国土地理院の公表した電子地図データを国勢調査の電子地図データに重ね合わせて、津波浸水地域の人口を推計したものを、

4月25日に公表した。

これらの電子地図データから分かったことは、巷間でいわれていたこととかなり違っていた。津波被害が甚大だった岩手県、宮城県、福島県の津波被災3県の津波浸水人口は、51・1万人だった。阪神・淡路大震災で震度7を経験した地域を含む市町村の人口は、164万人だったので、津波被災3県の津波被災を受けた人口は、その3分の1以下だったことになる。

さらに注目すべきことは、津波被災を受けた市町村レベルで見ても、津波で浸水を受けた人口は、津波被災市町村人口の4分の1にすぎなかった点である。津波被災市町村といえども、津波の影響を被らなかった内陸部を広範に抱えていた。

それでは、肝心の建物被害であるが、消防庁の被害報を主として頼った。被害報は、大震災直後から、毎日のように公表されてきた。

そこには、全国市町村別に全壊住家の棟数が記録されている。阪神・淡路大震災では、兵庫県下の全壊住家棟数は、10・4万棟に達したが、今般の大震災ではどうであったか。

3月31日の被害報では、全国の全壊住家棟数は、1万376棟であった。この数字は、さすがに小さすぎると思った。各市町村で建物被害の実態を掌握しかねていたのであろう。

しかし、**4月28日**の被害報では、全国の全壊住家棟数が7万7171棟に跳ね上がった。これでも、いぜんとして過小棟数なのだろうと思ったが、津波被災3県について、その内訳を見ていくと、興味深いことが浮き上がってきた。

岩手県：県内全壊住家1万6959棟のうち、津波被災市町村がその99・8％、

宮城県：県内全壊住家5万5425棟のうち、津波被災市町村がその98・9％、

福島県：県内全壊住家2328棟のうち、津波被災市町村がその31・5％、

その結果、津波被災3県の津波被災市町村の全壊住家棟数が全国に占める割合は、7万2488棟／7万7171棟で93・9％に達した。

4月末の時点で得られた数字を素直に解釈して見当がついたことは、以下の通りであった。

- 東日本大震災の全壊住家棟数は、阪神・淡路大震災の10・4万棟を大きく超えることがないであろう。
  - ✓なお、阪神・淡路大震災の全壊住家に占める共同住宅の割合が高いことから、戸数ベースで見ると、東日本大震災の全壊住宅戸数は、阪神・淡路大震災のそれを下回る可能性が高い。
- 建物被害は、津波被災3県の津波被災市町村に集中している。
  - ✓いいかえると、内陸部の建物被害は限定的である。
  - ✓津波被災市町村内にあっても、津波被災を受けた地域は一部である。

俺のこのような判断は、その後も、修正されることはなかったが、参考のために**5月26日**の被害報の数字も示しておく。全国の全壊住家棟数は、10万2923棟まで増加した。その内訳は以下のとおりだった。

岩手県：県内全壊住家1万7107棟のうち、津波被災市町村がその99・7％、
宮城県：県内全壊住家6万8766棟のうち、津波被災市町村がその96・8％、
福島県：県内全壊住家1万4083棟のうち、津波被災市町村がその83・4％、

その結果、津波被災3県の津波被災市町村の全壊住家棟数が全国に占める割合は、9万5346棟／10万2923棟で92・6％に達した。

右の数字は、福島県では、岩手県や宮城県に比べて内陸の建物被害が大きかったことを示している。地震学者たちが当時から指摘していたことであるが、今般の大地震は、地震動の卓越周期が非常に短かったために、建物被害が軽微にとどまった。しかし、福島県の内陸部のように堆積土壌からなる盆地地域では、地表に届くまでに地震周期が長くなって、建物倒壊が起きやすくなった。

いずれにしても、俺の見積もりでは、「今般の大震災による建物被害は、津波起因がほとんどで、その規模も、阪神・淡路大震災の建物被害の6．3兆円を超えることがなかった」というものだった。上司から「参考にしろ」と渡された内閣府推計の11兆円から20兆円という数字は、単純に、「どう考えても大きすぎる」ということになる。

ここからは、推計額を水増しするために、以下のように事実と違う想定をして立派に嘘をつくことで腹を決めた。

- 沿岸部の津波による建物被害だけでなく、内陸部の地震による建物倒壊も大きかった。
- 津波被災市町村は、市（町、あるいは村）が丸ごと津波被害を受けた。
- 津波が建物に及ぼす被害は、地震が建物に及ぼす被害よりも大きい。

俺は、**5月上旬**には、こうした想定で分析作業を進め、「建物被害額10兆円」という数字を作り上げて、報告書の骨子を書きあげた。おそらくは、こうした数字は、俺の会社に孫委託してきた大手のシンクタンクを通じて政府に提出され、「なお、この推計規模は、民間の○×総合研究所の推計ともほぼ一致している」というような形で、お役所の作文に用いられるのであろう。

報告書作成のめどが思いのほか早くたって、調査費がずいぶんと残ったので、出無精の俺も、**5月半ば**に現地視察という名目で、宮城県の津波被災した1つの町を訪れることにした。宿をとるのが大変だったが、キャンセルがたまたま出た小さなビジネスホテルを予約できた。

その町では、地元のタクシーを1日雇って、周辺の町々を含めて回ってみた。そこで目にした風景は、俺の生涯でも、忘れることができないものになるであろう。ある場所で車を降りて、津波が建物をことごとく破壊してしまった風景を目の当たりにした。膝が震えてしまい、その場に倒れこんでしまった。タクシーの運転手に抱きかかえられるようにして、車に戻った。

一方、内陸部に入っていくと、人々は、すでに平生の生活を取り戻していた。古い建物も、倒壊せずに残ったものがほとんどであった。沿岸部と内陸部のあまりのコントラストにめまいさえ覚えた。

宿に戻って、ベッドに横になった。

津波被災した町は、これからどうなっていくのであろうか。

おそらく、近々に大規模な復興予算が決定され、湯水のごとくの資金がこの町に注ぎこまれるであろう。港湾の改修、道路や鉄道の修復、農地の復旧、防波堤や防潮堤の建設、そして、沿岸部の居住地の内陸や高台への移転、それに伴う宅地造成などなど、大規模な土木工事が目白押しとなるであろう。

一方では、津波被災地は、大震災前から少子高齢化が急テンポで進行していた地域である。はたして、立派に復旧した町に人々が戻ってくるであろうか。戻ってきた人々の子供たち、孫たちが、そこに住み続けるであろうか。俺は、どうしても、ポジティブなイメージを描くことができなかった。

そうこう考えているうちに、眠ってしまったのだと思う。

俺の前には、大きな鏡があった。その鏡には、昼間見てきた丘陵部を借景とした町が映し出されていた。ふと、鏡を触ろうとしてみると、俺の手をさえぎる感覚は、まったくなかった。鏡の向こう側に手が抜けて、腕も抜けて、さらには、体全体も抜けて、俺は、鏡の反対側に入り込んでしまった。後ろを振り向いてみると、先ほどの鏡が、先ほどの風景を映し出していた。俺は妙なことに気がついた。鏡を見ながら後ずさりすると、鏡の枠が幾重にも重なっているように見えた。最初は、目の錯覚かと思ったが、さらに後ずさりすると、鏡と鏡の重なりが少しずつ離れていって、俺の前には、いくつもの鏡が、上下に、左右に、斜め上下に、斜め左右にと並んだ。よく見ると、それぞれの鏡が映し出している風景が、まったく違ったのである。最初に見た鏡には、昼間見てきた丘陵部の上3分の1が切り出され、そこに、数多くの住宅が建っている風景があった。その隣の鏡には、同じように丘陵部の上3分の1が切り出されていたが、そのまま工事が打ち切られたように見える風景が映し出されていた。かと思うと、そこからずいぶんと離れた鏡には、丘陵はもとのままで、港近くに町がよみがえっている風景もあった。いくつもの鏡を見渡していくと、先ほど、鏡のこちら側に踏み込んでくる前に、俺が心の中で描いていた風景もあった。上3分の1が切り出された丘陵部の宅地には、まだらに家が建っているが、人が住んでいる気配がない。道路には、車もないし、人も歩いていない。運動場には、生徒たちの姿はない。他の数多くの鏡にも、人の気配がまったくない風景があった。しかし、他の数多くの鏡には、人の活気があるものもあった。そうこうしているうちに、これらの鏡に映し出されている風景は、**2011年5月○×日**の時点に立って、俺が訪れた町が将来に向けて持っている数多くの、いや、無数の可能性であることがわかってきた。そう思えてきて味わった感覚は、とても不思議であった。今度は、後ずさりではなく、前方に歩いて行くと、数多くの鏡は、再び重なり始め、さらに歩いて行くと、もとの1枚の鏡だけになった。さらに歩いて行くと、その鏡を通り抜けて、ずいぶん前にいたと思われる鏡のこちら側に戻ってきた。

夢から覚めたのだと思う。

俺の内側には、何かすがすがしいものがあった。俺が夢を見る前に思い浮かべていたこの町の未来は、おそらくそうなる蓋然性が高いのだと思う。しかし、そうとはならない無数の可能性が、俺たちには、開かれているのではないか。それにもかかわらず、あるたった1つの可能性に向かって、「この道しかない」とみんなでぞろぞろと歩いて行くことに、いかほどの意味があるのであろうか。

会社に戻って、急いで報告書を書きあげた。5月末の締め切りには少し早かったが、立派に嘘をついて「建物被害額10兆円」という数字を記入した報告書を上司に提出すると同時に、辞表を手渡した。上司は、本気で慰留してきたように思えたが、俺は、その場を立ち去った。

震災復興政策にかかわる簡単な年表だけを付しておく。

6月24日、内閣府・防災担当が被害額推計が16・9兆円（うち、建物被害が10・4兆円）と公表。

6月25日、東日本大震災復興構想会議が提言を首相に提出。内陸や高台移転を提言。

7月29日、東日本大震災復興対策本部が基本方針を決定。復興予算規模は、向こう5年間で19兆円。

事実の進行だけを見れば、俺が辞職したときからの数ヶ月は、すでに「この道しかない」という状態だったのだろう。でも、向こう5年、10年、四半世紀となれば、わかりゃしない。

俺は、今、津波被災とはまったく関係がなかった日本海側の小さな町の役場で、年限付きの雇用契約を繰り返しながら、役人をやっている。今は、1日、1日、生きていくことがありがたいと感じている。

第7篇への解題

戸独楽先生から「**鏡の国から見た震災復興**」の原稿をいただいたのは、２０１２年暮れの総選挙が終わったころだったと思う。２０１１年の初めに、親しかった高校時代の同級生、そして、長く寝たきりだったお父様を相次いで失われて酒量がすでに増えていたところに、大震災にかかわる調査研究で疲労困憊されていた先生は、酒量が半端でなかった。自宅での晩酌は、数日で焼酎１本のペースだったそうである。飲み屋で動けなくなって、奥様が車で迎えに行くということも何度かあったと伺った。飲み屋のカウンターの椅子から転倒して、後頭部を強く打って救急車で運ばれるという、笑い話ですませられないこともあった。

ところで、今、編んでいる短篇集の主題は、いうまでもなく、「〈定常〉にある経済」の風景を描くことである。いずれの短篇にも、視点の移動があって、「外側」から見るとじっと止まっているようにみえる経済の「内側」に踏みいって、そこに活発な新陳代謝を見出している。

しかし、「**鏡の国から見た震災復興**」の視点の移動は、「外側」から「内側」へではなく、

「現在」から**「将来」**への移動である。「将来」から「現在」を見渡すことによって、「現在」が秘めている、未来に向けた複数の可能性を見出そうとしている。

残念ながら、「俺」が新たな、代替的な可能性を求めて調査会社を辞めた２０１１年５月末には、震災復興政策に関して、予算規模、政策内容、実施機関も含めて、ほとんどすべてのことがすでに決まっていた。それでも、19兆円まで水膨れした復興予算を見直そうという機運は、２０１２年半ばごろから政府部内で高まった。しかし、その動きも、年末の政権交代で頓挫した。

例の喫茶店で**「鏡の国から見た震災復興」**の原稿をいただいたおりに、戸独楽先生は、「世間では、金融緩和が総選挙の争点だと騒いでいるが、真の争点は、財政出動、それも、公共事業予算の増額だよ」といっておられた。総選挙の結果にも、復興予算見直しと消費税増税に明確な姿勢を打ち出した野田政権に対して懸念を抱いた人々の思惑が働いたということだったのかもしれない。

政府の一般会計が公共事業に投じた予算規模は、１９９０年代には、当初予算で9兆円超、補正予算も含めると10兆円を大きく上回った。それが、東日本大震災が起きたときにはすでに組まれていた２０１１年度当初予算では、５兆円まで減少していた。そのような中にあって、復興予算は、公共事業費の減額を食い止め、増額に転じる格好の機会ととらえられたのである。

事実、２０１２年末に政権交代をするやいなや、東日本大震災の復興予算規模は、19兆円から25兆円に拡大した。また、２０１２年度補正予算で10・３兆円の経済対策費が計上され、２０１３年度予算と合わせた15か月予算が編成された。２０１４年度予算も、５・５兆円の経済対策費が盛り込まれた２０１３年度補正予算と一体で運営されてきた。さらには、２０１５年２月に成立した２０１４年度補正予算にも、３・５兆円の緊急経済対策が盛り込まれた。

「鏡の国から見た震災復興」を脱稿したころの戸独楽先生は、「今の状況に抗することも大事だけど、現在の状況を記録して未来に残すことの方が、もっと、もっと大切なのかもしれない」といわれて、東日本大震災に関する調査に打ち込んでおられた。先生は、どんな状況にあっても、自分たちの未来には、複数の可能性が常に開かれていることを信じられていたのだと思う。

国土交通省は、大震災直後から津波被災地域の実態調査（「津波被災市街地復興手法検討調査」）を行っていたが、その調査を電子地図情報に加工した「復興支援調査アーカイブ」を２０１２年夏ごろから公開し始めた。先生が調査対象とされていたのも、そのアーカイブに含まれていた厖大なデータ群であった。

先生は、「事態のずいぶんあとに作成された立派なデータベースから分かることと、事態の進行中に得られる粗雑なデータから分かることとは、実は、そんなに変わらないのだけれども…」とポツリといわれた。２０１１年の春ごろ、「俺」も用いていた消防庁の被害報を手元において、淡々と津波被害動向を話されていた先生の姿は、今でも、時々思い浮かべることがある。

先生も熱心に協力されたであろう齊藤誠先生たちの報告書は、参考文献にあげておいた。齊藤先生が週刊東洋経済の２０１５年2月28日号に寄稿したエッセーも、以下に引用しておこう。

東日本大震災から4年目を迎えるにあたって、大震災への政策対応を今一度振り返ってみたい。あまり認識されてこなかったことであるが、5年以上にわたる復興事業の規模と内容の大枠は、発災後きわめて短期間に決定された。

内閣府は、11年3月23日に大震災によるストック毀損総額（原発事故起因を除く）を少なくとも16兆円と推計した。特に、非住宅を含む建物ストック毀損額が11兆円と7割弱を占め、阪神淡路大震災の6・3兆円を大きく上回った。同推計では、建物ストック毀損額が最悪20兆円にまで膨らむ可能性も示された。

ストック毀損総額16兆円という内閣府推計には、当初から過大推計という批判があった。しかし、津波による人的被害の甚大さと津波被災の映像的なイメージに圧倒されて「最低でも16兆円」が政策当局者を含めた人々の間で参照点となった。

復興予算の規模は、内閣府推計を基軸に決定されたといってよい。阪神淡路大震災は、ストック毀損総額10兆円弱に対して、復興予算総額が5年間約10兆円であったので、東日本大震災の復興予算規模も、「少なくとも5年間16兆円」という合意が自然と形成された。結局、11年7月末に正式決定された復興予算規模は、5年間19兆円となった。

復興事業の内容も、津波による人的被害の甚大さに加えて、内閣府の建物被害推計の厖大さを踏まえて、沿岸部の徹底的な護岸や、居住地の内陸や高台への移転などの大規模土木事業が中核となった。

国土交通省は、発災3ヶ月後から着手した津波被災市街地復興手法検討調査のデータを電子地図情報として12年夏ごろより公開した。その調査には、詳細な建物被害情報も含まれている。私たちがそのデータを用いて推計したところ、国交省調査のカバレッジが若干低かったことを考慮に入れても、建物ストック毀損規模は約4兆円と、「少なくとも11兆円、多ければ20兆円」という内閣府推計を大きく下回った。

内閣府の建物ストック毀損額が過大推計になった背景には、①内陸部の建物被害が限定的であったこと、②津波被災市町村においてさえも、津波浸水地域の割合が決して高くなかったこと、③住家の全壊規模からいえば、阪神淡路大震災と大きく変わらなかったことなどが見落とされていたからである。

しかし、①から③については、消防庁などが発災後より公表してきた被害報や、国土地理院が発災直後に実施した航空写真による調査などからでも、少なくとも11年4月末時点には大勢が的確に把握できた。したがって、発災12日後に内閣府が推計を公表したこと自体が拙速であり、推計公表後に修正をする機会はいくらでもあったわけである。

いくつもの教訓があるように思う。政策担当者は、現場から上がってくる数字に真摯に向き合っていなかった。それらの数字を分析するのに、高度な統計学など必要がなく、健全な常識があれば十分であった。

復興予算の政策決定の裏舞台では、常識に裏打ちされた冷静さが厳しく非難されるほどに、とてつもなく大きな政治力学が働いたのであろう。発災直後の国会公聴会では、「3年間100兆円」という数字さえあがっていた。しかし、政府の推計作業が客観的事実から目を背け、政治的現実の方に目を配ったことは、国民にとって残念なことであった。

（参考文献）

齊藤誠・中川雅之・顧濤、２０１４、「東日本大震災の社会経済的な影響について」、一橋大学大学院経済学研究科ディスカッションペーパーシリーズ、２０１４‐１３。

齊藤誠、２０１５、『震災復興の政治経済学―津波被災と原発危機の分離と交錯』、日本評論社。

第8篇 元経済官僚の手記

ほぼ正確に日付を確認できたのは、牛乳瓶のふたに印刷された賞味期限と、政府からの郵便物の消印のおかげであった。

私は、２０１２年の末、やや大きめの封筒を郵便で受け取った。封筒には、住所も、名前もなかったので、開けるのを躊躇したが、結局、開封した。中には、普通サイズの封筒とともに、１枚の便箋が入っていた。

拝啓、

年末のご多忙の中、突然、身元も明らかにしないままに、お手紙を差し上げる無礼を、どうかお許しください。

また、突然、要件に入る無礼も、どうかお許しください。

14年前に父は、母と私を残して突然消息を絶ちました。家庭裁判所の複雑な手続きを経て、「配偶者の生死が3年以上明らかでない」という事由で、母は父と離婚しました。それが、先月、ある人からの郵便で、父が最近、亡くなったことを知らされました。その郵便には、いくつかの封書とともに、父の簡単なメモが入っていました。

父のメモには、いくつかのことが書いてあったのですが、その一つに、「同封の封書を先生に送ってほしい」とありました。勝手に消えて散々振り回された挙句、勝手に死んだ後も振り回されることが無性に腹立たしかったのですが、わざわざ、このように私に託すぐらいですから、父にとっては大切なことだと思い直し、こうして筆をとっている次第です。父のメモには、「先生には、身元を明かさないでほしい」、「先生にお読みいただいた後は、焼却してほしい」とも記してありました。

大変にご迷惑だとは存じつつ、先生の大学の住所に父の残した封書をお送り申し上げました。私がこのようにいうのも妙なのですが、先生に、父の願いを聞き届けていただければ、大変に幸甚に存じます。

なにとぞ、どうかよろしくお願いいたします。

新年が先生にとって幸多き年になることを祈っております。

敬具

私は、手紙を読み終わると、自分でも驚くほど自然に、同封されていた封書の封を切って、中にあったワープロ打ちされた文章を読んだ。


あれから14年近くの月日が経った。

私は、1999年の初頭に経済官僚としてある重要な経済政策に関わったが、その際にやむにやまれぬ理由から情報漏洩の罪を犯してしまった。私が漏洩しようとした情報が国家機密に関わることであったために、私の罪は公にされないままに、その年の5月に、ある地方都市の一角に建つ小さなビルの地下室に閉じ込められた。その地下室は、10畳ほどの広さで、小さな洗面台と便器、ベッドに机と椅子が備わっていた。天井の方に小さな明かり取りの窓がひとつあったが、それだけでは昼間でも明るさに不足し、机にあった蛍光スタンドを点けないと文字を読むことができなかった。部屋には地上につながる扉がひとつしかなかった。扉は鉄製の頑丈なもので、常に鍵がかけられていた。毎朝方には、男（だと思う）が扉の郵便受けを通じて、むき出しのままに菓子パン2個と牛乳1本を渡してくれた。私は、その都度、昨日飲んだ牛乳瓶をその男に返した。当初は、空腹感もあったが、直に感じなくなった。時々、男は日用品や消耗品を差し入れてくれた。月に1回、政府からの郵便物を男から受け取るともに、政府への郵便物を男に渡した。私に外の様子を伝えてくれるものは、政府からの郵便物だけであった。ほぼ正確に日付を確認できたのは、牛乳瓶のふたに印刷された賞味期限と、政府からの郵便物の消印のおかげであった。地下室に閉じ込められるときに、誰とも言葉を交わしてはいけないといわれた。だからというわけではなかったが、私は、男に声をかけることもなかった。男が私に語りかけることもなかった。

国家の意思は、その地下室で「自ら命を絶て」ということだったと思う。部屋を見渡せば、少しの工夫で国家の希望に沿えるだけの道具を容易にさがすことができた。

毎朝来る男は、私の死を見届ける役割も担っていたのであろう。しかし、私は、生きることを選択し、政府から命じられた仕事を黙々とこなした。その仕事とは、毎月、わが国の経済に関するレポートを執筆することであった。毎月の初めに、前月までに政府と中央銀行によって公表された統計表が詰まった郵便物が男から渡された。送られてくるものは、統計表のみでプレスリリースの類いは添付されていなかったが、その方が私にとって都合がよかった。分かったような分からない説明で統計数字の解釈を強いられることを、若い頃から嫌っていたからである。１ヶ月ほどかけてレポートを書いて、書き終わる度に男に手渡した。むろん、パソコンなどなかったので、Ａ４のレポート用紙に鉛筆で手書きをした。図表はＢ５の方眼用紙に描いた。レポート用紙も、方眼用紙も、鉛筆も、時々男が差し入れてくれたものである。この地下室に閉じ込められるときに、なぜか、太陽電池で動く関数電卓を持ち込むことが許された。蛍光スタンドの明かりは電卓を動かすのに十分だった。

地下室に閉じ込められている間、不思議と死への誘惑に駆られることはなかった。寂しいということもなかった。というよりも、それまでの人生の中でもっともにぎやかに数字と語り合ったように思う。また、10畳あまりの部屋が狭いと思うこともなかった。というよりも、Ａ４のレポート用紙に向き合って文章を書いていると、広大な平原が自分の前に広がっているような錯覚にとらわれた。２００８年10月に何事も口外しないことを条件として、私は地下室から解き放たれた。今は、ビルのあった町の小さな会社で経理の仕事をしている。地下室から解き放たれてすぐは、久方ぶりに寂しさを感じることもあった。閉じ込められるときに別れた妻と息子のことを想うと、強い寂しさに襲われた。しかし、直にそのような気持ちにおちいることもなくなった。

週末は、町の図書館に通った。地下室に閉じ込められていた間の新聞の縮刷版を読むことが週課となった。こうして過去の新聞を読み進んでも、違和感を覚えることはほとんどなかった。自分が地下室で統計数字と語り合っていたことが、そのまま世の中で起きていたのだとあらためて確認しただけであった。地下室から解き放たれる直前に、世界的な金融危機が勃発して国中が騒然としていた。危機前の出来事と無縁だったこともあって、私はいたって冷静だった。輸出条件上の有利が金融危機で完全に失われて、2002年初からの輸出主導の経済拡大分がおおよそ失われるであろうことも容易に想像できた。事実、その通りになった。

ただ、ほんのわずかに違和感を覚えたこともある。〝デフレ〟という言葉に対する人々の感覚である。〝デフレ〟とは、そもそも「物価水準の低下」を意味するはずであったが、最近では「漠然とした不況感」を意味するようになったと思う。そうでありながら、経済政策で議論するときには、「物価水準が低下する」という金融現象を説明する用語としてデフレが取り扱われているのが、不思議でならなかった。

図A: 2つの物価指数と GDP デフレーター

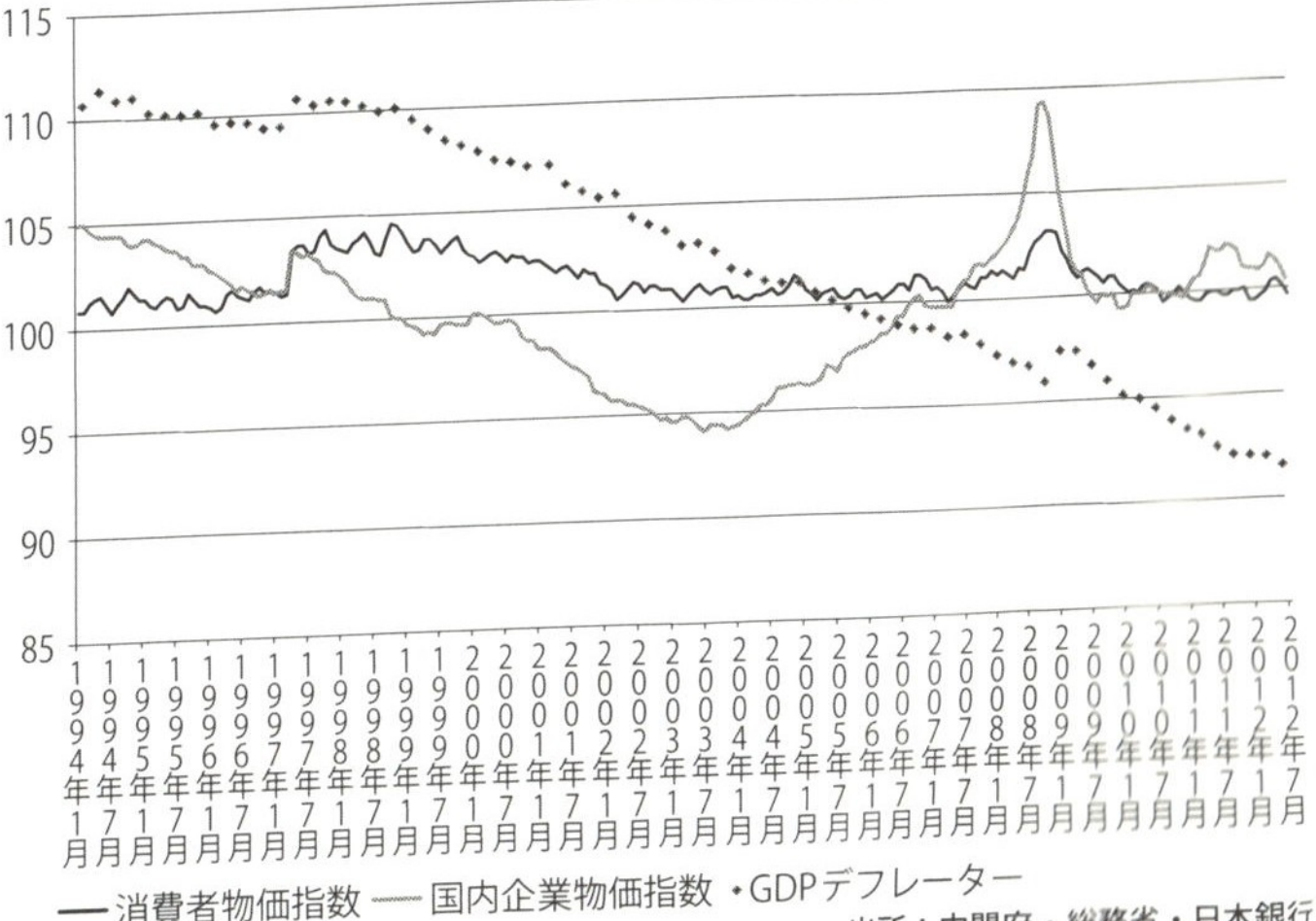

出所：内閣府・総務省・日本銀行

2004年夏頃だったと思うが、私は、地下室から政府に「デフレの終焉」というレポートを送っている。2003年頃から実質的な通貨安で交易条件が悪化した結果、輸入物価の上昇で物価下落傾向に歯止めがかかったと判断したからである。今では自由の身となって**図A**や**図B**のようなグラフもパソコンで簡単に描くことができるのであるが、当時のレポートにも、2000年初から2004年半ばまでの国内企業物価指数と消費者物価指数の推移を示した手書きのグラフを添えた。**図A**でも明らかなように、国内企業物価指数は2003年半ばより反転して上昇傾

図B:2つのデフレーターの推移

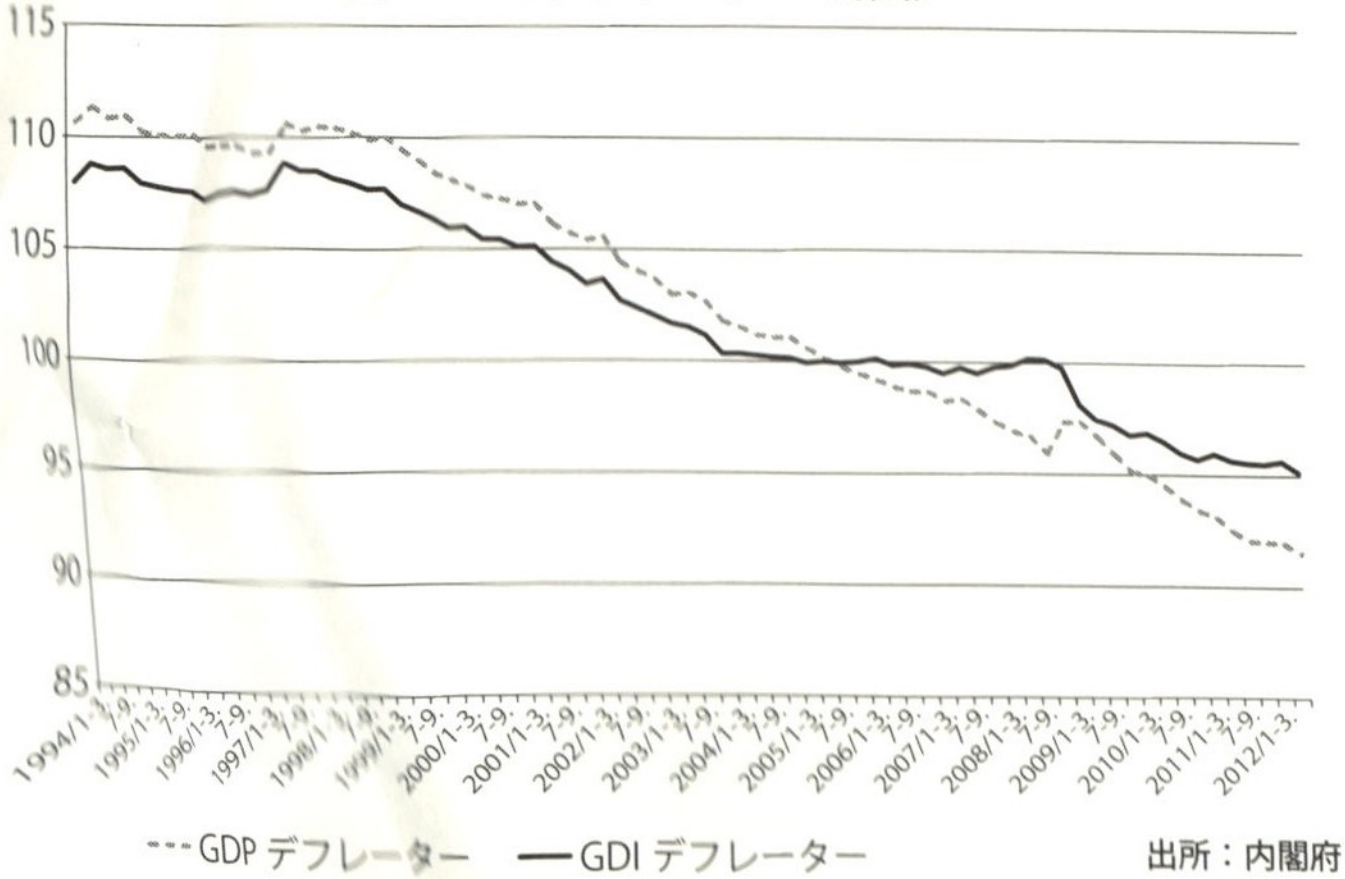

出所：内閣府

向に転じた。消費者物価指数の方は、そもそも物価下落傾向が緩やかなこともあって、国内企業物価指数ほど明確な反転が認められないが、それでも、２００３年半ばまでの下落傾向が止まっている。

そのレポートには、実質的な通貨安の局面では、ＧＤＰデフレーターが物価水準の上がり下がりを示す指標でないことも指摘しておいた。交易条件の悪化で所得が海外に漏出してしまう分、ＧＤＰデフレーターを押し下げてしまうからである。こうした局面では、所得海外漏出の影響を取り除いたＧＤＩデフレーターの方が物価指標に相応しい。むろん、このようなことは、マクロ経済学の教科書に書いてあることで、私のオリジナルな考えではない。レポートには、図Bに相当するようなグラフを添付して、GDPデフレーターとGDIデフレーターの推移を示した。GDPデフレーターは2003年半ば以降も低下しているが、GDIデフレーターは2003年後半には下げ止まっている。今の時点に立ってみるといっそう明らかであるが、2008年第3四半期までGDPデフレーターは低下し続けたが、GDIデフレーターは、その間、ほぼ横ばいで推移してきた。レポートには、交易条件が大きく変化する局面では、物価指数についても、デフレーターについても、変化率ではなく、水準で見る方が状況を把握しやすいということも付言した。

週課となった図書館での新聞読みで知ったことであるが、2003年半ばにデフレが終焉したのにもかかわらず、2006年夏までの政府月例経済報告は、わが国の経済状況を〝デフレ〟と認定し続けた。2008年9月の世界的な金融危機で通貨高に転じたことと、2007年後半より生じた一次産品価格高騰が収まったことから、わが国の物価指数は2009年後半にかけて急速に低下した。この場合は物価下落がGDPデフレーターの下落の背後にあるので、GDIデフレーターも同期間に低下している。そうした局面に接した政府は、2009年11月に再びデフレを宣言した。

しかし、2011年に入ると、一次産品価格が再び高騰し、国内企業物価指数が上昇し始めた。通貨高は依然として続いたものの、国際競争の激化で輸出製品の現地価格の値上げがままならなかった。そこに深刻なエネルギー事情も重なって交易条件が著しく悪化し、所得海外漏出を如実に反映するGDPデフレーターは低下し続けた。しかし、所得海外漏出の影響を取り除いたGDIデフレーターは同期間、GDPデフレーターに比べてはるかに緩やかな低下にとどまった。

人間の認識とは、本当に不思議なものである。人々は、GDPデフレーターの動きを見て物価が10年以上の長きにわたって下落し続けたと錯覚してきた。しかし、2003年半ばには物価下落は止まり、2008年秋まで国内企業物価指数や消費者物価指数は上昇し、GDIデフレーターは横ばいで推移してきた。確かに、対外環境が激変して2009年、2010年と物価は大きく下落したが、2011年以降はGDIデフレーターも下げ止まっている。2009年と2010年のたった2年間の物価下落体験が、「過去10年以上に及ぶ物価下落」というフィクションにすり替わってしまったのである。

しかし、より本質的な問題は、人々がGDPデフレーターの下落自体を著しく不快に思ってきた事実の方であろう。私自身も、地下室で経済統計に向き合っていたときに、21世紀に入ってわが国の経済が産み出した付加価値（すなわち所得）が海外に漏出し、GDPデフレーターを大きく引き下げてきた事実に愕然とした。その背後には、世界国際競争の激化でいくら高付加価値の製品であっても安値で輸出せざるをえず、世界的な一次産品価格高騰のあおりを受けて原材料や食料を高値で輸入せざるをえない厳しい現実があった。私が地下室から解き放たれた2008年10月以降も、厳しい対外環境は、わが国の経済にとって歴然たる現実であり続けている。GDPデフレーターの下落を物価下落とあえて読み替えて、その下落を金融政策の失敗に帰そうとする人々の性向は、厳しい対外環境から目を背けたいという人々の心情と表裏一体をなすものかもしれない。

誰が読むのかもまったく見当がつかないままに、なぜ、このようなことを書いているのか、自分自身でも分からない。しかし、生き延びられたからこそ、書かなければならないと思った。

（2012年××月××日記）

私には、彼が1999年初頭にどのような機密漏洩に関わったのか、まったく見当がつかなかった。また、2008年10月に幽閉が解かれた理由も、知るすべなどなかった。幽閉を解かれて後、妻子を訪れなかったのは、離婚が正式に成立したことを伝え聞いたからかもしれない。

ただ、私は担がれているとは思わなかった。そこに記されていることが、私の中にスッと入ってきたからである。2005年ころから、このレポート（といって、よいのかどうかわからないが…）に書かれているような情勢判断をしていたエコノミストは、決して少なくなかった。私も、そのようなことを何度か雑誌や新聞に書いてきた。

それにしても、なぜ、彼は、私に送るように息子に頼んだのだろうか。彼は、私と「同じことを考えていた」とでも伝えたかったのであろうか。死期を悟った人間が、そのような面倒くさいことを考えるのであろうか。

彼は、そのレポートを息子に読んでもらうために、彼なりの工夫をしたのではないかと、私はふと思った。何か特別な意味があるかのように、レポートの入った封筒を取り扱えば、息子は、いぶかしがって、封を開けてくれると思ったのでないだろうか。おそらく、息子は、封を開いて、レポートを読んだ。そこで、母や自分を捨てざるをえなかった父に対して、何かを感じたのだろう。そして、息子は、父の願いを叶えようと、新しい封筒にレポートを入れ直して、こうして送ってきたのであるまいか。

私は、なぜ、そのように思ったのか理由を説明することができなかったが、自分の想像に強い確信を持った。そうした確信に背中を押されたのか、研究室で焼却するわけにはいかなかったが、そのレポートをシュレッターにかけた。

後日のこと、親しくしていた官僚は、「おそらく、萩堂《はぎどう》さんのことではないか」と話していた。複雑な政治的事情から捏造された経済データを政府が公表しようとしたのを知った萩堂は、公式発表日前に捏造データをリークして、正しいデータを公表せざるをえない状況に政府を追いこんだとのことであった。その官僚は、萩堂の息子が母方の姓に戻して、地方の役所に働いていることも教えてくれた。

第8篇への解題

「元経済官僚の手記」の原稿は、戸独楽先生から結構早くにいただいていた。先生から原稿をお受け取りしたときに、先生は、「妻と娘の評判がひどく悪くてね」ととても自信なげであった。奥様も、娘さんも、幽閉の解かれた「元経済官僚」が妻子に会いに行かなかったことをとても不満に思われたそうである。私の方から「それでは、少し設定を変えてみては」と提案してみたが、なぜか、先生は、「ここは会いに行かないということにしないといけないんだよ」といわれた。ただ、先生は、その理由について一言もいわれなかった。

さて、**「元経済官僚の手記」**では、2008年9月のリーマンショックによる落ち込みからの景気回復だけでなく、「戦後最長の景気回復」と呼ばれている2002年から2007年の景気回復さえも、人々に景気回復の実感をもたらさなかった理由がフィクションを通じて巧みに語られている。

いい方をかえると、第8篇では、2000年代初頭から2010年代初頭に経験した2度の景気回復では、生産指標である実質GDPが成長したにもかかわらず、「なるほど、経済

いだったにもかかわらず、GDPデフレーターが低下傾向を示したのは、そうした価格指標の違いを反映していたのである。

しかし、以上のことを正確に理解しようと思うと、GDPデフレーターと交易条件の関係を理解しなければならない。そこで、考察を一歩、一歩進めていくために、まずは、**実質GDP**と**実質GDI**の違いについて議論していこう。前にも述べたように、GDPは、国民総生産（Gross Domestic Product）の略である。ここで新たに登場したGDIは、国民総所得（Gross Domestic Income）の略である。

実質GDPは、国内生産の実質規模を示したものであるが、GDPの実質値を求めるときに、輸出価格や輸入価格を含めてすべての価格を基準年（ここでは、2005年）で固定してしまう。こうした実質化の作業では、輸出価格と輸入価格の比である交易条件も固定されてしまう。

その結果、実質GDPには、交易条件の変化が反映されないことになる。交易条件の悪化によって、国内生産で生み出された付加価値（所得）の一部が海外に所得漏出してしまう影響や、逆に、交易条件の改善によって、国内生産の付加価値に海外からの所得が加わるような影響は、実質GDPにいっさい反映されない。

実質GDIは、交易条件を反映しない実質GDPに交易条件の変化を反映している交易利得損失という変数を加えたものである。

実質GDI ＝ 実質GDP ＋ 交易利得損失

したがって、実質ＧＤＩには、交易条件の変化が反映されることになる。

右の式の右辺にある交易利得損失という変数は、交易条件が基準年よりも改善して付加価値（所得）に海外から所得が流入した規模を**プラスの交易利得**として、逆に、交易条件が基準年より悪化して付加価値（所得）が海外に漏出した規模を**マイナスの交易損失**として計上している。

いよいよ、**ＧＤＰデフレーター**と**ＧＤＩデフレーター**の違いについてである。先にも述べたように、デフレーターとは、名目値と実質値の比であるので、ＧＤＰデフレーターは、名目ＧＤＰを実質ＧＤＰで割ったものとして定義される。

$$\text{GDPデフレーター} = \frac{\text{名目GDP}}{\text{実質GDP}}$$

一方、ＧＤＩデフレーターは、名目ＧＤＩと実質ＧＤＩの比として定義されるはずである。

実は、名目ＧＤＩは、名目ＧＤＰと等しくなる。名目ＧＤＰには、当然ながら、輸出価格や輸入価格の変化が織り込まれていて、すでに交易条件の変化が反映されているからである。したがって、ＧＤＩデフレーターは、名目ＧＤＰと実質ＧＤＩの比として定義される。

$$\text{GDIデフレーター}=\frac{\text{名目GDP}}{\text{実質GDI}}$$

右のように定義されるＧＤＩデフレーターは、右辺の分母にも、その分子にも交易条件の影響が加味されていることから、分母と分子で交易条件の影響が相殺される。その結果、ＧＤＩデフレーターは、交易条件の変化に左右されない物価動向を示す価格指標と解釈することができる。

ＧＤＰデフレーターの特徴を理解していくために、ここで簡単な算術をしてみよう。

$$\text{GDPデフレーター}=\frac{\text{名目GDP}}{\text{実質GDP}}=\frac{\text{名目GDP}}{\text{実質GDI}}\times\frac{\text{実質GDI}}{\text{実質GDP}}=\text{GDIデフレーター}\times\left(1+\frac{\text{交易利得損失}}{\text{実質GDP}}\right)$$

右の式は、ＧＤＰデフレーターが、ＧＤＩデフレーターが表す「物価要因」と、交易利得損失が表す「交易条件要因」に分解されることを示している。上の要因分解が示すように、物価の下落だけでなく、交易条件の悪化でも、ＧＤＰのデフレーターは低下するのである。

図8-A2：GDPデフレーターと交易利得損失
（単位：2005年基準、出所：国民経済計算）

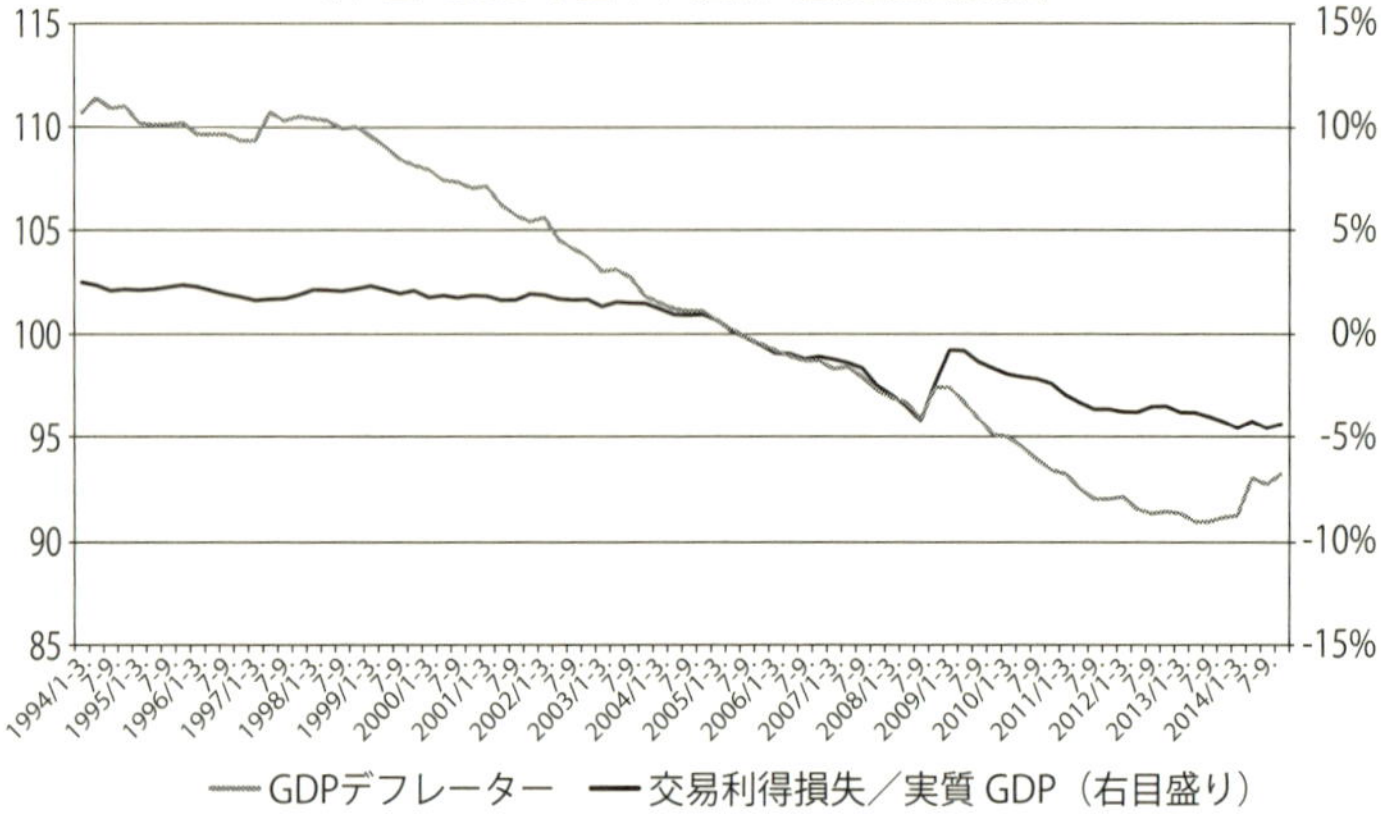

それでは、21世紀に入って観察されたGDPデフレーターの傾向的な低下は、物価の下落によってもたらされたのであろうか、あるいは、交易条件の悪化によってもたらされたのであろうか。

図8-A2は、GDPデフレーターと交易利得損失が実質GDPに占める割合を描いたものである。なお、図8-A2は、左目盛りのGDPデフレーターの変化間隔と、右目盛りの$\frac{\text{交易利得損失}}{\text{実質GDP}}$の変化間隔がちょうど一致するように両側の目盛を調整している。

図8-A2によると、1997年から2003年までの期間については、$\frac{\text{交易利得損失}}{\text{実質GDP}}$がほぼ一定で推移していることから、物価下落がGDPデフレーターの低下要因である。しかし、2004年から2008年までの期間について

は、ＧＤＰデフレーターの低下が $\frac{\text{交易利得損失}}{\text{実質GDP}}$ の低下にほぼ一致していることから、交易条件悪化がＧＤＰデフレーターの低下要因である。また、２００９年から２０１４年までの期間については、$\frac{\text{交易利得損失}}{\text{実質GDP}}$ が低下しているものの、ＧＤＰデフレーターの低下度合いの方が大きいので、物価下落と交易条件悪化の両方がＧＤＰデフレーターの低下要因とみなすことができる。

こうしてみてくると、人々がＧＤＰデフレーターの低下現象に苛立ってきた真の理由も見えてくるのではないだろうか。日本経済を取り巻く国際環境が厳しい中にあって、国内生産でせっかく生み出された付加価値が海外に漏れ出て、国内の労働所得や企業収益に結び付かなかったことに苛立ったのであろう。あるいは、労働者や企業は、一生懸命働いて生産拡大に邁進してきたのに、交易条件の悪化で、自分たちが手にすることができた所得が、それほど増加しなかったことに苛立ったといえるかもしれない。

$\text{GDPデフレーター} = \frac{\text{名目GDP}}{\text{実質GDP}}$ の定義から明らかなように、ＧＤＰデフレーターの低下は、とりもなおさず、名目ＧＤＰが実質ＧＤＰに比べて伸び悩んでいることを示す。したがって、ＧＤＰデフレーターの低下に対する苛立ちは、名目ＧＤＰの伸び悩みに対する苛立ちでもあった。

図8－A3は、名目ＧＤＰと実質ＧＤＰの両方を描いている。２００４年から２００７年

図8-A3: 名目GDPと実質GDP
（単位：十億円、2005年価格、出所：国民経済計算）

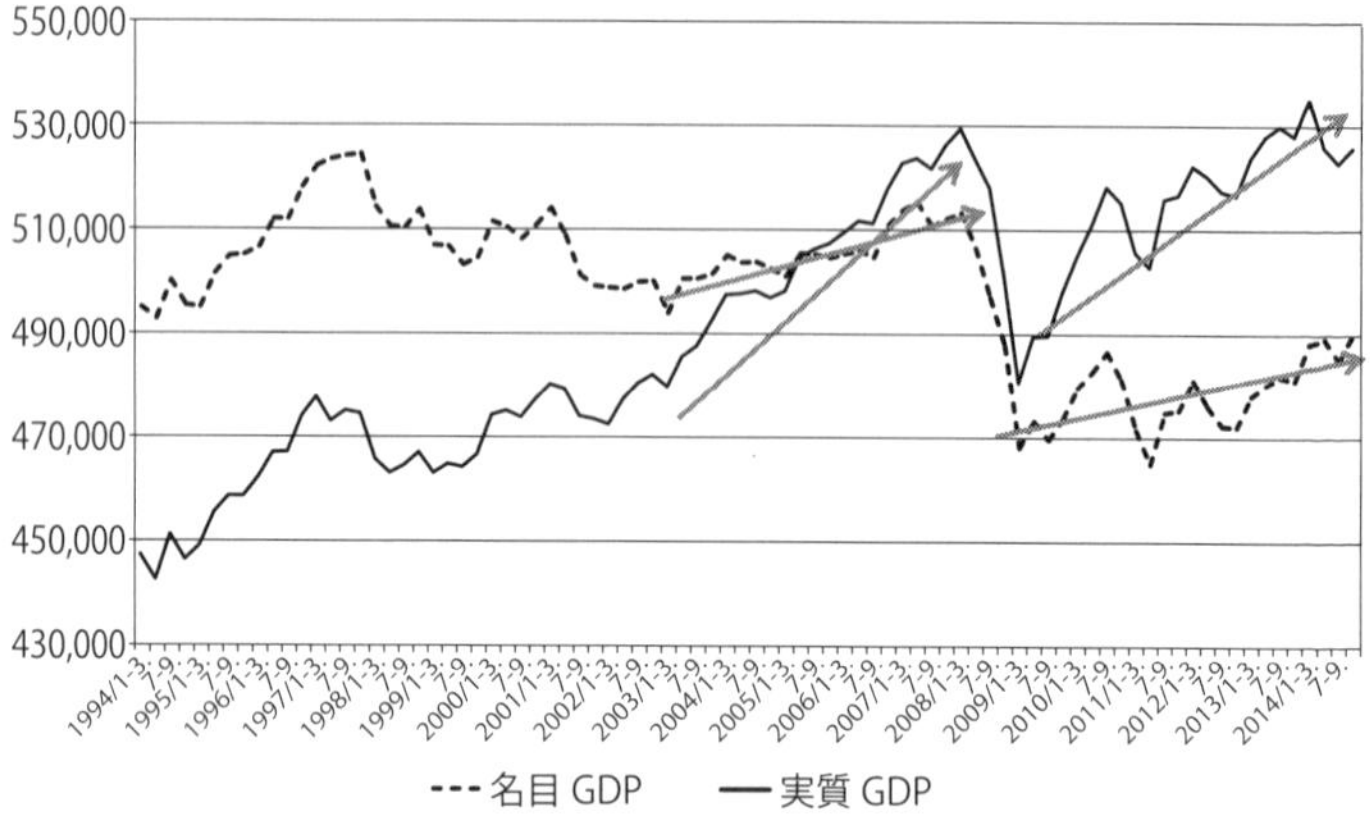

の期間は、実質ＧＤＰが40兆円以上増加したのに、名目ＧＤＰの増加は10兆円程度にとどまった。２００９年から２０１４年の期間でも、実質ＧＤＰが40兆円増加したのに、名目ＧＤＰの増加は20兆円程度だった。

当然ながら、実質ＧＤＰに比した名目ＧＤＰの伸び悩みも、その背景は交易条件の長期的な悪化に起因していた。

以上のような議論は、例の喫茶店で戸独楽先生から繰り返し聞かされていた。最初のころは、少しまどろっこしく思ったが、しかし、いったん理解すれば、それほど難しい議論ではなかった。戸独楽先生の話によると、２０００年代半ばには、ＧＤＰデフレーターの低下の背景に交易条件の継続的な悪化があることを指摘してきたエコノミストが、けっして少なくなかったそうである。

それにもかかわらず、なぜ、GDPデフレーターの低下の背景が、交易条件の傾向的な悪化ではなく、物価の長期的な下落とすり替えられてしまったのであろうか。

たとえば、2012年末の総選挙では、1997年末から2012年末までの15年間に日本経済を苦しめてきたのは、**物価下落を意味するデフレ現象**であったと当然の事実のようにいわれてきた。しかし、先ほど見てきたように、物価下落の議論が当てはまるのは、せいぜい2003年ごろまでで、2004年から2008年までの期間や2009年から2012年までの期間は、日本経済を苦しめてきたのは、主として交易条件の悪化であった。1997年末から2012年末の期間は、「15年にわたるデフレ経済」とひとくくりにすることなどけっしてできるものではなかったのである。

それにもかかわらず、「**物価下落主犯説**」がまかり通ったのはなぜか。先生に疑問をぶつけてみると、先生は、次のようにおっしゃられた。

おそらく、政策に近い人たちは、真の要因を見ることができなかったのではなく、「自らで対応できる範囲のもの」だけを見ようとして、「自らで対応できないもの」を見ようとしなかったのであろう。人々が感じてきた苛立ちの背景を、「物価水準の低下」としてくれれば、「物価水準の制御は、日銀に政策責任がある」⇒「金融緩和で物価を引き上げれば、デフレ経済から脱却できる」と、明快な政策処方箋を書くことができる。

しかし、ＧＤＰデフレーターの低下の背景に「交易条件の悪化」があることを指摘すれば、その場合の政策課題は、経済政策で能動的に働きかける対象ではなく、日本経済の外的環境として受動的に向き合う対象となってしまう。

交易条件比率の低下の要因である輸入物価の上昇は、国際商品市況で決まってくるし、もう一つの要因である製品輸出価格の低下は、輸出企業の国際競争力の問題であって構造的なものである。いずれの要因も、財政・金融政策のマクロ経済政策の発動で、一朝一夕にどうこうできるものではない。

現実の歩みだけを振り返ると、「デフレ経済からの脱却」を掲げて２０１２年末の総選挙を戦った自民・公明党の勝利で、財政・金融政策は、積極姿勢に転じた。２０１３年初には、東日本大震災からの復興予算規模が19兆円から25兆円に大幅に引き上げられた。２０１２年度補正予算と２０１３年度補正予算が連動して、１５ヶ月予算が組まれた。２０１３年春からは、「異次元緩和」とも呼ばれている新しい枠組みの金融緩和政策が展開された。

しかし、現実の歩みとは不思議なものである。

積極的な財政・金融政策は、功を奏したとはいいがたかった。しかし、先生の言葉を借りれば、見ようとしてこなかった「交易条件」は、２０１４年半ばごろからの原油価格下落という国際情勢の変化で改善する兆しが見えてきたのである。もちろん、原油価格下落は、日本経済にとって神風である。

しかし、「物価下落主犯説」という間違った診断に対応した「**デフレ経済からの脱却**」という政策処方箋が建前になってきたところに、原油価格下落という本来的に望ましい環境変化が訪れてしまった。建前を尊重せざるをえない政策当局（政府や日本銀行）は、それを素直に受け取ることができない、ねじれにねじれた状況に陥ったのである。

原油価格下落は、当然ながら、消費者物価や企業物価を低下させる方向に働く。日本経済は、交易条件の改善で良い方向に向かっているのに、間違って立てた「デフレ経済からの脱却」という政策目標からはかえって遠ざかっていく。これからは、そうした政治的なジレンマを無理矢理に解消しようとして、とんでもない政治的なレトリックが飛び交うのであろう。2012年末のころとはかなり異なった、新たな政治の季節が到来するのかもしれない。

（参考文献）

齊藤誠、2014、『父が息子に語るマクロ経済学』、勁草書房。

第9篇
ある中央銀行総裁の請願

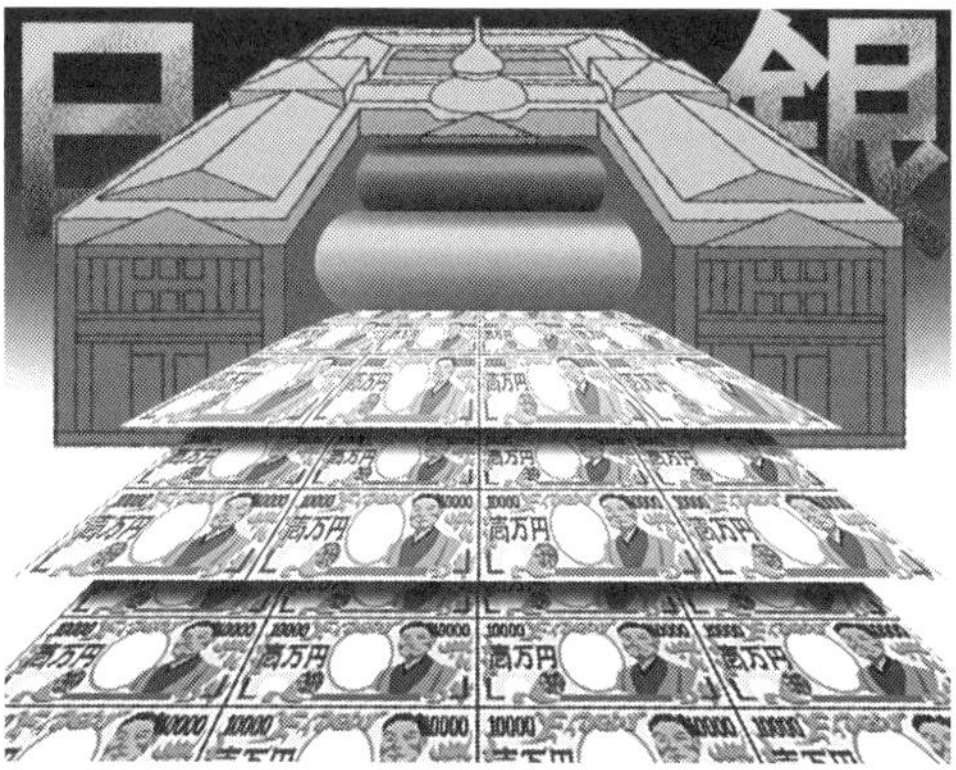

「中央銀行は、いつでも、どれだけでも、輪転機で紙幣をガンガン刷ることができると、人々は信じているのに、お前は、『中央銀行が資金難だ！』なんて書いて、これは、危険だよ、発禁だよ、焚書だよ」と大笑いした。

２０１２年末にかけて、経済政策論争のもっとも賑々しいテーマは、中央銀行による積極的な金融緩和政策であった。私は、金融論が自分の専門の１つだったにもかかわらず、政策論争にほとんど関わらなかった。「極端な金融緩和政策に意味があるとか、ないとか」ということは、私にとって大きな問題でなかったからである。当時、私が関心を持っていたことは、「政策の意味」ではなく、「政策の滑稽さ」であった。論争では、意味を論じることができても、滑稽さを伝えることはできない。

そんな折、書斎の書架にあったミッチェル・ワッツ（Michael Watts）の *The Literary Book of Economics*（ISI Books, 2003）を手にとった。この本は、退屈しのぎにはもってこいである。その時、なぜか読んだのは、「自由貿易対保護主義」の章にあったもので、フレデリック・バスティア（Frederic Bastiat）による「ロウソク業者の請願」（"Petition of the Manufacturers of Candles"）と題されたエッセーであった。バスティアは、19世紀仏国の経済学者である。当然ながら、私が読んだのは、原文の英訳だった。

「ロウソク業者の請願」のあらましは以下のとおりである。

自由貿易の主張は、いつの時代も、どこの国でも、甲高い保護主義の主張に阻まれてきた。19世紀の仏国もそうであった。バスティアは、ロウソク業者の代表を装い、頑強な保護主義者たちにとんでもない請願書を提出する。「ロウソク業者の競争者である〝太陽〟から自分たちを守ってほしい」と請願するのである。その請願書では、「太陽光が屋内に入らないように、ありとあらゆる窓をカーテンで覆う」立法の制定を求めている。そうすればロウソクへの需要が高まって、ロウソク業者ばかりでなく、ロウソクの原料を供給する関連産業がすべて潤い、仏国全体が栄えると主張する。

バスティアは、「太陽光はタダなのだから、わざわざ拒絶せずとも」という保護主義者たちの反論を予想して、たたみかけるように「あなた方は、外国の安い商品の輸入に反対する。安ければ安いほど強く反対する。それでは、タダの太陽光の国内侵入に断固反対しないと辻褄が合わないでないか」と再反論を試みる。

バスティアのエッセーは、見事である。**豊富にあってタダ当然の〝太陽〟**を、わざわざカーテンで遮ることによって、あえて**希少性**を生み出すことの滑稽さを語っている。

私は、バスティアとは、まったく逆をやってみようと考えた。

すなわち、**適度な価値を保っていた紙幣**を、極端な金融緩和政策によって、あえて**過剰性**を生み出すことの滑稽さを語ってみようと思ったのである。

ある中央銀行総裁の請願

大臣閣下、行政府のお歴々、今日は、お集まりいただき深く感謝申し上げます。本日は、折り入ってお願いに参りました。弊行は、現在、深刻な資金調達難に陥っており、大臣閣下からのご指示、すなわち、大規模な金融緩和政策を敢行するための資金が著しく不足しております。本日は、国会議員の先生方、国家公務員の方々に弊行の株式を購入していただきたくお願いに参上しました。

単刀直入に申し上げます。以下の3点について法制化を立法府に諮《はか》っていただきたく存じます。

1. 向こう5年間、国会議員と国家公務員の給与は、全額、弊行株式に振り込んでいただき、弊行株券で支払いいただくこと。
2. 国会議員と国家公務員幹部については、一人当たり5千万両分の弊行株式を購入いただくこと。
3. 国会議員と国家公務員の弊行株式保有分については、当該地位にあるかぎり、売却を禁じていただくこと。

なお、こうしてお願いに参りますことに先立って、弊行全職員に上記の1と3に相当する事項を、弊行幹部に上記の2に相当する事項を、それぞれ速やかに実行することを理事会において決定いたしております。

大臣閣下、行政府のお歴々におきましては、私がお願い申し上げていることについて、「何と理不尽な!」とおっしゃるかもしれませんが、どうか、どうか、私どもの窮状を説明申し上げさせてください。

大臣閣下、行政府のお歴々におきましては、日頃より、弊行の銀行券発行制度に十分な理解をたまわっておりまして、「弊行の輪転機を回して紙幣を刷ればよいことではないか」とお考えになられるかもしれません。しかし、大臣閣下の政府に対する国民の信任はきわめて高く、国民は「来年には物価が上昇する」と確信いたしておりますす。そのように物価上昇の期待を抱いた国民は、自宅のタンスにしまってあった紙幣が目減りすることを恐れて民間銀行に預け直し、民間銀行はそれらの紙幣を弊行に大量に持ち込んでおります。事実、弊行の本支店の金庫は、体育館ほど大きいものでございますが、どこも、かしこも、持ちこまれた紙幣がうず高く積み上がっております。具体的に数字を申し上げますと、市中に出回っていた80兆両の紙幣のうち、すでに10

兆両の紙幣が弊行に持ちこまれております。弊行の予想では、紙幣が市中で出回る規模が40兆両まで減少する見込みでございます。

大臣閣下、行政府のお歴々におきましては、日頃より、弊行の準備預金制度に十分な理解をたまわっておりまして、「民間銀行から当座預金で資金を調達すればよいのではないか」とお考えになられるかもしれません。しかし、大臣閣下からのご指示に従う義務がある弊行といたしましては、当面、金融引き締めがいっさい許されておらず、年0・01％の金利引き上げさえかないません。民間金融市場の金利は、国民が期待する物価上昇を織り込んで上昇しており、金利がまったく付かない弊行当座預金は、民間銀行に見向きもされない状況です。具体的に数字を申し上げますと、弊行の当座預金残高は、先月まで40兆両ありましたが、現在は民間銀行に法律で預け入れが義務付けられている8兆両まで減少しております。

大臣閣下、行政府のお歴々の前で細かな数字を申し上げるのは大変に恐縮でございますが、民間銀行より持ち込まれた10兆両、当座預金の残高減32兆両につきましては、弊行が長く信頼関係を築いてきた友邦国中央銀行から緊急融資を受けております。付言致しますに、近年、我が国との外交関係が芳しくない国々の中央銀行からも、心強いご支援を受けております。しかし、これらのありがたい緊急融資も、返済期限が3ヶ月先に迫っております。

大臣閣下、行政府のお歴々におきましては、「弊行株式の売却制限とは個人の財産権の侵害ではないか」とお考えになられるかもしれません。しかし、国家の中枢でご活躍であり、金融政策の内実を深く知るお立場にあるお歴々は、いわゆるインサイダーに相当し、我が国の法律によって弊行株式の売却が禁じられております。この点は、私どもとしても、いかんともしがたいところでございます。

大臣閣下からのご指示、すなわち、「物価が上昇するまで上限なく国債を買入れろ」というご指示にできうるかぎり〝忠実に〟なる一方で、ご指示を実現すべくできうるかぎり〝創造的に〟なって、食べることを忘れ、寝ることを忘れ、考えて、また、考えて、やっとのところでたどり着いた結論でございます。弊行は、いやしくも中央銀行の地位を頂戴しておりますが、市場社会の中で弊行に許されていることといえば、所詮は民間銀行とまったく同じで、「お金を集めて、投融資をする」ということしかございません。また、深刻な資金調達難に陥れば、中央銀行であれ、民間銀行であれ、事業会社であれ、自己資本を調達するしか再生の道がございません。

しかし、このように突き詰めて考えて参りますに、大臣閣下、行政府のお歴々に、私どもからお願い申し上げていることこそが、国民の期待に応える唯一の道なのではないかと信じるようになりました。大臣閣下のご指示が我が国の経済にどのような帰結をもたらすのか、正直なところ、私には分かりません。無礼を承知で言葉を使わせていただくならば、深い憂慮もございます。しかし、それは、国民とて同じことではないでしょうか。そのように考えて参りますと、国会議員、国家公務員、弊行職員の給与や財産が担保となって金融政策が実施されていることに、国民一人一人は、無用な心配を払いのけ、我が国の金融政策、いや経済政策に対して多大な信頼を寄せることになるのでないでしょうか。

本日は、大臣閣下、行政府のお歴々には、お忙しい中お集まりいただき、深く、深く感謝申し上げます。弊行の請願、何卒お聞き入れいただきたく存じます。

私は、半日ほどで書き上げた「ある中央銀行総裁の請願」を、すぐに自分のウェブページにアップしたが、まったくといっていいほど、反応がなかった。

私の「請願」を読んだ数少ない読者であった友人の輩東《はいとう》は、**「中央銀行は、いつでも、どれだけでも、輪転機で紙幣をガンガン刷ることができる**と、人々は信じているのに、お前は、『中央銀行が資金難だ！』なんて書いて、これは、危険だよ、発禁だよ、焚書だよ」と大笑いした。

滑稽さへの自然な反応が笑いだとすると、私の試みは、彼の大笑いで大成功だったということになる。

第9篇への解題

「**ある中央銀行総裁の請願**」の原稿も、戸独楽先生から早めに頂いた。先生は、「これは傑作だ」と自画自賛されていた。しかし、原稿を拝読し終えた私は、「解題を付ける」というようなプランがまったくなかったところでさえも、この原稿には、私の方で説明を十分に補わないと、多くの読者にとって、チンプンカンプンなのでないかと大いに心配した。

第9篇が読者に唐突なのは、そこで描かれている「国債を購入するための資金調達に四苦八苦している中央銀行総裁の姿」が、「中央銀行は、輪転機をガンガン回して刷った紙幣で国債をいくらでも買うことができるはずだ」という人々に広く共有されている考え方から大きくかけ離れているからであろう。そうした考え方を宗教的な信念にまで昇華している政治家や官僚にとっては、先生の原稿は、まさに「焚書」ものなのにちがいない。

【日本銀行券とは？】

どうしようか…

しかし、ここでも、一歩、一歩、説明を積み重ねていくしかないと思う。以下では、日本の中央銀行である日本銀行（略して日銀）を例にとって丁寧に説明を進めていこう。といっても、初っ端から、『預金で集めた資金を融資や投資に回している』という点では、日銀も、民間銀行も変わるところがない」といえば、多くの読者は、やはり驚くであろう。

ただし、日銀が発行する預金は若干特殊である。日銀は、**日本銀行券**（日銀券、紙幣のこと）と、民間銀行が日銀に開設した当座預金（**準備預金**と呼ばれている）という2種類の預金によって資金を調達している。

それでは、日銀券も、準備預金も、資金取引上の不便を取り除くために導入された預金であることを説明していきたい。まずは、日銀券の方から始めてみよう。

貨幣として流通している1千円札や1万円札などの日銀券が日銀の発行した預金証書といわれると、多くの読者は驚くに違いない。しかし、近代的な中央銀行制度が導入される以前は、いずれの国でも、さまざまな銀行の預金証書が貨幣として普通に流通していた。

ただし、数多くの銀行のさまざまな預金証書が貨幣として流通している状態は、不都合なことがいくつもあった。第1に、それらの預金証書が額面通りの価値があるわけではなかった。その預金証書を発行した銀行の信用力に応じて、貨幣としての預金証書の正味の価値が決まった。信用力の低い銀行の預金証書は、正味の価値が額面から大きく割り引かれたのである。たとえば、信用力の非常に低い銀行の預金証書は、額面から何割も割り引かれることもあった。

第2に、偽造された預金証書でも、広く流通してしまうことが頻繁に起きた。数多くの銀行が発行した、さまざまな預金証書が流通していたので、預金証書の真偽を見抜くことが大変に難しかったからである。

これらの不便を取り除くために、中央銀行制度が生まれたという側面がある。第1に、貨幣として流通する預金証書、すなわち、銀行券の発行は、中央銀行にしか認められなくなった。第2に、中央銀行券は、偽造されることが困難になるように、高度な技術を駆使して印刷されるようになった。現在、日本で流通している中央銀行券（日銀券）は、額面1千円札、2千円札、5千円札、1万円札である。

信用力の高い日銀が発行しているもので、偽造が困難である日銀券は、預金証書の正味の価値が日銀券の額面に正確に一致している。日銀券が紙幣の額面通りの価値で流通する状況は、数多くの銀行の預金証書が貨幣として流通し、発行銀行の信用力に応じて正味の価値が額面から割り引かれていた過去の状況と比較すると、革命的な変化といってよいかもしれない。

「中央銀行券が額面から割引されることがない」ということを異なったアングルから見ると、中央銀行券を保有する人は、中央銀行から金利をいっさい受け取っていないということになる。たとえば、1年先の満期に元本1万円が償還される預金証書が割り引かれて正味9千円の価値しかない場合、その預金証書を受け取った人は、1年待って預金証書を発行した銀行に1万円の満期償還を受け取れば、1千円の利息（10,000円－9,000円）、約11％の金利（1,000円÷9,000円）を受け取っていることと同じになる。

したがって、紙幣の額面通りに取引される中央銀行券は、利息も、金利もゼロの預金証書ということになる。当然なことであるが、人々が金利ゼロでも中央銀行券を保有するのは、中央銀行券であれば、安心して売買代金の支払いに使うことができるからである。

【準備預金制度とは？】

次に民間銀行が日銀に開設している当座預金、すなわち、**準備預金**について説明しよう。議論を分かりやすくするために、図9－A1に描かれるようなケースを考えてみる。A銀行には、甲社と乙社が当座預金を開き、B銀行には、丙社と丁社が当座預金を開いているとする。なお、ここでいう当座預金とは、金利がまったく付かないが、企業や銀行などの法人間の資金取引にとって便利な預金のことを指している。図9－A1の会社名をシェードした部分は、そうした当座預金口座を示している。

ここで、甲社から乙社に取引代金の支払いがあった場合、A銀行内にある甲社と乙社の当座預金間で資金の振替をすればよい。しかし、甲社から丁社に取引代金の支払いがあった場合には、同じ銀行内の当座預金間で資金を振り替えることができない。この場合、甲社と丁社の間で資金決済をしようと思えば、A銀行からB銀行に現金を輸送しなければならなくな

図9-A1：民間銀行の当座預金

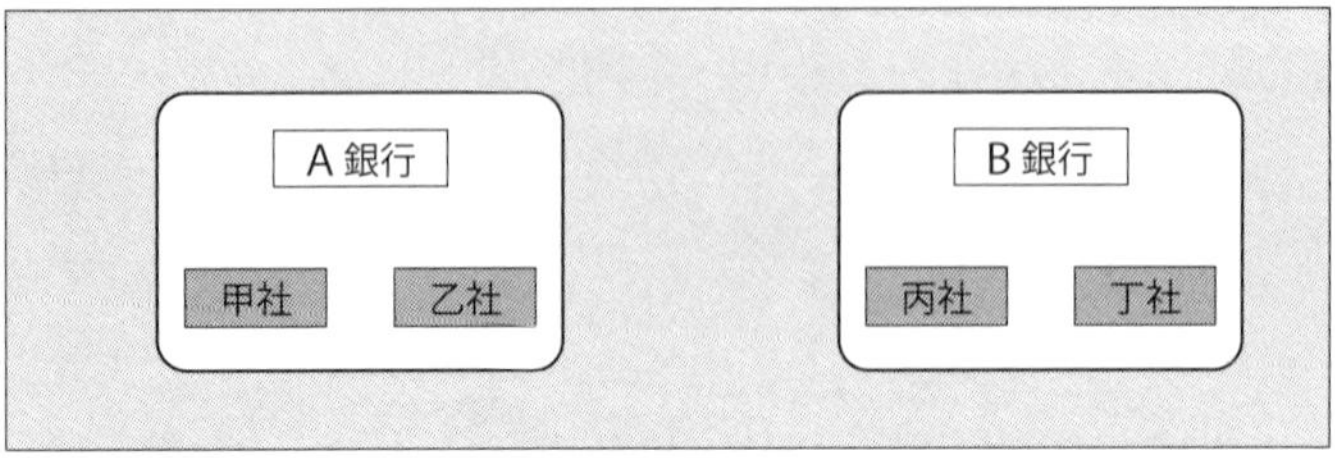

る。決済規模が高額になれば、何箱ものジュラルミンケースで札束を輸送する必要が生じ、はなはだ不便である。

このような不便を取り除くために導入された仕組みが、中央銀行の当座預金制度（準備預金制度）である。

ここで、図9-A2に描かれているように、A銀行とB銀行が、日銀に準備預金を開設したとしよう。この場合は、甲社から丁社への支払であっても、日本銀行内に開設された準備預金を通じて、A銀行とB銀行の間で資金振替をすることで可能となる。

現在は、日本で営業しているすべての民間銀行は、日銀に準備預金口座を開設する義務が課せられている。さらには、銀行間の決済に滞りが生じないようにするために、民間銀行は、その受け入れ預金残高に応じて一定水準の資金を準備預金に預けることが義務付けられている。このように義務付けられた準備預金額は、所要準備額と呼ばれている。通常の当座預金と同じく、準備預金にも金利が付されないことが原則なので、民間銀行は、通常、義務付けられ

図9‐A2：日本銀行の準備預金と民間銀行の当座預金

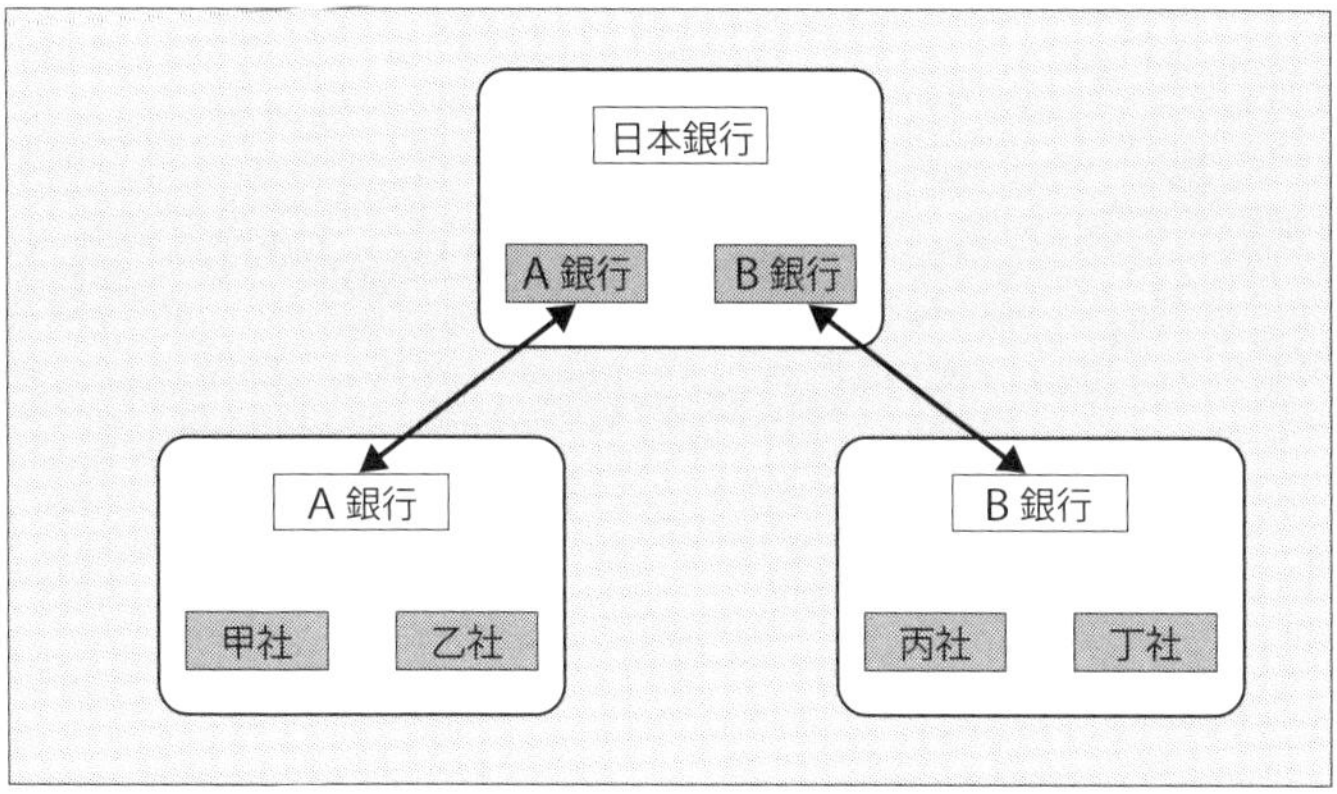

た所要準備額を超えて日銀の準備預金に預けることはしない。

【日銀の資金調達と長期国債保有】

このようにして見てくると、日銀の資金調達手段の主力は、日銀券発行によることになる。準備預金を通じた資金調達規模は、所要準備額に縛られてしまうからである。

しかし、「日銀券で調達した資金で長期国債を購入する」とはいっても、「中央銀行は、輪転機をガンガン回して刷った紙幣で長期国債をいくらでも買うことができる」ということにはならない。輪転機を回して紙幣をいくら印刷しても、日銀の本店や支店の金庫に札束が積み上がるだけで、日銀券を発行したことにはならないからである。

「日銀券が実際に発行される」のは、民間銀行が日銀の窓口（日本銀行の本支店にも窓口がある）に来て、準備預金の一部を日銀券として引き出した瞬間である。そうして引き出された日銀券は、民間銀行の窓口やＡＴＭ（自動現金支払機）を通じて個人や企業の手に渡っていく。したがって、日銀券の発行規模は、個人や企業が日銀券を必要とする度合いで決まってくる。そうした日銀券の必要度は、基本的に日本経済の活動状況に左右されることになる。

繰り返しになるが、「紙幣の印刷」＝「日銀券の発行」などという等式は、現実経済でまったく成立していない。日銀券の発行規模は、紙幣の印刷枚数に左右されるものでなくて、あくまで日本経済の活動状況によって決定される。日銀が保有することができる長期国債の規模も、そのようにして決まってくる日銀券の発行規模に応じて決まってくるのである。

ただ、ここまで説明してきても、なぜ、政治家や官僚が、日銀の長期国債保有能力の拡大にかくも執心するのかの理由はみえてこない。実は、**日銀券で発行した資金で長期国債を保有するということは、政府が金利ゼロで資金を調達していることになる**のである。

それでは、その仕組みを説明してみよう。先にも述べたように、日銀券という預金証書には、金利がいっさい付かない。すなわち、日銀が日銀券発行で得た資金は、金利ゼロの資金である。一方、日銀券の発行で得た資金で購入した長期国債については、毎年、政府から利息を受け取ることができる。金利コストゼロで得た利息収入は、まるごと日銀の収益になる。

しかし、日銀がこうして得た収益は、政府に返納することが義務付けられている。

政府が日銀に支払った国債利息は、日銀から政府に返納されるので、政府は、日銀が保有している長期国債については、事実上、利息を支払っていないことになる。日銀が日銀券の発行で得た資金で長期国債を保有することは、政府から見ると、日銀の長期国債保有分に対する利息支払いを節約する効果があることになる。そうした利息節約分は、**貨幣発行収入**と呼ばれている。

仮に日銀券発行で得た資金を全額、長期国債保有に振り向けている場合、1年当たりの貨幣発行収入は、日銀券発行残高に年率の国債金利を乗じた額に等しくなる。すなわち、以下の関係が成り立つ。

貨幣発行収入 ＝ 日銀券発行残高 × 国債金利

したがって、日銀券の発行規模が拡大すればするほど、政府は、より多くの貨幣発行収入を享受することができる。その点にこそ、政治家や官僚が、日銀券の発行規模を拡大することに強い関心を持つ理由がある。しかし、先にも述べたように、日銀券の発行規模は、基本的に日本経済の活動状況によって決まるものであって、紙幣を印刷するだけで拡大するものではない。

日銀にとってもうひとつの資金調達手段である準備預金の金利も原則ゼロなので、準備預金にも貨幣発行収入が発生する。したがって、先述の貨幣発行収入の式は、次のように書き改める必要がある。

貨幣発行収入＝（日銀券発行残高 ＋ 準備預金残高）×国債金利

ただし、準備預金残高は、所要準備額に縛られてしまっていることに留意をしてほしい。それでは、日銀券発行規模のコントロールも「日本経済次第」とままならず、準備預金残高も所要準備額が上限である日銀は、どのようにして資金調達規模を拡大し、長期国債保有規模を引き上げることができるのであろうか。

【ゼロ金利のインプリケーション】

これまでの議論は、金融市場（特に、民間銀行間で貸借を行っている金融市場）の金利水準がプラスの値をとっているときに成立することに留意してほしい。仮に、金利水準がゼロになると、上の議論は大きく変わってくる。

金利水準がゼロになっても、日銀券発行規模に対して大きな影響があるわけではないが、ゼロ金利は、準備預金発行規模に潜在的に大きな影響を及ぼす。民間銀行間の貸借に適用される金利（コールレートと呼ばれている）がゼロになると、民間銀行は、他の民間銀行に金利ゼロで貸し付けるのも、そもそも金利がゼロの日銀の準備預金に預けるのも、金利ゼロという意味では同じになるからである。その結果、民間銀行には、所要準備額を超えて準備預金を積み増す可能性が出てくる。

同時に、日銀の方にも、準備預金増で得た資金で長期国債保有を積み増す可能性が開ける。しかし、そのことは、政府にとって貨幣発行収入が増加することを直ちに意味するわけではない。コールレートのような市場金利がゼロになる場合、長期国債の利回りもゼロに近づいていき、利息支払いを節約できる規模も縮小するからである。

先述のように、準備預金が生み出す貨幣発行収入は、準備預金残高に金利水準を乗じたものであるが、仮にコールレートだけでなく、長期国債金利もゼロになれば、貨幣発行収入はゼロとなる。

以上の議論をまとめてみると、民間銀行間の貸借市場の金利（コールレート）がゼロになると、準備預金残高が所要準備額を超えて拡大する可能性が生まれる。一方では、コールレートがゼロ水準の下で長期国債金利もゼロに近づくと、いくら準備預金残高が拡大しても、貨幣発行収入がかならずしも増加するわけではない。

実は、日本の金融市場では、21世紀に入って、コールレートのゼロ水準と、長期国債金利の顕著な低下という現象が生じたのである。図9-A3は、1985年から2014年の期間について、コールレートと長期国債利回り（10年物）の推移を描いたものである。

銀行間の貸借で付けられる金利（コールレート）は、1995年10月以降、年0・5％の

図9-A3: 日本の長短金利
（単位：%、出所：日本銀行、財務省）

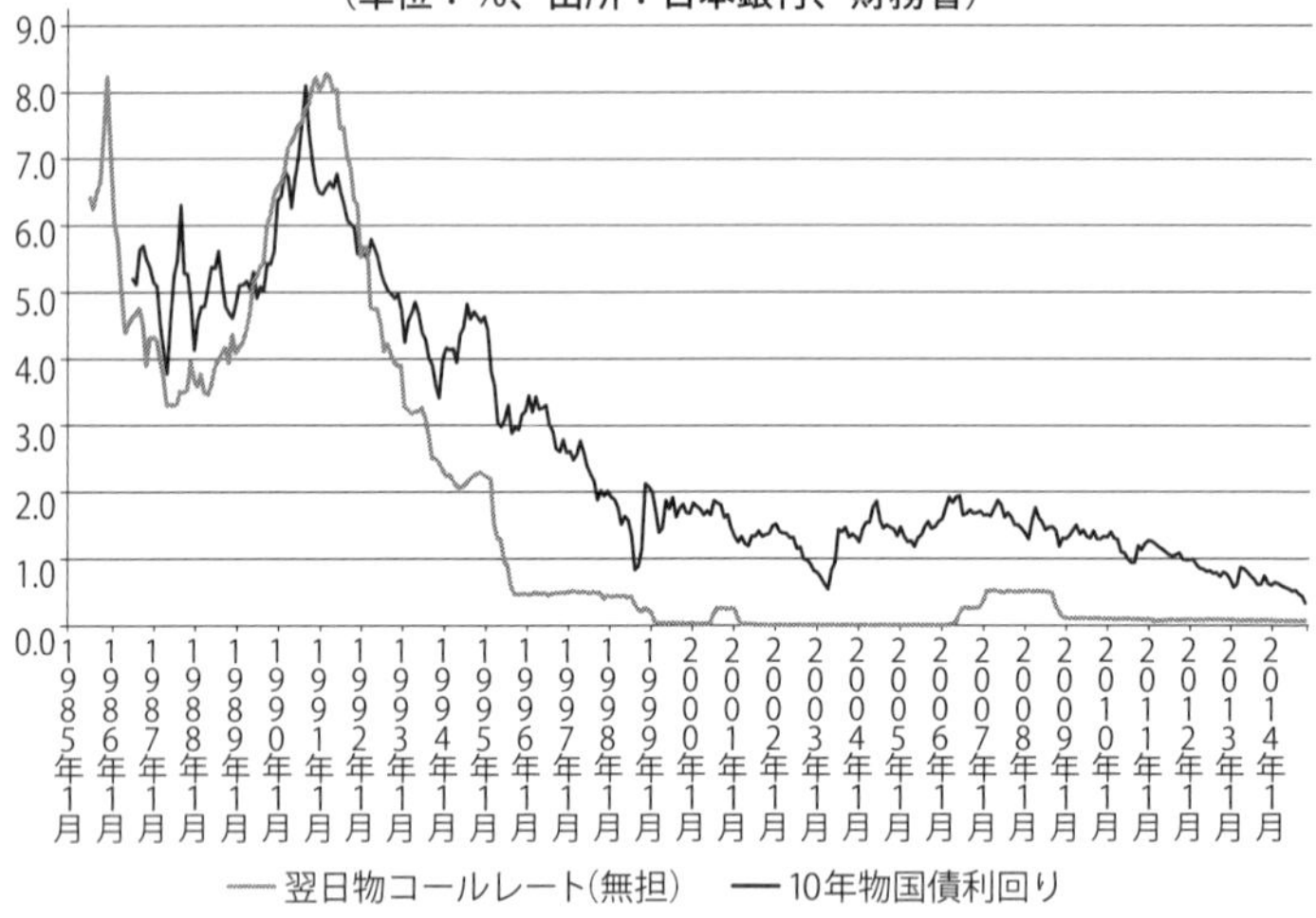

水準を下回るようになった。１９９９年２月には、日本銀行は、事実上のゼロ金利政策を展開し、コールレートがさらに低下して、ゼロ近傍で推移した。その後も、２０００年８月から２００１年３月の期間と２００６年７月から２００８年11月の期間を除いて、コールレートはゼロ近傍で推移してきた。

長期国債利回りも、コールレートがゼロ水準になったのを後追いするかのように低下してきた。２０１４年12月には、コールレートは０・０７%、長期国債利回りは０・３３%まで低下した。

それでは、日銀券発行残高、準備預金残高、日銀の長期国債保有残高が21世紀に入ってどのように推移してきたのかを、図９-Ａ４で見ていこう。

図9-A4:日本銀行券、準備預金、日本銀行保有の長期国債
(単位:兆円、出所:日本銀行)

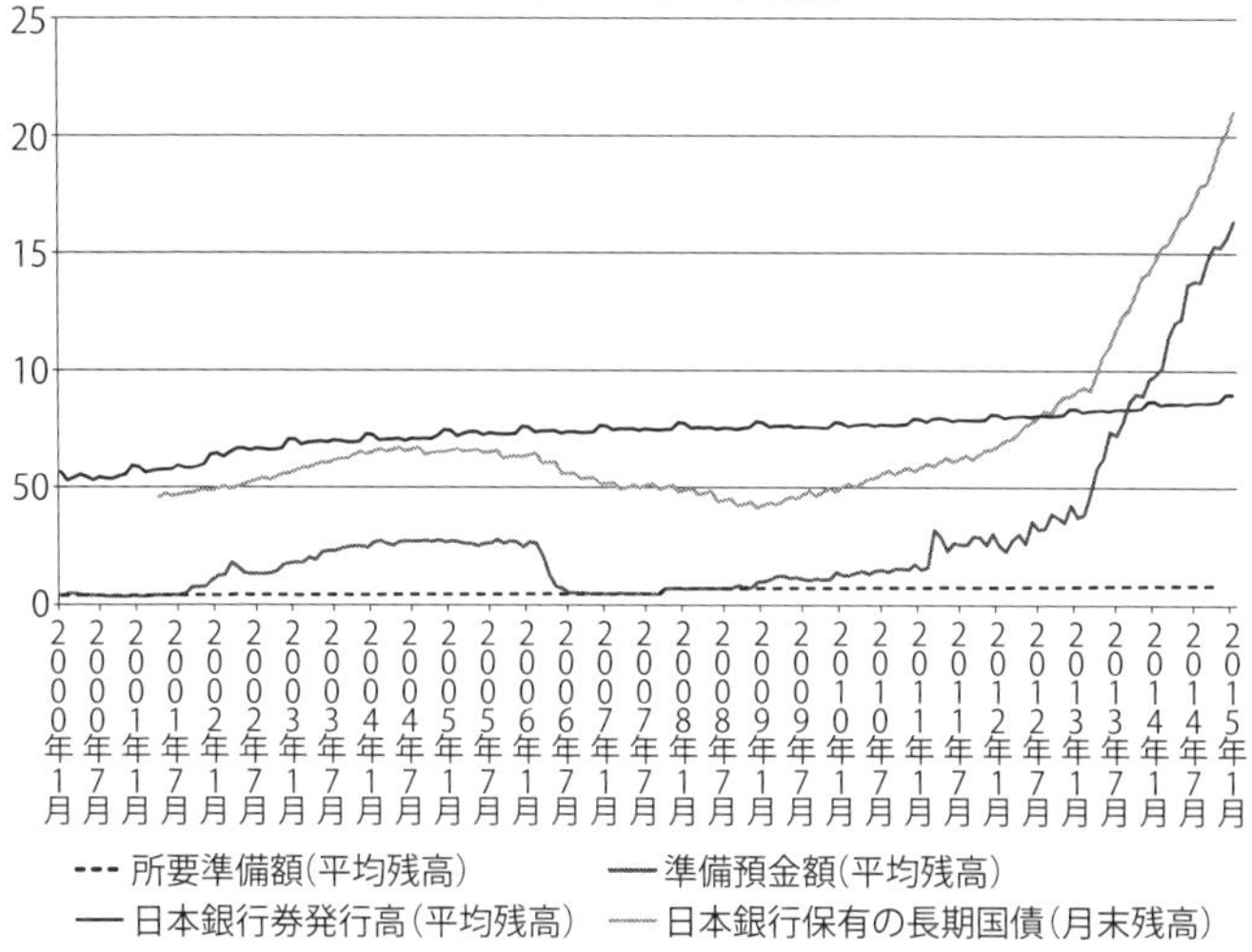

本図が示すように、日銀券発行残高は、21世紀の15年間を通じて緩やかに上昇してきた。一方、準備預金残高は、激しい変化を示している。コールレートがゼロから上方に離れていた２０００年８月から２００１年３月の期間と２００６年７月から２００８年11月の期間は、準備預金残高は所要準備額とほぼ一致していた。先にも述べたように、コールレートがプラスの値をとっている場合、民間銀行は、日銀の準備預金に預けるよりも、他の民間銀行に貸し付けた方が金利収入を得ることができるからである。そのような場合には、いずれの民間銀行にも、所要準備額を超えて準備預金を積み増すインセンティブが存在しない。

一方、コールレートがゼロ近傍に張り

付いた時期は、準備預金残高が所要準備額を大きく上回った。2001年4月から2006年6月の期間は、所要準備額4・5兆円に対して、準備預金残高が28兆円まで拡大した。

コールレートが再びゼロ近傍に張り付いた2008年11月以降、準備預金残高は徐々に増加し、「異次元金融緩和」（後で詳述）と呼ばれる新しい金融政策の枠組みが導入された2013年4月以降は、その増加テンポがますます加速した。

準備預金残高が急速に増えた背景には、単にコールレートがゼロ近傍になったというだけでなく、2008年11月以降、所要準備額を超える準備預金額（超過準備額）に年率0・1％の金利が付されるようになったことも大きく影響している。民間銀行の間で貸借する市場金利（コールレート）が年率0・1％を下回っていたことから、民間銀行は、他の民間銀行に貸し出すよりも、日銀の準備預金に預けた方が有利になって、準備預金残高の拡大にいっそう拍車がかかった。

日銀の長期国債保有残高は、準備預金残高の動向と並行して推移してきた。なお、2012年8月には、日銀の長期国債保有残高（82・9兆円）は、日銀券発行残高（80・9兆円）を超えている。

「異次元金融緩和」の枠組みが導入された2013年4月以降の動向をさらに詳しくまとめてみると、表9－A1のようになる。

すなわち、日銀は、長期国債を2013年に4月からの9ヶ月間に50・3兆円、2014

表9-A1：日本銀行の準備預金、日銀券発行、保存長期国債（出所：日本銀行）

	準備預金残高の変化	日銀券発行残高の変化	日銀の長期国債保有残高の変化
2013年3月末から2013年12月末までの変化	**48.9兆円**	**4.2兆円**	**50.3兆円**
2013年12月末から2014年12月末までの変化	**60.4兆円**	**3.1兆円**	**60.2兆円**

年1月からの12ヶ月間に60・2兆円それぞれ積み増したが、その資金のほとんどは準備預金を通じて調達されてきた。日銀は、「輪転機をガンガン回して刷った日銀券で長期国債を買いまくった」わけではなかったのである。

【異次元金融緩和とは何なのか？】

それでは、2013年4月に導入された「異次元金融緩和」のもとでは、実際にどのような取引が日銀と民間銀行の間で起きているのかを見てみよう。

これまでは、「日銀は準備預金で集めた資金で長期国債を購入する」という表現を用いてきたが、それは、かならずしも正確な表現でないかもしれない。この表現では、「日銀がどこから国債を購入しているのか」が明らかでないからである。実は、日銀は、民間銀行が保有する長期国債を購入してきた。

したがって、より正確にいうと、「日銀は、民間銀行から長期国債を購入すると同時に、民間銀行が日銀に開いた準備預金に長期国債の購入資金を振り込む」わけである。すなわち、「民間銀行が日銀の準備預金に預け入れること」と「日銀が民間銀行から長期国債を購入すること」は同時に起きているのである。

いい方をかえると、日銀が民間銀行の保有する長期国債を購入すると同時に、民間銀行は、長期国債の売却資金を準備預金に預け入れたままにする。民間銀行にとっては、準備預金に市場金利より高い金利（年率０・１％）が付されているので、準備預金に預け入れたままでも損はしない。「異次元金融緩和」と呼ばれる金融政策は、そうした取引を、毎月、日銀と民間銀行の間で繰り返しているのである。

その結果、どうなるか？

政策実行の前には、「民間銀行が自ら預金で調達した資金で長期国債を保有していた」ものが、政策実行の後では、「民間銀行が自ら預金で調達した資金が日銀の準備預金に流れて、長期国債の保有者が民間銀行から日銀に変わる」のである（図９-Ａ５）。

別の見方をしてみよう。日銀が長期国債を買い支えている原資である準備預金について、その源をたどっていくと、そもそもは、個人や企業が民間銀行に預けた資金であって、その資金が、民間銀行を経由して、日銀の準備預金に振り替わっただけなのである。

また、日銀は、市場金利を上回る金利を準備預金に付して民間銀行から資金をかき集めている側面も忘れてはいけないであろう。いわずもがなであるが、**輪転機を回して刷ったお札**

図9-A5: 一方通行の資金循環

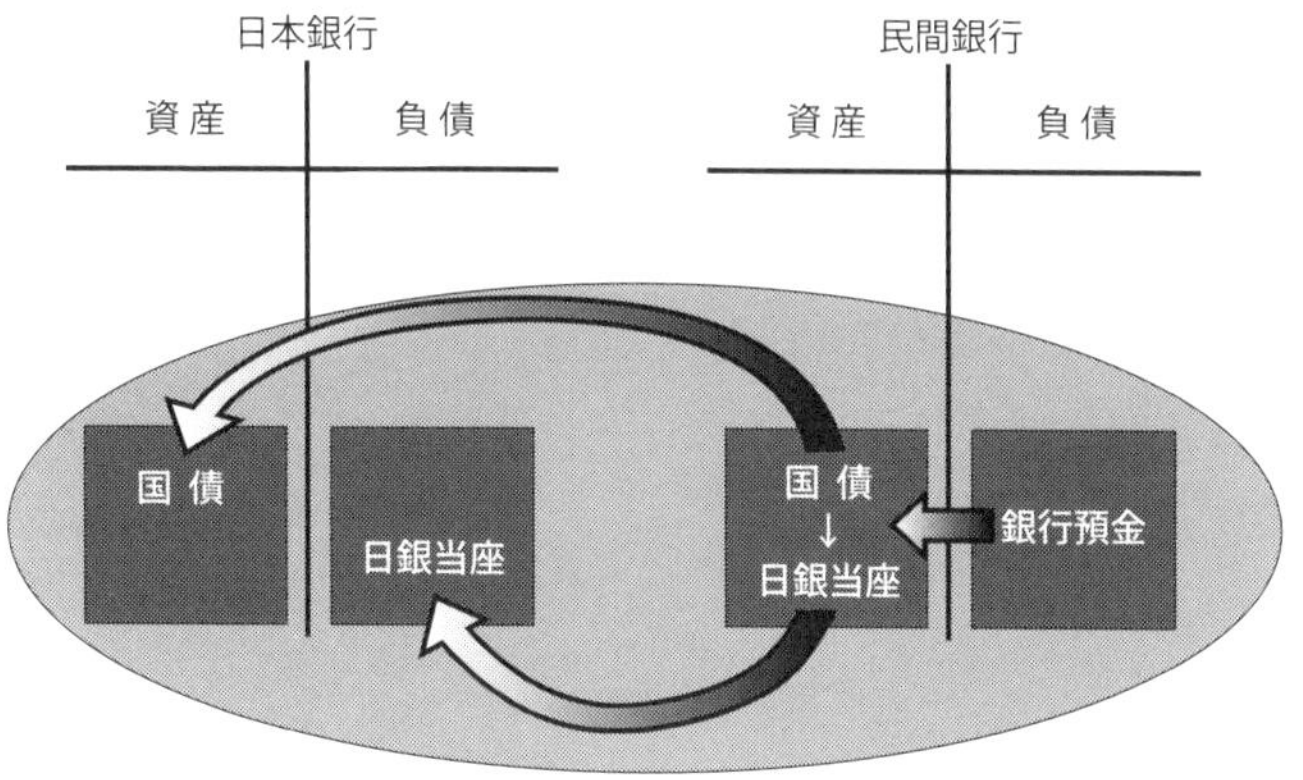

は、日銀が長期国債を購入する資金原資などではないのである。

【「ある中央銀行総裁の請願」の滑稽さ】

ここまでくれると、読者にも、「**中央銀行総裁の請願**」に描かれている金融政策の危なげさが見えてくるのではないだろうか。

「**ある中央銀行総裁の請願**」は、通貨単位が「円」と「両」の違いがあるものの、日本の金融市場にかかわる数字をしっかりと押さえている。

まずは、現在の金融市場と異なって、金利がプラスの水準にある場合を考えてみよう。

このケースでは、個人も、企業も、金利の付かない日銀券を無暗矢鱈に保有することはしない。日本経済の場合、名目GDPの8％が日銀券流通規模の限度といわれている。たとえば、名目GDPが500兆円だと、経済全体で必要とする銀行券残高は40兆円となる。「**ある中央銀行総裁の請願**」に40兆両とあるのは、その数字が念頭に置かれている。

一方、民間銀行は、金利が付かない準備預金には、義務付けられている資金を超えて預け入れることをしないであろう。現在のところ、日本国内にある民間銀行全体で義務付けられている所要準備額は、約8兆円である。「**ある中央銀行総裁の請願**」に紙幣の市中流通額が8兆両とあるのも、その数字が念頭に置かれている。

以上をまとめると、金利水準がプラスであると、日銀の資金調達限度は、銀行券から40兆円、準備預金から8兆円で、合計48兆円となる。

それでは、現在のようにゼロ金利環境と準備預金への付利によって、所要準備額をはるかに上回る資金が準備預金に積み上がっている状況において、金利水準がゼロから離陸し、プラスの水準に転じれば、日銀と民間銀行の間の取引は、どのように変化するであろうか。

企業も個人も、金利が付かないお札を余分に（正確にいうと、総額で40兆円を超えて）保有しようとはしなくなる。その結果、企業や個人は、取引銀行に大量のお札を持ち込み、そのお札は、取引銀行から日銀の本支店に持ち込まれるであろう。

一方、民間銀行も、金利が付かない、あるいは、付利されても非常に低い金利の準備預金に資金（正確にいうと、所要準備額8兆円を超える資金）をそのままにしておくことはないであろう。民間銀行は、日銀の保有国債を安い値段で買い入れる提案をして、事実上、準備預金から資金を引き出していく。もし、日銀がその提案を拒否すれば、民間銀行は、今度は、超過準備額に付される金利の引き上げを激しく要求してくるであろう。

いずれにしても、ゼロ金利環境のもとで日銀が享受していたきわめて高い資金調達能力は、ゼロ金利環境が失われてしまうやいなや、即座に消滅してしまうのである。それにもかかわらず、政府が日銀に対して大規模な長期国債の買い入れを求めていけば、日銀は、深刻な資金調達難に陥って、日銀券発行と準備預金以外の資金調達手段を必死で求めていかなければならなくなる。そうした厳しい環境こそが、「ある中央銀行総裁」が直面していた状況なのである。

戸独楽先生が乗り移ったかのように解題を書いてきてしまった。私の行為は、編集者としての領分を明らかに超えているのだと思う。先生が「**ある中央銀行総裁の請願**」で伝えたかったことを、読者に伝えたいばかりの思いに免じてどうか許してほしい。

繰り返しになるが、先生は、人々がなんとなく持っている「**中央銀行は、輪転機をガンガン回して、いくらでもお札を刷ることができるので、無尽蔵の資金を有している**」というイメージが、実は、現実の制度実態からまったくかけ離れているということを伝えたかったのだと思う。いずれにしても、「**輪転機をガンガン回せ**」という言辞は、だれの発言であっても、その発言者の品位をすこぶる低めてしまうにちがいない。

（参考文献）

齊藤誠・岩本康志・太田聰一・柴田章久、２０１０、『マクロ経済学』、有斐閣。

第10篇

「月例経済報告」の政治学

月例経済報告文書作成システムは、さまざまな政府機関が、毎月、あるいは、四半期ごとに公表する経済統計をインプットすれば、月例経済報告の文章が自動的にアウトプットされるというものである。

私は、２００９年４月から２年間、研究室を離れて、政府機関のある部署で調査担当統括官の役職に就いた。その部署の主要業務は、毎月、政府に対して提出する月例経済報告を作成することであった。

そこで私が担当していた仕事は、月例経済報告書の文章を自動で作成するシステムの開発だった。なぜ、このようなシステムを開発する必要が生じたのかというと、月例経済報告書の文章が、さまざまな政治的な配慮で歪められて、客観的なデータと辻褄が合わなくなることを回避するためであった。

月例経済報告文書作成システム（以下では、単に**システム**といおう）は、さまざまな政府機関が、毎月、あるいは、四半期ごとに公表する経済統計をインプットすれば、月例経済報告の文章が自動的にアウトプットされるというものである。

アイディアはシンプルである。

たとえば、失業率や求人倍率が、数ヶ月連続して改善すれば、「雇用情勢は改善している」という文章がアウトプットされる。鉱工業生産が低水準で横ばいであれば、「生産活動は、停滞している」という表現が報告書に加えられるというわけである。

ただし、小さなことではあるが、工夫したところもある。

たとえば、私たちは、非常に悪い状況に直面すると、それがずっと続くように思って、回復の兆しを見逃しがちである。そうしたミスを避けるために、長期的に回復傾向が認められる場合には、たとえ緩やかな回復であっても、その傾向を尊重する。あるいは、一時的に著しい落ち込みから回復の兆しがあるときには、回復基調とする。逆に、私たちは、非常に良い状況に直面しても、それがずっと続くように思って、停滞の兆しを見逃しがちである。そうしたミスも避けるような工夫もした。

要するに、常識の範囲で政府が公表する経済統計を活用しようとするわけである。

私が統括するチームには、数人の優秀な部下が配され、外部のシステム開発会社からやってくるスタッフもてきぱきと仕事をこなしてくれた。そうした恵まれた職場環境のおかげで、システム開発は順調に進んだ。２０１０年の半ばごろには、パイロットシステムができあがった。

システムは、試験運転も上々で、２０１１年４月から本格的に稼働することになった。すなわち、２０１１年３月末に私の職が解かれたあとから、**システム**の実際の運用が始まる段取りであった。

私は、システム開発の仕事にそれなりの満足を感じていた。この**システム**によって作成された月例経済報告の文書を通じて、国民が、客観的なデータに裏付けられた経済認識を持ってもらえるようになれば、一公僕として一生懸命に働いてきた甲斐があったというものである。

私が退職する予定になっていた3月の11日に東日本大震災が発災した。新しい**システム**が、非常に難しい経済情勢の判断のタイミングで稼働するにもかかわらず、その職場を離れなければならないのは、少し辛かったが、それが、宮仕えの常である。研究室に戻って、外部から**システム**の運用を見守っていこうと思った。

２０１１年1月から2月にかけての月例経済報告では、景況判断を上方に改訂した。すなわち、1月には「景気は、足踏み状態にあるが、一部に持ち直しに向けた動きがみられる」とあった文言は、2月に「景気は、持ち直しに向けた動きがみられ、足踏み状態を脱しつつある」と変更された。ただし、2月になっても、「失業率が高水準にあるなど依然として厳しい状況にある」と、5%を切ったとはいえ、いぜんとして高い失業率に対して、強い懸念が表明された。

大震災後の最初の月例経済報告は、２０１１年3月23日に公表された。「東北地方太平洋沖地震のマクロ経済的影響」という報告書が提出されたが、大震災の影響については、一般的な懸念が表明されるにとどまった。データが十分に得られていないというのが主な理由であった。

ここで、さまざまな政府機関が経済統計を公表するタイミングについて述べておきたい。月次データの場合は、ほとんどが翌月末の公表である。一方、月例経済報告は、その月の20

日前後となるので、そこで用いることができる公表データは、2ヶ月前のものになるはずである。しかし、当該データを作成している政府機関からは月の半ばごろに月末公表予定データの暫定値を入手できることが多いので、月例報告で利用できる月次データは、1ケ月前のものになる。

したがって、2011年3月23日の月例経済報告で活用できた月次データは、3月末に公表が予定されている2月のデータということになる。確かに、3月23日の時点では、政府の方に大震災の影響を評価するデータは明らかに不足していた。

通常の公表タイミングであると、大震災の影響を直接的に観察できるデータは、4月以降ということになる。さらに加えて、津波被災が甚大だった3県（岩手県、宮城県、福島県）は、3月以降、半年ほど、政府統計を作成することができなかったことも、大震災の影響を評価しづらい事情となった。

とりわけ判断が難しかったのは、生産活動状況と労働市場環境に関する評価であろう。生産活動状況についていうと、サプライチェーンの破断が生産活動に及ぼす影響については、判断が非常に難しかったと思う。サプライチェーンの破断で生産がどの程度落ち込み、回復にどの程度時間がかかるかを評価するデータが得られなかったからである。

事後的にみると、全国レベルの生産では、大震災直後に2割程度落ち込み、その回復には7月までの4カ月程度かかった。こうしたことを月次データできっちりと確認しようと思えば、8月まで待たなければならなかったことになる。

そうした中にあって、月例経済報告に示された判断は、良好なパフォーマンスだったと思う。月例経済報告は、サプライチェーン問題が比較的早く解消するという認識を示していた。4月報告の「サプライチェーン立て直しの遅れ」という文言は、5月報告でも繰り返されたが、6月報告には、「先行きについては、サプライチェーンの立て直しが進み、生産活動が回復していく」という表現に改められた。

ただし、月次報告は、慎重な姿勢も堅持した。「サプライチェーンの立て直し」という文言は、7月以降、11月まで続いた。先にも述べたように、実際には、サプライチェーン問題は、マクロ経済レベルで2011年7月にほぼ解消していたので、月例報告のスタンスは、若干、慎重であったかもしれない。しかし、それは仕方がなかったと思う。

想像の域を出ないが、もしかすると、生産活動状況の評価については、「極端な落ち込みの後に回復の兆しがあれば、それを積極的に評価していく」という**文書作成システム**の特性が功を奏したのかもしれない。

一方、労働市場環境に関する月例経済報告の判断は、さんざんのパフォーマンスであった。全国レベルの失業率は、大震災直後も上昇することなく、2009年夏からの低下傾向を引き継いだ。「長期的に回復傾向が認められる場合には、たとえ緩やかな回復であっても、その傾向を尊重する」という**システム**の特性が活かされれば、少なくとも、3月や4月の失業率がわかる5月報告では、「労働市場環境が改善している」という方向性を出してもよいはずであった。

しかし、3月以降の月例経済報告は、2011年2月までの月例経済報告のトーンを引き継ぐ形で、「雇用情勢の悪化」について懸念が表明され続けた。2011年3月報告から2012年4月報告までの月例経済報告の主文は、常に「デフレの影響や、雇用情勢の悪化懸念が依然残っていることにも注意が必要である」という文言で結ばれていた。

2012年5月以降は、「雇用情勢の悪化」という言葉が、さすがに月例経済報告の主文に登場しなくなった。しかし、2012年11月以降、月例経済報告主文は、再び「雇用・所得環境の先行き」への懸念で結ばれるようになった。「デフレの影響」という文言は、2012年12月までの月例経済報告の主文に表れ続けた。

新しい**月例経済報告文書システム**の特性がうまく活かされていれば、生産活動状況についても、労働市場環境についても、回復・改善の方向性を打ち出せたにもかかわらず、前者では成功して、後者では失敗した。**システム**の開発に携わった人間として、その理由を知りたくて、2012年の暮れもおしせまったころ、かつての部下を飲み屋に誘ってみた。その部下の名前が相撲取りのしこ名と同じ魁皇《かいおう》だったこともあって、彼のことは、不思議と印象に残っていた。

「魁皇君、やはり、労働市場環境の判断については、**システム**の運用を断念して、政治的な配慮が働いたということなのかな」

「統括、いや、今は先生ですね、先生、違うんですよ。**システム**が拡張されて運用された結果なんですよ」

「拡張運用？」

「先生の後任の統括が、『確かに、主観的な政治的配慮はよくない。しかし、客観的な政治的配慮であればよいだろう』といって、新聞、テレビ、ソーシャルメディアなどのありとあらゆる媒体で飛び交っている言葉のデータ、いわゆるビッグデータですね、それを解析して、たとえば、生産活動状況について、人々がどのように思っているのかを、『悲観的』から『楽観的』まで10段階で数量的に評価したわけです」

「それで？」

「新しい統括は、そのデータも、**文書作成システム**のインプットに使うことを決めてしまいました。『月例経済報告の文言が国民の気持ちを逆なでするものであってはならない』ということを理由にしてです」

そこまできて、私は、「それじゃ、ポピュリズムじゃないか」といおうとしたが、書生じみているようにも思い、言葉を飲み込んだ。

「するとですね、企業サイドは、サプライチェーンの回復にとても自信を持っていて、『こういうときこそ、企業グループの真価が問われる』といった乗りで、非常に楽観的な言葉がメディアで飛び交っていたので、先生が中心となって開発された**システム**のアウトプット、すなわち、『サプライチェーンの早期回復』という評価を後押しさえしたわけです」

「労働市場環境の方は、それとまったく逆ということか」

「まったくそのとおりです。労働市場環境についてメディアで流れている言葉は、悲観的なものばかりでした。そんななかで、先生の**システム**が出してきた『労働市場環境の改善基調』なんて評価は、見事に吹っ飛んでしまったわけです」

かつての部下の言葉を聞いて、自分たちが開発してきた**システム**の方向性に間違いがなかったことが確認できて、何だか安心した。

「それじゃ、『客観的な政治的配慮』とかいったかな、その配慮とやらを反映していない評価と、それを反映した評価の２つを国民の前に提示して、科学的な認識と社会的な認識のズレを国民にしっかりと分かってもらうというのも、手なのかもしれないな」

「統括、いや、先生、そういうことをいわれるから、先生は、偉くなれないんですよ」

「そうかなぁ……」

「実は、統括の部下になる少し前、役人を辞めようと思っていたんです。それが、統括、いや、先生のところにやってきてしばらくたつと、『やろうと思えば、何かできるんだ』ってことが見えてきて、仕事が楽しくなったんですよ。先生には、怒られてしまうかもしれないけれど、メディアに飛び交っている言葉のビッグデータを解析する仕事も、結構、エキサイティングでしたよ」

「そういうことがあったのか。魁皇君にとって、私は、行政官として失格だったけど、教育者としてまぁまぁだったということになるかな」

「ありがたいことです」

「君の苗字のとおりに、役所の魁《かしら》にでもなってほしいな」

「魁の訓が『かしら』とは、初めて知りました」

「この場は、おごろう」というと、「先生、あいかわらず、出版社や新聞社と喧嘩ばかりだって風のうわさに聞いていますよ。高額謝金の講演も、やせ我慢して引き受けていないんじゃないですか。ここは、割り勘でいきましょう」というので、かつての部下の言葉に従った。

飲み屋からの帰り道、ポピュリズムについて、ほんの少し考えてみた。

民主党は、２００９年９月から２０１２年12月まで政権を担当している間、労働市場環境は着実に改善していたのに、人々の気持ちに配慮して、「非常に悪い」と言い続けた。「デフレ経済」という言葉には、「雇用環境の悪化」も当然含意されていたであろう。そうこうしているうちに、自民党が、それを逆手にとって、「デフレ経済からの脱却」をキャッチフレーズに政権を再び奪取した。

そういう意味では、民主党は、ポピュリズムにうまく配慮していたつもりが、ポピュリズムからしっぺ返しを受け、自民党は、ポピュリズムを巧みに利用したということになる。今後、ポピュリズムを巧みに利用した自民党は、どのような対価を支払っていくことになるのだろうか。

第10篇への解題

「**月例経済報告の政治学**」の原稿を拝読していて、戸独楽先生にもこうした面がおありなのだと意外に思うところがあったが、まずは、「月例経済報告文書作成システム」（先生は、「システム」という言葉で〝常識〟、さらに踏み込んで、〝良識〟を暗喩されているのだと思うが…）を取り巻くデータ的な状況をあらためて振り返っておこう。

図10－A1は、2011年における全国の鉱工業生産指数の推移を描いたものである。データの入手が1ヶ月遅れるとすると、「私」が統括官として奉職していた政府機関が大震災直後に鉱工業生産指数が102・7から85・8に下落したのを確認できたのは、4月半ばだったことになる。5月半ばには、4月に85・8から87・6に、6月半ばには、5月に87・6から93・6にそれぞれ回復したことを確認できた。

「システム」は、3月の急激な落ち込みから、2ヶ月連続の回復を確認した上で、サプライチェーン問題が解消しつつあると判断したのだろう。その結果として、6月報告には、「先行きについては、サプライチェーンの立て直しが進み、生産活動が回復していく」という表現が盛られたと考えられる。

図10-A1：全国の鉱工業生産指数の推移
（単位：2010年＝100、出所：経済産業省）

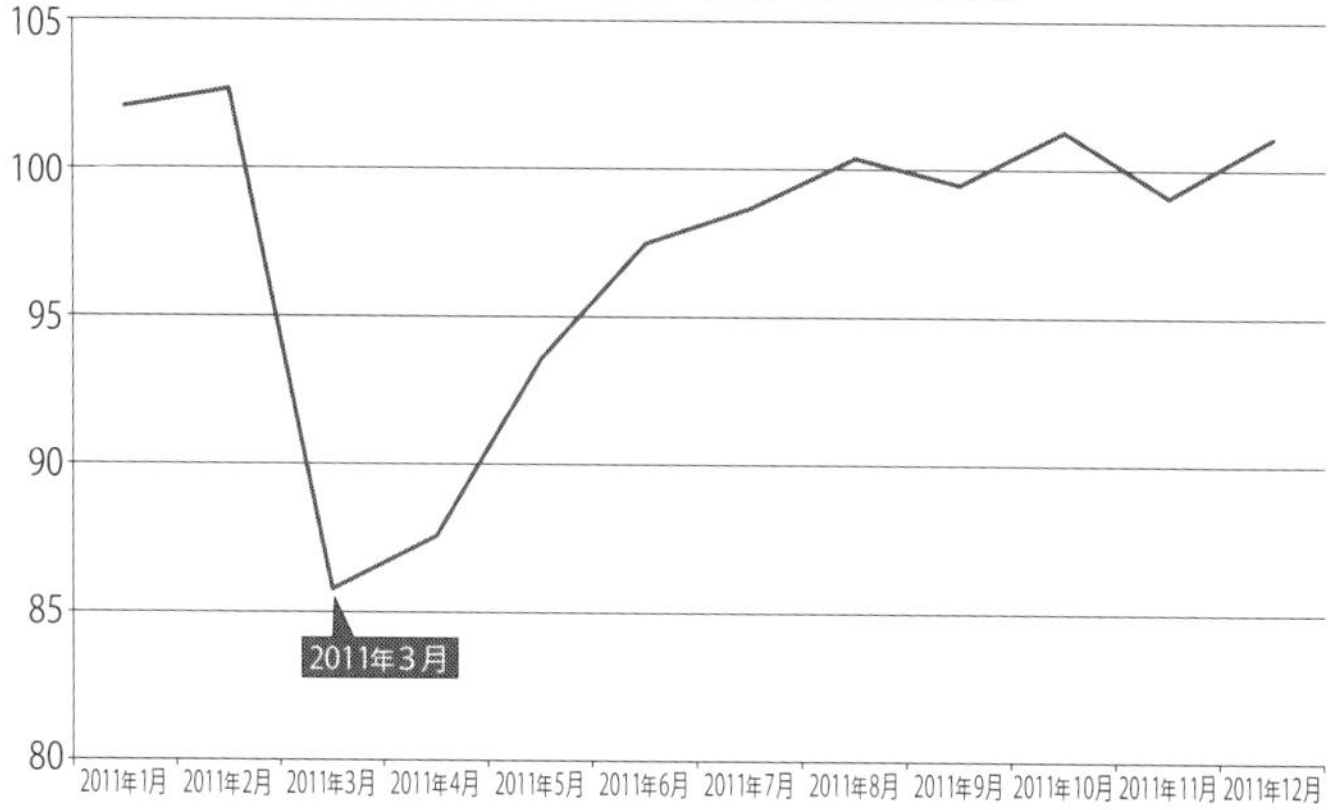

次に、図10－A2で全国の失業率の推移を見てみよう。失業率は、大震災の影響をまったくといっていいほど受けなかった。大震災の前月も、当月も、翌月も、失業率は4・7％で推移した。5月には、いったん4・6％に低下さえしている。すなわち、大震災から3ヶ月経過した6月時点では、大震災後も失業率が安定して推移してきたことを確認できた。

「システム」は、こうした失業率の動向に加えて、5・5％を記録した2009年7月以降、失業率が緩やかな低下傾向にあることも踏まえて、労働市場環境は改善していると判断したはずである。しかし、**「月例経済報告の政治学」**に顛末が記されているように（もちろん、フィクションであるが）、月例経済報告は、2012年末まで労働市場環境の悪化という判断を基本的に変えなかった。

図10-A2：全国の失業率の推移
（単位：%、出所：労働力調査）

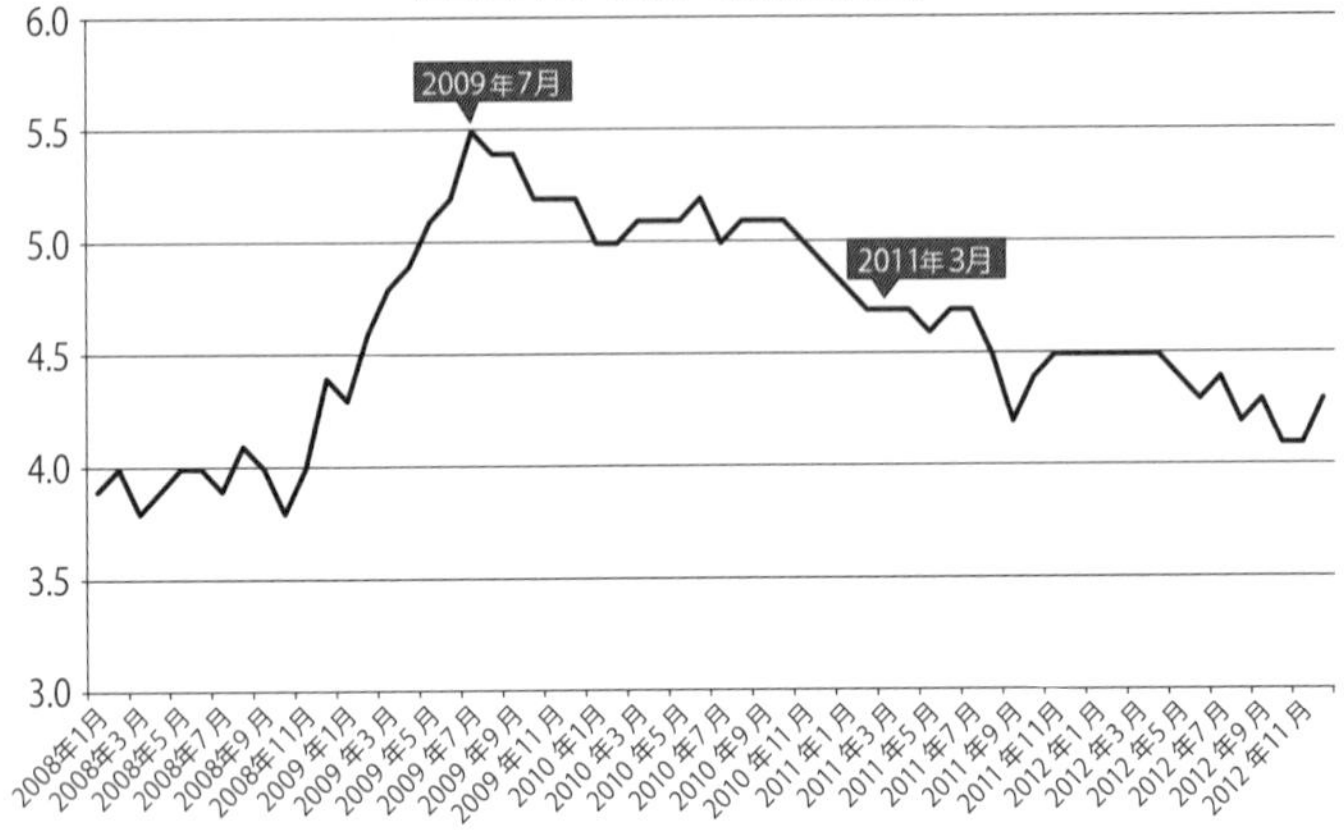

客観的なデータから容易に判断できることを公言しないことが、短期的な便益を享受しているようで、実は長期的な費用を負担せざるをえない状況を生み出してしまうのかもしれない。しかし、「**月例経済報告の政治学**」は、短期的な不利を覚悟で、客観的なデータに裏付けられた判断を公言することにこそ、長期的な便益を享受できる機会があるのでないかということを示唆しているようにも思う。

さて、戸独楽先生について意外と思ったことであるが、私の存じ上げているかぎり、先生は、政府機関に常勤されたことは一度もなかったと思う。しかし、先生がこのようなセットアップを仮想されておられるところに接すると、先生も、そうしたことにまんざらでもなかったのかもしれない。

ふと、堀田善衛『ミシェル　城館の人　第1部：争乱の時代』（集英社文庫）の1節を思い出した。堀田によると、モンテーニュは、自領の城館に身を引く前に、諮問会議の顧問官になろうとパリの宮廷で猟官活動をしたそうである。宮廷の方も、勲章を与えるなどして、彼に関心を持っていたようである。しかし、結局のところ、モンテーニュには、まったく声がかからなかった。

先生も章をお受けになられたりと、ほんの少しだけ共通点があるが、「経済学小説」を試みられるような方には、官僚の人生など、たとえわずかな期間であっても、ご無理なのだと思う。

（参考文献）

齊藤誠・中川雅之・顧濤、2014、「東日本大震災の社会経済的な影響について」、一橋大学大学院経済学研究科ディスカッションペーパーシリーズ、2014-13。

齊藤誠、2015『震災復興の政治経済学―津波被災と原発危機の分離と交錯』、日本評論社。

第11篇
「官僚」たちからの尋問

「官僚」たちは、納得した風ではなかったが、私は、黙って、ホワイトボードにグラフを書いたと思う。

2週間前の月曜日のことだった。

講義準備などに忙しくて研究室を出たのが、夜の8時過ぎになったと思う。いつものようにキャンパスの裏門から帰ろうとして、門の近くで後頭部を強打されたところまでは覚えているが、その後の記憶がない。

目が覚めてみると、私のベッドの周りには、数人の男たちが立っていた。彼らは、「誰なのか」と問うても、「答えられない」としかいわない。**「あなたの経済政策に関する言動に対して、重大な疑義が生じているので尋問する」**というのが、彼らの目的だった。

しかし、私がいくら問うても、彼らがそうできる権限や根拠は、示してくれなかった。私は、大いに苛立った。ただ、「あなたの家族も、あなたの職場も、あなたがここにいることについて、何も心配していないので、安心しなさい」と、妙な慰め方をしてくれた。

私は、根負けした。

彼らのいう「疑義」について、彼らが尋問し、私が弁明しなければならなくなった。彼らは、疑義の内容について、数枚のメモを私に渡した。疑義の論点はいくつもあって、それぞれの項目について、翌日から5日間にわたって、毎日、午前・午後に尋問を受けることになった。

彼らの横柄な態度にはめずらしく、「申し訳ないが」と恐縮気味に、「ある事情で、わずかな朝食が出るだけだから」といわれた。私は、「ある事情」について質問する気力さえ失われていた。

ただし、いくつかのことだけは、私の要求を受け入れてくれた。

メモを見ると、尋問の内容は、理論的なことだけでなく、実証的なことにも及んでいた。

理論的なことは、頭に入っていることで十分に応じる自信があったが、弁明に必要なデータがすべて頭に入っているわけではなかった。

もちろん、彼らは、外部との交信を禁じたので、インターネットでデータベースにアクセスすることもできなかった。そこで、私のクラウドのIDとパスワードを教え、データの入っているディレクトリーの内容をすべてダウンロードして、標準的なソフトウェアーを備えたパソコンで使えるようにしてほしいと希望したら、受け入れてくれた。また、ホワイトボードの使用も許された。

私は、身分をいっさい明らかにしてくれない彼らを、どのように呼ぶべきか迷った。しかし、ある直感から、括弧付きで「官僚」と呼ぶことにした。私のいう「官僚」は、かならずしも行政府に働いている人々を意味するわけではない。

むしろ、「官僚」は、その人間の気質的なもので、**みずから勉強してロジックを身に着けることも、みずから苦労してデータを得ることもしないくせに、ドアタマがいいものだから、耳学問で手に入れた、わずかな「ロジック」と「データ」の上に、とんでもない空想を組み立てることを得意とする種族**を指している。

私の直感が正しいことはすぐに明らかになった。男たちは、まさに、そうした「官僚」たちだった。

朝に一食しか出されなかったので、私は、かなり疲労困憊気味で記憶力や判断力が落ちていて、「官僚」たちとのやり取りを正確に覚えているわけではない。ただ、いくつかの議論は、今でも鮮明に記憶に残っている。

【なぜ、「成長率＞金利」がいけないんだ！】

私の前には、机を挟んで3人の男が座っていた。机の上には、所望したノートパソコンも置いてあった。私の背面には、ホワイトボードがあり、赤と黒のボード用マーカーが数本ずつ備えられていた。

1人の「官僚」（仮に、**X**と呼ぶ）は、私が、増税や財政削減などの緊縮政策を主張していることについて、強い嫌悪感を持っていた。彼の思考方法には、複雑な襞がありそうにみえて、いたって単純であった。

X：名目GDPを分母に、国債の名目残高を分子にとって、

国債名目残高／名目GDP

その比率を求めても、

名目GDP成長率 ＞ 名目金利

ならば、たとえ、分子の元利返済額が雪だるま式に増えていっても、分母の名目ＧＤＰが拡大するテンポの方が早い。

その結果、「国債残高／名目GDP」の値は縮小していって、少々の財政赤字ぐらいはどうにかなる。

さらに、現在の金融緩和政策は、物価上昇で名目ＧＤＰの成長率を高める一方で、名目金利はゼロに抑えられている。日本政府は、日銀とともに総力を挙げて、

名目成長率 ＞ 名目金利

の実現にまっしぐらなのに、こんなタイミングで「緊縮政策」とは、どういうつもりだ、お前は！

「官僚」Xは、そうまくしたてながら私に詰め寄った。

消耗させせられるやり取りがいくつもあった。結局、私が主張したことは、長期的に、

名目成長率＞名目金利

を実現してしまうと、マクロ経済は、「かなり惨めな状況」に陥るということだった。

私は、議論を進めるにあたって、まずは物価の影響を脇において、名目成長率と名目金利の比較を、実質成長率と実質金利の比較に置き換えた。

「官僚」Xは、「そんな置き換えで俺たちをごまかすつもりか」とくってかかってきた。

今は、長期の関係を議論しているので、

名目成長率＝実質成長率＋現在のインフレ率

名目金利＝実質金利＋将来のインフレ率

が成り立っていて、現在のインフレ率と将来のインフレ率がほぼ同じ水準にあれば、「名目

図11-1: 実質消費の軌道

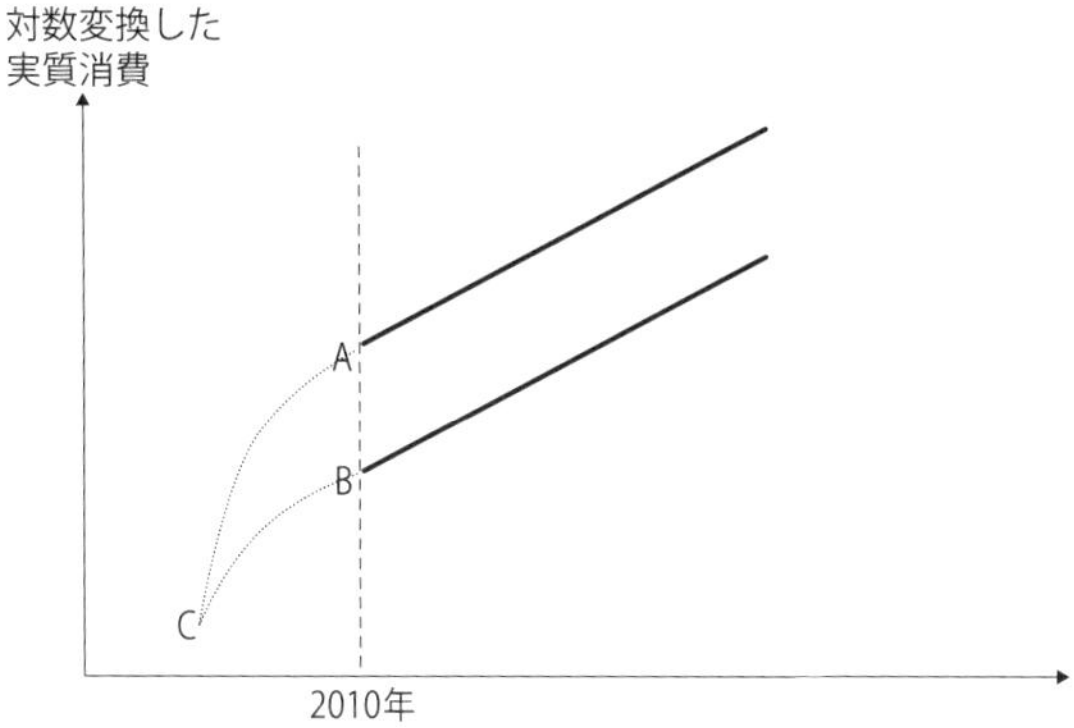

成長率と名目金利の差は、実質成長率と実質金利の差に置き換えることができる」と説明した。

「官僚」たちは、納得した風ではなかったが、私は、黙って、ホワイトボードにグラフを書いたと思う。縦軸は、（「対数変換した」とはあえていわなかったが…）実質消費、横軸は、時間を表したグラフを用いた（図11－1）。

すると、「官僚」**X**は、すかさず、「なぜ、実質GDPでなくて、実質消費なんだ」と聞いてきた。私は、「生産ではなくて、消費こそが、人々の幸福を支えるわけですので」と答えた。「官僚」**X**は、反論したげだったが、黙っていた。

私は、2つのケースを説明した。

どちらも、2010年に年2％の成長率の成長軌道に乗ると仮定した。成長軌道に乗ると、実質GDPも、実質消費も、同じ2％で成長していく。

ここでは、2010年や2％という数字に意味があるわけではなく、仮置きをしているにすぎない。

第1のケースは、**資本蓄積が緩やかで**、点Bのところで成長軌道に乗り、実質金利が年4%となる。

一方、第2のケースは、**資本蓄積が旺盛で**、点Aのところで成長軌道に乗り、実質金利が年2%となる。

「資本蓄積の度合いが高いと、なぜ、成長軌道での実質金利が低くなるんだ」という質問を受けたと思う。私は、「通常、収益率の高いプロジェクトから投資を実行していくので、資本蓄積水準が高まると、収益率の低いプロジェクトを実行せざるをえなくなって、実質金利も、その分低くなります」と答えた。

Xが「官僚」たちを代表して、私に矢継ぎ早に質問してきた。

私：第1のケースは、

実質成長率（2%）＜実質金利（4%）

第2のケースは、

実質成長率（2%）＝実質金利（2%）

実質金利が2%に向かって低下していくにしたがって、2010年で成長軌道に乗るときに達成できる実質消費水準は、点Aに近づいて上昇します。

X：それは結構なことじゃないか。それでは、

実質成長率（2%）＞実質金利（1%）

となれば、点Aを上回るところで、成長軌道に乗るんだな。

私：それが、そうはいかないのです。
点Aは、2010年に成長軌道に乗って達成することができる実質消費水準の最高値なんです。

実質成長率（2%）＝実質金利（2%）

の場合に、2010年に達成できる実質消費水準が最高値になります。

経済学者は、そうした消費水準の最高値を実現できるマクロ経済環境を、〝**黄金律**〟と呼んでいます。

X：何が〝黄金律〟だ！　俺たちをなめているのか！

お前は、「金利が下がっていくと、2010年に達成できる実質消費が増加する」といったではないか！

私：そういわれても…

実質金利が実質成長率2％を下回ると、2010年に達成できる実質消費水準は、点Aの水準から逆に低下していきます。

X：なぜ、そんなことが起きるんだ。

私：収益率の比較的高いプロジェクトがすでになくなっているにもかかわらず、無理矢理に資本蓄積を進めるので、全体として資本効率が悪くなって、高水準の消費を支えることができなくなるわけです。

私がいいたいのは、

実質成長率（2%）＞実質金利

という状況が長く続くと、経済全体の効率性が著しく低下した状態になるということだけです。

その上で、マクロ経済の「自然な状態」では、

実質成長率（2%）＜実質金利

が実現しやすいことも述べた。たとえば、点Cを出発点とすると、より低い実質金利2％で点Aに到達するよりも、より高い実質金利4％で点Bに到達する可能性が高い。

その理由は、現在の高い消費水準を我慢して資本をせっせと蓄積することに辛抱できなくなって（アリのようにはできなくて）、将来の高い消費水準をあきらめて資本蓄積をそこそ

この水準にとどめてしまう（キリギリスのようになる）からである。

また、

実質成長率（2%）＞実質金利

の状況では、投資家が、低い金利に満足できなくなって、高いキャピタルゲインの実現が求められる結果、資産価格バブルが醸成しやすい市場環境にもなるということも言い添えた。

通常、

実質金利＝名目金利－将来のインフレ率

が成り立っているので、「官僚」**X**が主張するように、積極的な金融緩和政策で名目金利をゼロにしつつ、将来のインフレ率を高めに誘導すれば、実質金利をマイナスの水準にまで持っていくことができる。

しかし、そうして実現した、

実質成長率＞実質金利

のマクロ経済状況は、けっして芳しいものではない。

すると、「官僚」Xは、妙なことをいい始めた。

X：お前の議論を100％認めたとして、それでも、

実質成長率 > 実質金利

を目指せばいいじゃないか。

少々資本効率が悪くなったって、誰がそんなことを気にするものか。資産価格バブルだって、投機家連中は大歓迎だ。

それで、国家財政の問題も片付くんだから、どこが悪いんだ！

私：あなたのいうことは、悪いことだらけですよ。
一番の問題は、

の状態が、非常に作為的に作られたもので、マクロ経済の「自然な状態」から大きくかけ離れているということです。

そうした「不自然な経済」は、砂上の楼閣のようなもので、いつか、かならず崩れ落ちます。資産価格バブルも、いずれは、かならず崩壊します。

市場経済を主軸とするマクロ経済においては、資本を非効率に使っている「不自然な状態」から脱して、資本を効率的に使う「自然な状態」に復帰するように、調整メカニズムが、いつか、かならず働くわけです。

X：お前、何をいうか！

80年代後半の資産価格バブルだって、日銀が金融引き締めに転じたから、バブルが崩壊した。

日銀があのまま金融緩和を続けていれば、「失われた10年」も、「失われた20年」も、「15年のデフレ経済」もなかったはずだ。

私：ここまでくると、見解の相違というしかありませんね。

私のような研究者には、ロジックとデータの裏付けのあることしか、主張することができないわけですから…

堂々と夢を語れるあなたがうらやましいかぎりです。

X：何だと、貴様！

【日銀が輪転機をガンガン回して、国債を引き受ければいいだけでないですか！】

「ところで」と切り出す「官僚」（仮に、Yと呼ぶ）がいた。彼のいい方は、「官僚」Xに比べれば、はるかにマイルドだった。

Y：成長率と金利の問題は、あなたのいうように、「**長期の問題**」で、どうしても仮定の話ばかりになってしまいます。ここで結論を急いでも仕方がないかもしれません。

しかし、あなたも、日銀が、今般の金融緩和政策で**輪転機をフル稼働させて**、国債引き受け能力を飛躍的に高めてきたことは、「**事実の問題**」として認めるわけですね。

やや下品な言い方ですが、**日銀が輪転機をガンガン回せば、**日銀の国債引き受け能力を自在に拡大できることは、「**事実の問題**」として認めるわけですね。

私：まったく認めません。

Y：あなたは、「**事実**」さえもお認めにならないわけですか。

ここにデータがあります。

日銀は、２０１３年３月末から２０１４年２月末にかけて、長期国債の保有残高を91・３兆円から１５２・４兆円へと61・１兆円も増やしているんですよ。たった１年間で、１・７倍弱まで引き受け能力を拡大させてきたわけです。

これは、「**事実の問題**」です。

私：私のパソコンにも、あなたと同じデータが入っています。

確かに、その期間に日銀が保有する長期国債の残高は、61・１兆円増えました。

しかし、その長期国債購入の資金源泉をみると、日銀券の発行増は２・６兆円にすぎません。61・１兆円のうち53・８兆円は、日銀が準備預金で資金調達したものです。残りの４兆円強は、日銀が自ら保有する短期国債を売って資金を捻出しています。

確かに、２・６兆円の日銀券は、輪転機で刷ったお札ですが、長期国債購入原資のたった４％にすぎません。

主力の資金源だった準備預金について、さらに資金の源を遡っていくと、日銀に対して長期国債を売った民間銀行が、長期国債売却資金を準備預金に預けたものです。

それでは、民間銀行が日銀の準備預金に預けた資金は、そもそもは、誰のものなのでしょうか。当然ながら、個人や企業が民間銀行の口座に預けた資金です。

要するに、今般の金融緩和政策で起きていることは、「**日銀が輪転機をガンガン回していること**」とほとんど関係がありません。

これまでは、個人や企業が民間銀行に預けた資金で、民間銀行が長期国債を買っていました。

ところが、今般の金融緩和政策では、民間銀行が、長期国債を買う代わりに日銀の準備預金に預けて、日銀が代わって長期国債を購入しているわけです。

ただ、今般の金融緩和政策の前でも、後でも、本質的に変わらないことは、長期国債を買い支えている原資の主力は、個人や企業がそもそも民間銀行に預けた資金だということです。

これこそが、まさに「**事実の問題**」です。

Y：ここまでくると、見解の相違というしかありません。

それでは、輪転機云々は、仮にレトリックとしておきましょう。

それでも、たとえば、仮にということですが、長期国債がデフォールトを起こしたとしても、今般の金融緩和政策のおかげで、損を被るのは、日本銀行だけで、民間銀行が損失を免れているという点では、国民のためになっているわけです。

私：それこそ、見解の相違だと思います。

日銀が保有する長期国債が焦げ付くやいなや、日銀の準備預金が焦げ付くわけです。日銀の準備預金が焦げ付くやいなや、日銀の準備預金に資金を預けている民間銀行の預金が焦げ付くわけです。

すると、民間銀行の預金に資金を預けている個人や企業は、取引銀行に駆け込みますから、日本中の民間銀行で取り付け騒ぎに陥るでしょう。

さらに辛いことには、日銀券も、日銀の預金証書ですから、その価値も著しく低下します。

取引銀行の預金から日銀券を、要するに、お札を引き出した人々は、即座に、価値のある物に買い替えようとするので、物価は高騰します。

今般の金融緩和状況を前提として、「仮に長期国債がデフォールトしても…」というようなことを想定するのは、あまりにも、無責任だと思います。

あなたの認識は、「**『事実の問題』以前の問題**」です。

Y：何だと、貴様！

【〈定常〉と「非定常」は、相性がとても悪いんです…】

5日目の午前中、それまで一度も発言をしたことがなかった男（仮にZと呼ぼう）が口を開いた。

Z：実は、これまでの4日間、午前と午後のやり取りのあと、毎晩、先生のいわれたロジックや、先生が引き合いに出されたデータを咀嚼してみました。必要とあれば、マクロ経済学の教科書も読み直しましたし、実際のデータも直接見てみました。

正直なところ、先生がいわれることを完全に理解しているという自信がありませんが、一方では、先生の議論の概略は、理解したという自信もあるのです。

そこで、最後にひとつだけ、先生にお伺いしたいことがあります。

なぜ、日銀が財政問題に加担することに、そこまで強い反対意見を主張なさるのでしょうか。

私：そうですね…

簡単に答えるのが非常に難しい問題ですが、答える努力だけはしてみましょう。

今の日本経済は、全体の規模でいうと、縮小過程に入って、人口一人当たりの生産水準のところで、今の高い水準を維持しようとする〈定常〉状態に必死に適応しようとしているのだと思います。

〈定常〉状態への適応自体は、必ずしも辛いことばかりではなく、個人の能力の開花も見られますし、個人ごとに豊かさや幸福を発見する契機もあるのだと思います。

ただ、そうした中で、国家債務だけが、どんどん膨らんでいっているわけです。

やや文学的な言い方になっていますが、私たちの経済社会は、必死で〈定常〉に適応しようとしている一方で、国家債務膨張という「非定常」を抱え込んでしまっているわけです。

でも、**〈定常〉と「非定常」は、そもそも共存しえなくて、相性がとても悪いんです。**

一昨日に、そこの「官僚」と、いや失礼、そこに座っている方と激論を交わしたことに関係しますが、

実質成長率＞実質金利

が成立するマクロ経済を目指すということは、本来は〈定常〉が自然な経済なのに、無理矢理に高い経済成長を実現することで、「非定常」の国家債務を強引に抑え込もうとする企みなのですね。

私たちは、マクロ経済の自然な姿と向き合おうとしなくなった途端に、日銀の途方もない金融緩和によって、**永遠の経済成長**を夢想したり、**日銀の無限の国債引き受け能力**を妄想したりしてしまうわけです。

しかし、標準的な経済学のロジックを組み立てていくと、そのような夢想や妄想の先にあるのは、希少な資源の無駄使いであり、金融市場の混乱であり、最終的には、日本経済自体の破綻です。

Z：先生、どうか続けてください。

私：一方、私は、自分たちの社会の適応能力を信じています。

今、国家債務がこれだけ積み上がっても、経済が落ち着いているのは、何も、金融政策や財政政策などのマクロ経済政策が功を奏しているからではなく、私たちの社会に、巨額の国家債務問題を解決しようとする、静かながらも、固い意思があるからではないでしょうか。

Z：先生、長い時間、本当にありがとうございました。

私は、午後、目隠しをされたまま、車に乗せられ、自宅の近くで下ろされた。玄関の前を掃除していた妻が、私の姿を見るなり、「パパ、本当に痩せてよかったね」と、大変に喜んだ。

妻の話だと、月曜日の夜中に、教育文化省・大学教員健康管理部を名乗る「官僚」から電話があって、私がメタボ検診の結果、急遽、火曜日から６日間の減量プログラムに参加することになったが、「ご心配なく」と伝えたという。妻は、私がそうしたプログラムに参加することをかねてから願っていたので、私のことをまったく心配しなかったそうだ。妻は、妙に気を利かせてくれて、大学にも休講届を出していた。

妻の屈託のない笑いに接していると、この１週間に起きたことを話しても、「それって、パパが書いている『経済学小説』のネタなの？」と聞き返されるだけだと思った。結局、妻には、「教育文化省も、大学教員健康管理部も、聞いたことがないけどなぁ…」というようなこと以外、何も話さなかった。

第11篇への解題

戸独楽先生は、「『**官僚**』**たちからの尋問**」を執筆されていたあたりから、大変におやせになられた。3ヶ月あまりで10キロ以上の体重を失われたそうである。先生に「お大事になさってください」と申し上げると、「先日、とあるところから尋問に召喚されてね」と片目をつぶられた。私には、なぜか冗談に聞こえなかった。

先生は、脱稿されてしばらくたつと、「この短篇には、ぜひとも君に解説付録を書いてほしい。『経済学博士』の君には、朝飯前のことだろう」と元気のない声でいわれた。以下では、そのときに作成したメモを基にして簡潔な解題を書いてみた。

「『**官僚**』**たちからの尋問**」の背景にある根本問題は、国家が抱える債務、すなわち、国債（公債）の残高が、日本経済の規模に比べて急速に拡大してきた現象である。やや文学的ないい方をすれば、〈定常〉的な日本経済が、国家債務拡大という「非定常」を抱え込んでしまった事態といえるかもしれない。

名目GDPに対する国債の名目残高の割合は、1980年代平均で37・6％だったものが、

1990年代には平均45・6％、21世紀に入って2013年までには平均111・0％まで高まった。

「官僚」**X**が、

名目GDP成長率＞名目金利

の不等号関係に執拗なまでにこだわったのも、仮に、この関係が成り立たないと、国債費（元利返済分）を除いた政府支出を上回る政府収入（主として、税収）によって、すなわち、プラスの**基礎的収支**（プライマリー・バランス）で公債の元利を返済し続けなければならないからである。

換言すると、

名目GDP成長率＜名目金利

の場合、

基礎的収支＝政府収入－（国債元利返済分を除いた）政府支出＞0

が成り立っていなければならないことになる。
こうした視点から見ると、21世紀における日本政府の財政状況は、きわめて厳しい（表11－A1）。

国債残高に対する利払い費の割合を名目金利とすると、名目GDP成長率（平均マイナス0・3％）は、2013年度を除いて常に名目金利（平均1・6％）を下回ってきた。

一方、名目GDPに対する基礎的収支の割合は、マイナスの方向に平均3・1％にも達している。その結果、名目GDPに対する国債残高の割合は、急激に上昇してきた。2013年時点では、なんと153・7％に達した！

「官僚」**X**や「官僚」**Y**が、金融政策の途方もないトリックを使ってでも、国債残高の急拡大を何とか防ごうと思った背景には、こうした厳しい財政事情が控えていたのである。

以下では、「私」が「官僚」**X**の前で展開したロジックを簡単に振り返っておきたい。なお、ここで示していく数値例は、あくまで、2010年という年次とか、貯蓄率や成長率の具体的な数字に意味があるわけでなく、あくまで、仮置きの数字であることに注意してほしい。

以下の数値例は、あくまでも、

成長率＞利子率

表11－A1：日本政府の財政状況

	基礎的収支 / 名目 GDP	利払い費 / 公債残高	名目 GDP 成長率	利払い費 / 公債残高 − 名目 GDP 成長率	公債残高 / 名目 GDP
1980	−0.036	0.074	0.103	−0.029	0.284
1981	−0.021	0.075	0.066	0.009	0.311
1982	−0.009	0.076	0.045	0.031	0.349
1983	−0.010	0.075	0.044	0.031	0.380
1984	−0.011	0.074	0.067	0.007	0.395
1985	−0.004	0.072	0.072	0.000	0.407
1986	0.001	0.068	0.036	0.032	0.424
1987	0.002	0.065	0.059	0.006	0.419
1988	0.007	0.063	0.071	−0.008	0.404
1989	0.011	0.062	0.071	−0.009	0.387
1980 年代平均	−0.007	0.070	0.063	0.007	0.376
1990	0.019	0.061	0.087	−0.026	0.368
1991	0.023	0.061	0.049	0.012	0.362
1992	0.019	0.058	0.019	0.039	0.369
1993	0.015	0.054	−0.002	0.056	0.399
1994	0.005	0.051	0.027	0.024	0.417
1995	0.001	0.046	0.019	0.027	0.446
1996	−0.009	0.043	0.022	0.021	0.474
1997	0.000	0.040	0.010	0.030	0.495
1998	0.003	0.035	−0.020	0.055	0.578
1999	−0.019	0.031	−0.009	0.040	0.655
1990 年代平均	0.006	0.048	0.020	0.028	0.456
2000	−0.021	0.027	0.008	0.019	0.720
2001	−0.022	0.023	−0.017	0.040	0.782
2002	−0.027	0.020	−0.008	0.028	0.846
2003	−0.039	0.017	0.008	0.009	0.911
2004	−0.038	0.015	0.002	0.013	0.993
2005	−0.032	0.014	0.005	0.009	1.043
2006	−0.022	0.014	0.008	0.006	1.044
2007	−0.009	0.014	0.008	0.006	1.055
2008	−0.011	0.014	−0.046	0.060	1.115
2009	−0.028	0.014	−0.032	0.046	1.253
2010	−0.048	0.013	0.013	0.000	1.325
2011	−0.048	0.012	−0.014	0.026	1.415
2012	−0.047	0.012	0.003	0.009	1.501
2013	−0.048	0.013	0.027	−0.014	1.537
21 世紀平均	−0.031	0.016	−0.003	0.018	1.110

出所：財務省

図11-A1:2010 年の実質消費と実質金利

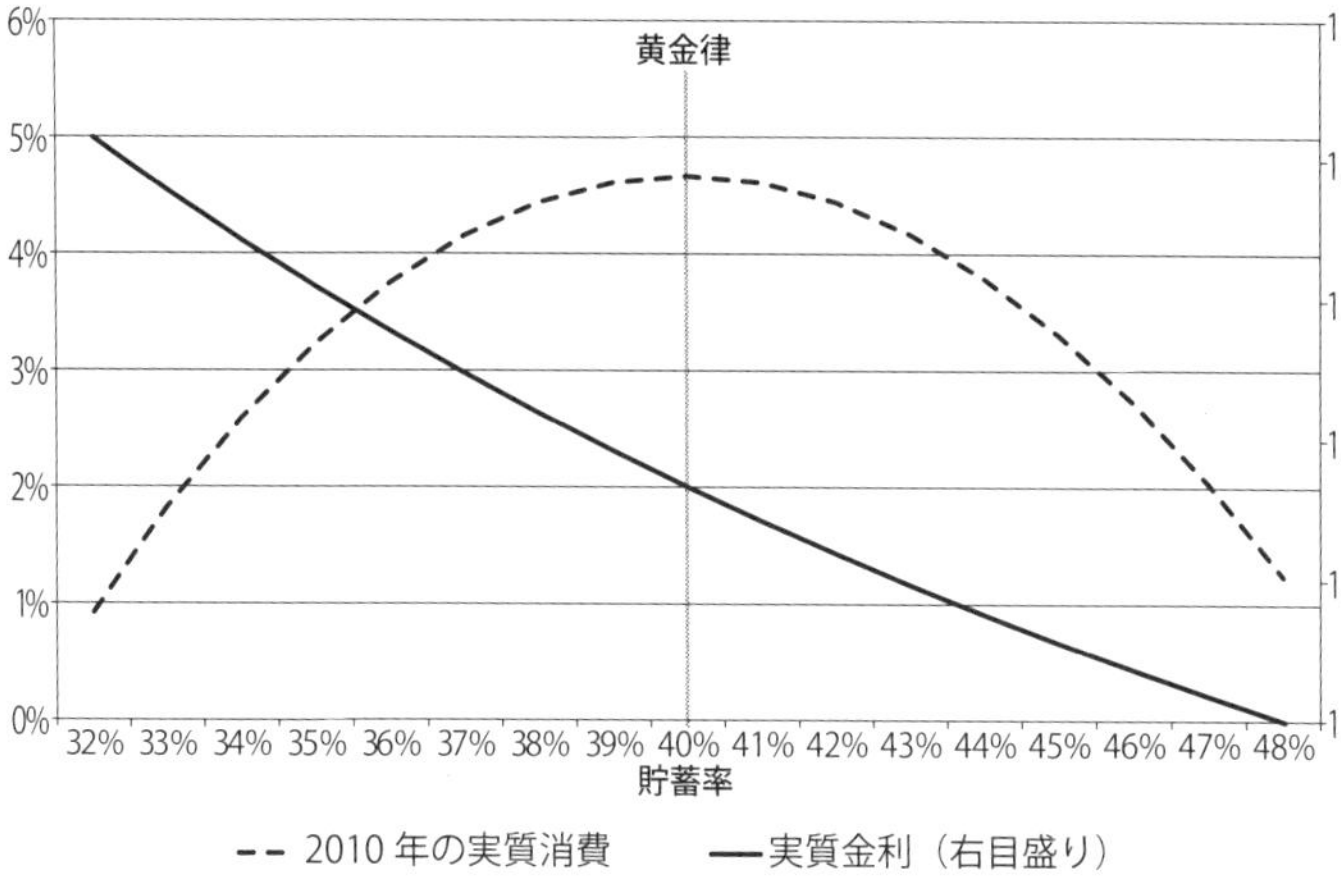

の状態が、経済学的に見て「不自然な状態」であることを示すのが目的である。議論の背景にある簡単な経済モデルの想定については、章末にまとめている。

「私」の議論には直接表れてこないが、このモデルでは、資本蓄積の度合いが、貯蓄率の高低で決まっている。貯蓄率が上昇して資本蓄積の度合いが高まると、実質金利は低下するとともに、２０１０年の実質消費は拡大していく。

第１のケースでは、貯蓄率が34％と相対的に低く、実質金利が４％に達しているので、実質成長率２％が実質金利を下回っている。

第２のケースでは、貯蓄率が40％に上昇して、実質金利は２％に低下し、実質成長率に一致している。この場合、２０１０年の実質消費は、第１のケースに比べて増加している。

図11-A2:2010年の実質GDPと実質消費

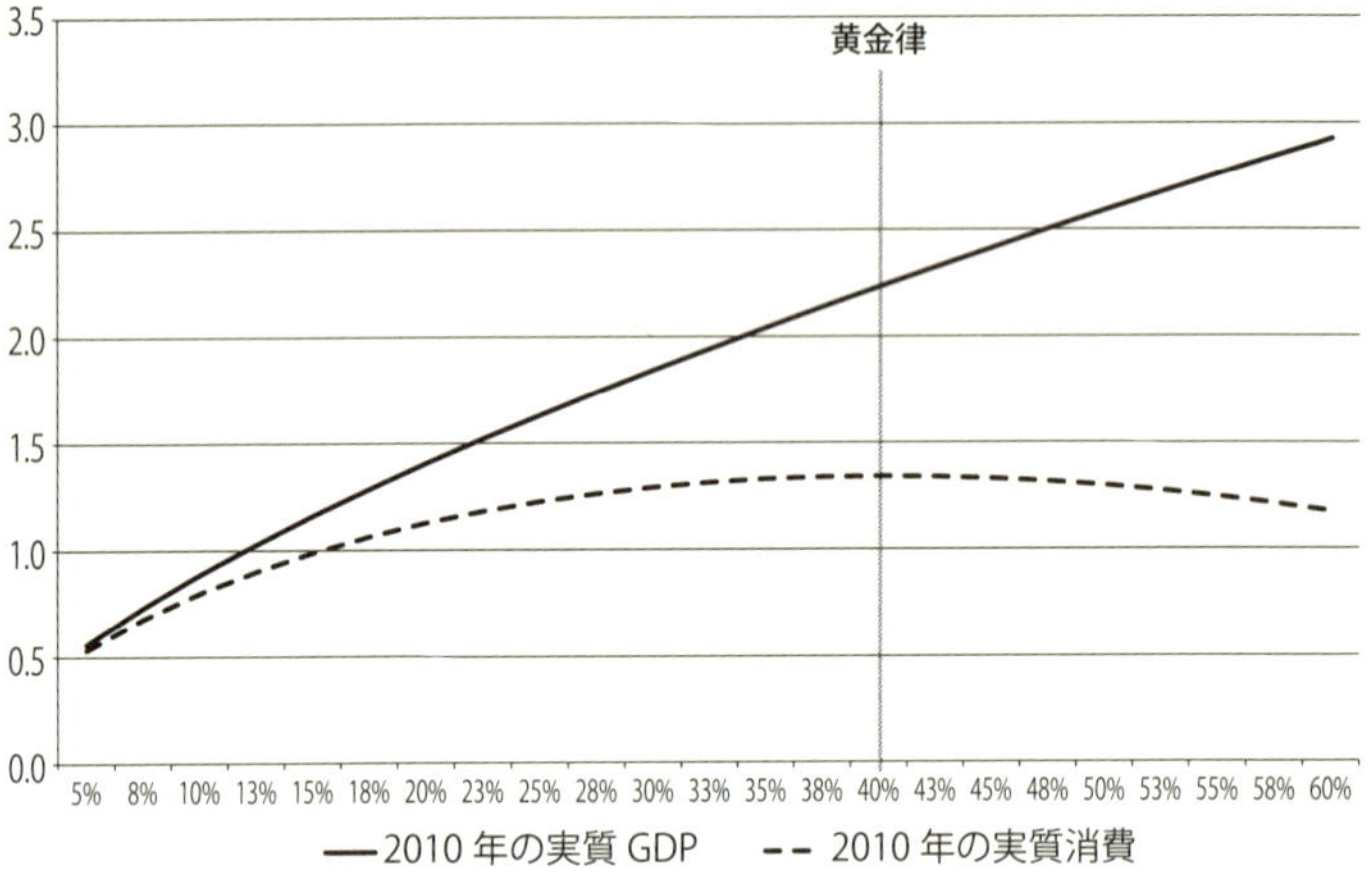

一方、「官僚」**X**が提案したケースでは、貯蓄率が44％とさらに高まって、実質金利が1％まで低下し、実質成長率（2％）の方が、実質金利（1％）を上回っている。しかし、2010年の実質消費は、第2のケースに比べて、かえって低下する。

「私」が用意した想定では、貯蓄率が40％になると、実質成長率が2％で実質金利に一致するとともに、2010年の実質消費が黄金律水準に達する。その結果、貯蓄率が40％を上回って、実質成長率が実質金利を超えても、2010年の実質消費は、黄金律水準に比べてかえって低下してしまうのである（図11-A1）。

それでは、貯蓄率が40％を超えるケースについて、もう少し詳しく見てみよう。

貯蓄率が40％を超えて資本蓄積が促される

と、2010年の実質消費は減少するが、2010年の実質GDPは依然として上昇していく。しかし、資本蓄積の規模がいくら拡大しても、資本効率が落ちているので、実質GDPはそれほど増加せず、その結果、実質消費の増加に貢献しないのである（図11-A2）。

ここで、「**ある経営者との対話**」の解題において、（戸独楽先生に憑かれた）私が説明した以下の式（いわゆる**FC式**）のことを思い出してほしい。

$$\frac{\text{将来の消費の平均水準}-\text{現在の消費水準}}{\text{現在の消費水準}}=\frac{\text{現在の純設備投資水準}}{\text{現在の消費水準}}$$

右の**FC式**について注意してほしい点は、消費と投資の関係について、プラスの純設備投資が将来の消費の改善を示すのは、資本蓄積水準が黄金律の水準を下回っている状況だけであるという点である。マクロ経済が黄金律を超えて資本を蓄積している場合、いくら資本設備を積み上げても、現在の消費に比べて将来の消費がかえって減少してしまう。

なお、「私」が「官僚」**Y**に対して展開した議論は、「**ある中央銀行総裁の請願**」の解題において、（戸独楽先生に憑かれた）私が説明したロジックとまったく同じである。

それにしても、第11篇への解題は、無味乾燥で退屈なものになってしまった。「なぜなのか」と理由をあらためて考えてみるに、元気のないころの先生のご指示で書いたメモを基にしたからであろう。この解題の文章には、「先生に取り憑かれたところ」がまったくないということなのかもしれない。

〈参考文献〉

齊藤誠、2006、『成長信仰の桎梏：消費重視のマクロ経済学』、勁草書房。
齊藤誠、2014、『父が息子に語るマクロ経済学』、勁草書房。

エピローグ（第12篇）

エコノミストの手帳

いつか、日々記録した経済統計に感想を寄せた『わが手帳より』というような作品を書いてみたい。

私は、経済学部から大学院に直接進んだわけではなかった。1983年にいったん大学を出て、ある信託銀行に入社した。最初、京都支店に勤めたが、その翌年、大阪本店調査部に異動した。当時、入社2年目で営業店から調査部に異動することは、けっして芳しいことでなかった。営業失格の烙印が押されてしまい、調査部の仕事で芽が出なければ、それで御仕舞という、結構、切羽詰まった位置に立たされたからである。ただ、じたばたしても仕方がなかったので、居直って日々の仕事に向き合った。

毎日の仕事は、単調だった。私の担当は、ありとあらゆる新聞を読んで、日誌を書くことだった。毎朝、私の机には、朝日、毎日、読売、日経、産経などの主要邦紙はもとより、政党、宗教法人、過激な政治団体などが発行する機関紙、さらには、Wall Street JournalとFinancial Timesの英紙が置かれていた。朝早くから、それらの新聞のページを繰っていると、昼食前には、手が真っ黒になった。長袖のワイシャツを着ているときは、両腕とも、黒地の袖抜きでひじから先の部分を覆ったが、それでも、ワイシャツは汚れた。

銀行経営にかかわると思われる記事は、赤鉛筆で囲って、分類番号を付した。それらの記事は、上司が選別した上で役員回覧に付された。英字記事が役員回覧の対象となった場合は、記事の抄訳も命じられた。当時は、まだまだワープロが普及していなかったので、私が手書きした訳文を、達筆の女性事務員が清書した。

最初のころは、すべてを読み終えるのが、昼食をはさんで、午後3時ごろだった。その後、

図12-1: 西テキサス産原油（WTI）の価格
（単位：米ドル／バレル、出所：IMF）

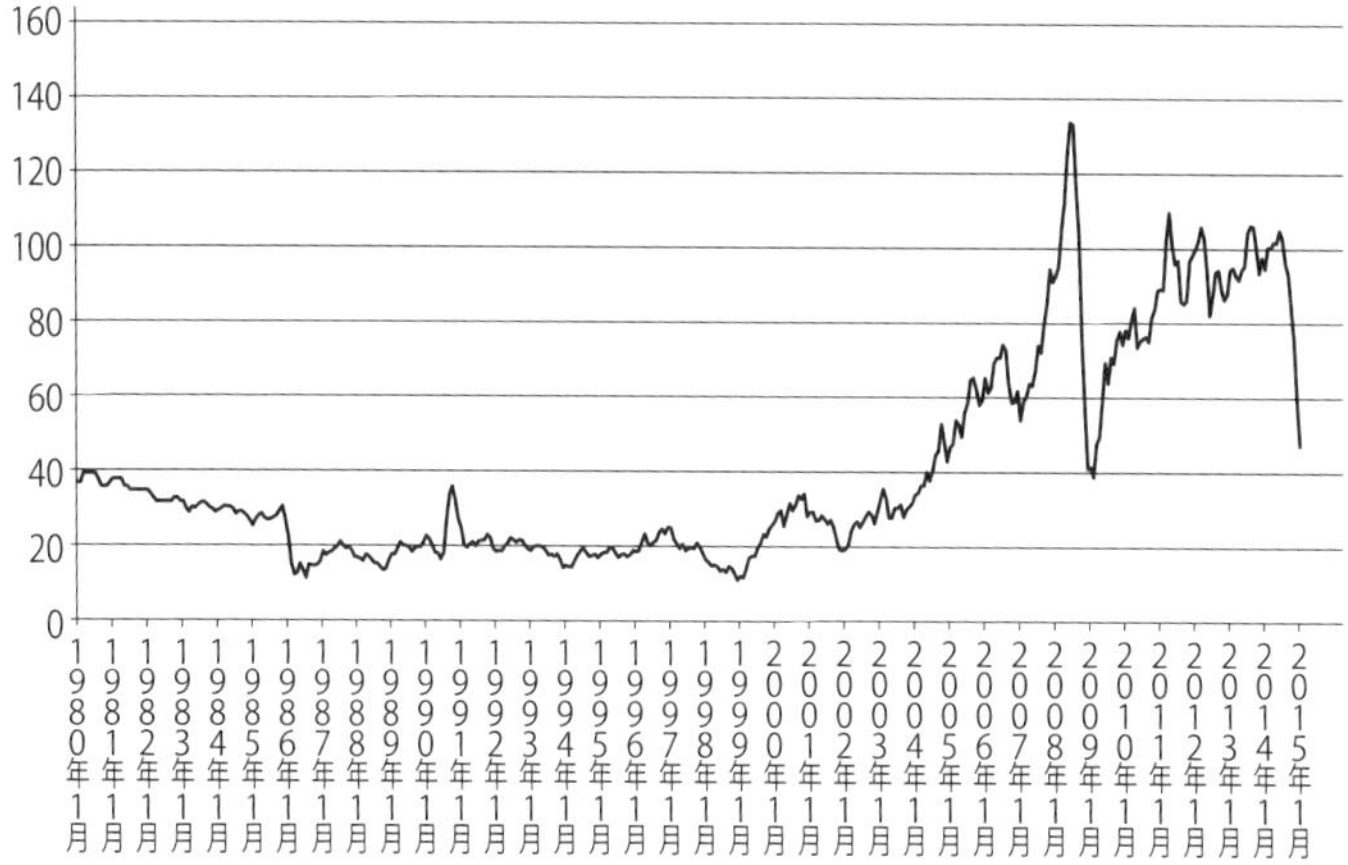

国内と国外に分けて、関心を引いた時事を日誌に記した。とはいっても、見出しに毛の生えた程度の文章をメモ書きする程度だった。月末には、日誌に書かれた事項の中から、国内外で重要と思われる事項を15件から20件ほど、ピックアップして、調査部月報の最終頁にある「その月の出来事」の原稿を作成した。私の上司は、日誌にも、「その月の出来事」の原稿にも丹念に目を通していた。私の選択に不足や余分があると叱られたが、「いい選択だ」とほめられた記憶はまったくなかった。

このように単調な日々が、1984年春から1987年夏まで続いた。新聞記事から日誌を書く仕事に慣れてくるにつれて、経済統計の数字を手帳にメモする癖がついた。後から振り返ってみると、この時期に経済時事や経済統計に日々向き合ってきたことが、私自身の経済観に大きな影響を及ぼしたと思う。

　当時は、１９８０年代初頭から先進国が展開してきた金融引き締めによる高金利で、債務を負っていた南や東の国々は、悲鳴をあげた。その影響の一つなのだが、資金繰りに困った南や東の国々が、資金捻出目的で自国の一次産品を放出するようになって、一次産品価格の値が崩れた。

　もちろん、当時の手帳は残っていない。おそらくは、ＩＭＦが毎月、公表している西テキサス産原油（ＷＴＩ）の１バレル当たりの米ドル価格の相場に近い数字が、私の手帳に羅列されていたのだろう（図12-1、編集者注―編集者が作成したもの。筆者は執筆時に２０１４年以降の原油価格下落を観察していない）。

		ドル／バレル
１９８５年	10月	29・58
	11月	30・80
	12月	27・18
１９８６年	１月	22・86
	２月	15・40
	３月	12・48

4月	12・85
5月	15・42
6月	13・56
7月	11・57

1985年末から1986年半ばにかけての原油価格の暴落は、それまでの経緯を知っている人々にとって驚きだった。

1973年10月の第4次中東戦争が契機となって、原油価格は、1974年初には、2ドル／バレル前後から12ドル／バレル近くに上昇した。さらには、1978年12月のイラン石油輸出禁止を契機として、13ドル／バレル弱から40ドル／バレルまで高騰した。1981年にイランが石油輸出を再開するまで、1バレル40ドルの相場が続いた。後になって、1973年10月からの原油価格高騰は**第1次石油ショック**と、1978年12月からの高騰は**第2次石油ショック**とそれぞれ呼ばれるようになった。

1986年半ばの原油価格水準は、第2次石油ショックで40ドル／バレルにまで達した原油価格が、そのショック以前の水準にまで戻ったのである。

原油価格に先立って円／ドルの為替レートも、大きな修正を強いられた。1985年9月22日、日、米、英、西独、仏の財務大臣と中央銀行総裁が会して、ドル高是正の協調介入が合意されたことが、ドル暴落・円高騰のきっかけであった。この合意は、会議が開催されたニューヨークのホテルの名前にちなんで**プラザ合意**と呼ばれた。

プラザ合意直後のたった1日間で、円/ドルレートは、255円から235円へと20円の円高となった。その後には、以下のような数字が、私の手帳に並んだのだと思う(図12-2、編集者注―編集者が作成したもの。筆者は執筆時に2014年以降の外国為替相場を見ていない)。

		円/ドル
1985年	10月末	211・80
	11月末	202・05
	12月末	200・60
1986年	1月末	192・65
	2月末	180・45
	3月末	179・65
	4月末	168・10
	5月末	172・05
	6月末	163・95

図12-2: 円ドルレート(17時時点の月中平均)の推移
(単位:円／米ドル、出所:日本銀行)

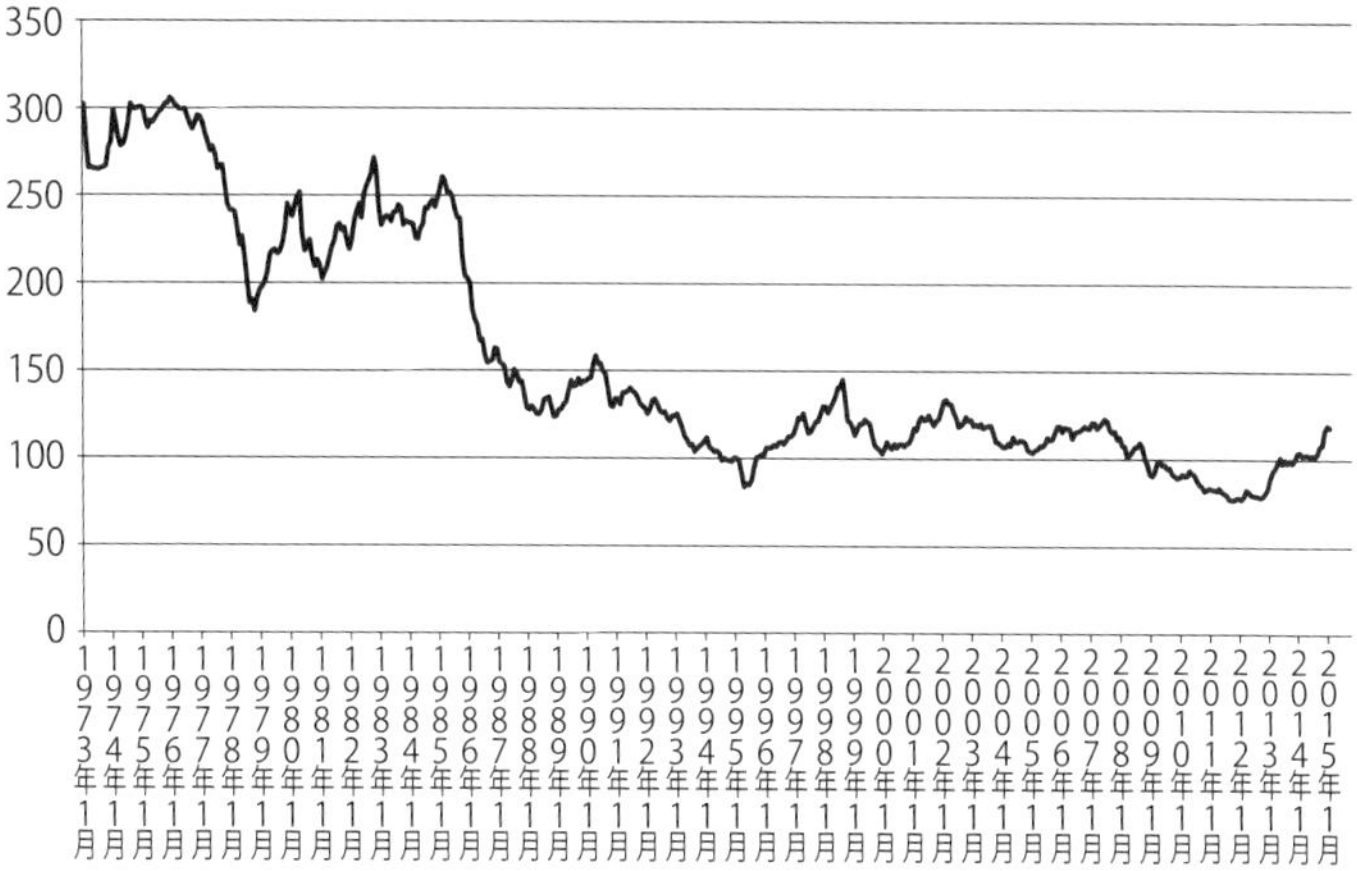

７月末　１５４・１５
８月末　１５６・０５
９月末　１５３・６３
10月末　１６１・４５
11月末　１６２・２０
12月末　１６０・１０

１９８７年末には、１２２円／ドルへと、円高がさらに進んだ。

　新米のエコノミストであった私は、急テンポに進む原油安と円高をどのように解釈すればよいのか、大いに迷った。当初は、円高による輸出企業へのダメージを重視した。事実、１９８６年いっぱいまで、円高不況の色彩が強かった。しかし、時間が経過するにつれて、顕著な原油安のメリットの方を重視するようになった。１９７０年代から日本経済を散々痛めつけてきた原油高の状況からの根本的な転換と考えるようになったからである。今となって振り返ってみると、私の判断は、半分当たって、半分外れていた。それでも、**原油価格と円相場を天秤にかけつつ、日本経済の状況を判断する**という〝癖〟みたいなものがついたのだと思う。

調査部に赴任して3年半続いた日誌の記録も、手帳への数字記入も、中断を強いられた。長期の海外留学の機会がめぐってきたからである。最初の1年間は、米国の西海岸、次の4年間は、東海岸に移った。「勉学に没頭したから」といえば、格好がいいが、日誌や手帳などをつけている余裕などまったくなかったというのが実情に近かった。こうした事情は、カナダの西海岸にある大学で教鞭をとるようになっても変わらなかった。

再び日誌と手帳をつけるようになったのは、日本に戻って二つ目の大学に移った1998年春ごろからだったと思う。それからの16年あまりは、「**原油高の時代へ**」と命名しても大げさでないくらい、猛烈な勢いで原油価格は上昇した。毎年末の手帳には、すごい数字が並んだ。

	ドル／バレル
1998年末	11・31
1999年末	26・02

2000年末	28.04
2001年末	19.31
2002年末	29.44
2003年末	32.12
2004年末	43.23
2005年末	59.41
2006年末	62.00
2007年末	91.36

　原油価格が1バレル当たり50ドルを超えた2005年ころから、私は、「為替動向にかかわらず、日本経済は耐え忍ぶ時かな」と観念していた。当時、日本経済は、2002年から始まる景気回復期で楽観的な雰囲気があったが、多くの人に気づかれないままに、交易条件の悪化による海外への大規模な所得漏出に苛《さいな》まれていた。

　この間、「原油高の状況が変わるのではないか」と思った瞬間が一度だけあった。2008年9月15日に米国の投資銀行リーマンブラザーズが破綻して、世界的な金融危機が起きた直後、原油安と円高が急速に進んだ。

		円／ドル	ドル／バレル
2008年	8月	108.80	116.64
	9月	104.76	103.94
	10月	97.01	76.61
	11月	95.31	57.29
	12月	90.28	41.44
2009年	1月	89.51	41.74
	2月	97.87	39.15

しかし、原油価格は、翌年2月に早くも底を打ち、その後は、再び上昇していった。
2011年には、1バレル当たり100ドル前後まで高騰した。

		円／ドル	ドル／バレル
2009年	3月	98.31	47.98
	4月	97.67	49.81
	5月	96.45	59.12
	6月	95.56	69.58

7月	95.61	64.14
8月	92.78	71.06
9月	89.76	69.44
10月	91.11	75.77
11月	86.15	78.00
12月	92.13	74.49

最近、ある出版社の依頼原稿の必要から、１９５５年から２０１２年の期間について、円建て輸出物価を円建て輸入物価で割った交易条件比率を求めてみた。１９９０年基準のデータと２００５年基準のデータを１９９５年のところで接続して、58年間を通じて比較可能な形とした。

かなり考えさせられるグラフだった（図12－3、編集者注―編集者が作成したもの。筆者は、執筆時に２０１３年以降の数字を見ていない）。

１９６０年代は、１ドル３６０円の円安水準に固定されていたにもかかわらず、低廉な一次産品のおかげで交易条件は良好だった。こうした良好な交易条件が高度経済成長を支えていたとも考えられる。それが、１９７０年代には、二度の石油ショックに見舞われて、交易条件が急激に悪化した。

図12-3: 交易条件の推移（1955年から2014年）
（出所：国民経済計算）

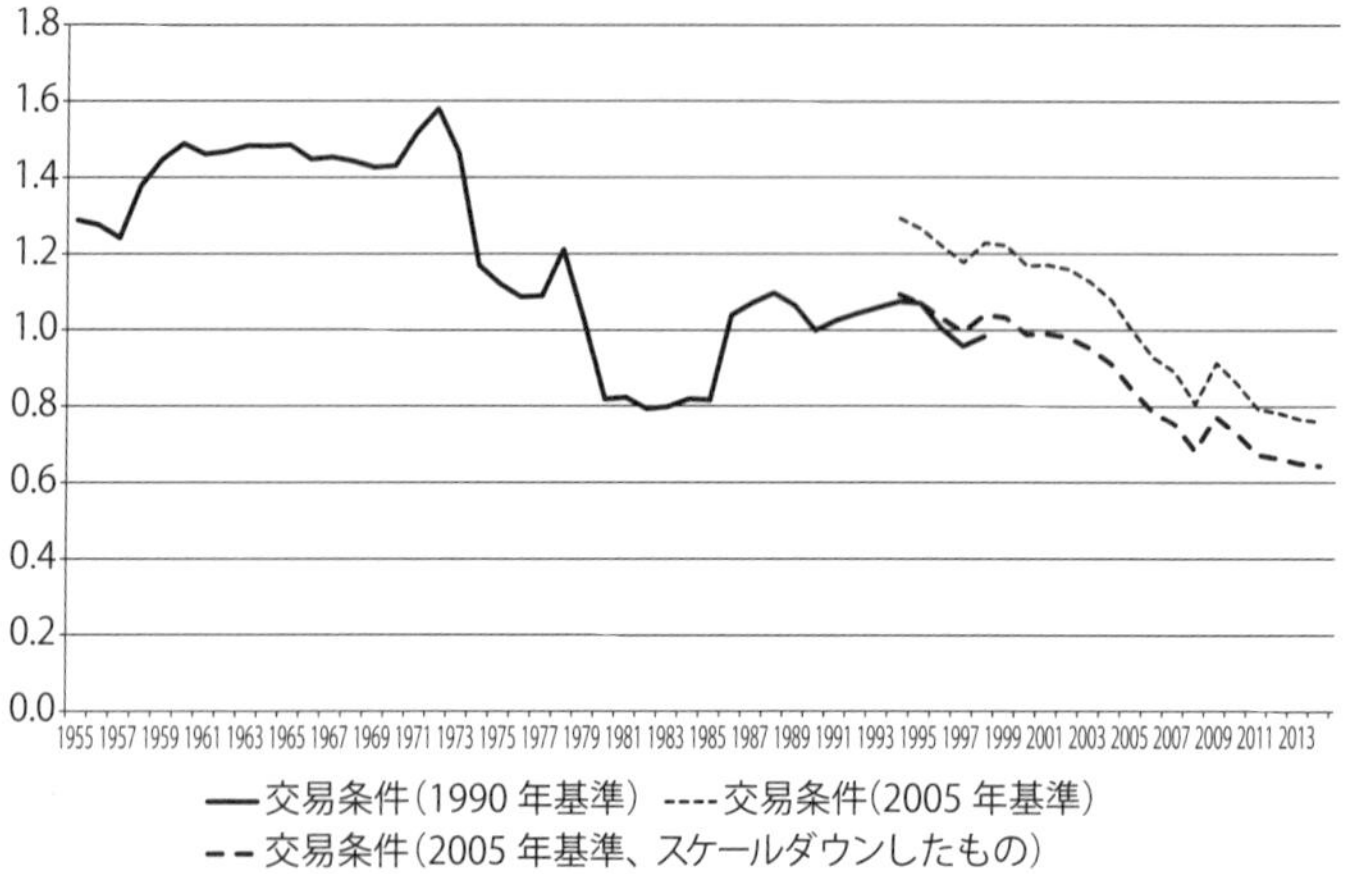

１９８０年代半ばからは、一次産品価格が下落して、交易条件は改善していった。このような状況は、１９９０年代いっぱいまで続いた。しかし、その間、バブル景気に興じた日本経済は、良好な国際環境をうまく活かしたとはいえない。

21世紀に入って、原油をはじめとした一次産品価格が高騰して、交易条件が著しく悪化した。一部の輸出産業の国際競争力が失われ、輸出先通貨建て価格を高めに維持できなくなったことも、交易条件比率の低下に拍車をかけた。

２０１２年の交易条件比率の水準は、１９８０年代前半の水準さえ下回った。要するに、21世紀に入って日本経済が直面した国際環境は、二つの石油ショックに苛まれた１９７０年代から１９８０年代前半よりも厳しいといえる。

日本国内で経済政策に対していつも口やかましくいう人たちは、日本経済を取り巻く国際環境の厳しさについて、どこまで認識していたのだろうか。2011年3月11日に起きた東日本大震災も、こうした厳しい国際環境の中での大規模自然災害であったことに、どこまで自覚的であったのだろうか。2013年10月は、第1次石油ショック40周年だったが、国内メディアに回顧記事は見られなかった。

一方、日本経済のそれぞれの現場には、厳しい国際環境に必死に適応していかざるをえない現実もあった。いくつもの経済統計の数値は、日本経済が、どうにかこうにか国際環境に適応して、安定を保ってきたことを示してきた。

ただし、国家債務は、別なのだが…

ところで、2012年末、実家に戻った時に、亡くなった父の書架から筑摩書房の現代日本文学全集に収められている『永井龍男集』を持ち帰って以来、永井の作品にはまってしまった。古本屋から永井作品を何冊も買い込んだが、その中に含まれていた『わが切抜帳より』(講談社文芸文庫)は、永井が日々の新聞・雑誌の切抜きへ感想を重ねたものである。11年間の中断をはさんで、その前に3年半と、その後に16年あまりの間、手帳にメモを重ねてきたが、今後も続けていくと思う。いつか、日々記録した経済統計に感想を寄せた『わが手帳より』というような作品を書いてみたい。

第12篇への解題

本書の最後の短篇となる「**エコノミストの手帳**」は、几帳面な戸独楽先生にしては、とても雑な原稿であった。統計数字を羅列しているだけかと思うと、文中で図を指示しながら、肝心要の図が用意されていなかったといった始末である。最近の動向についても、言及がほとんどない。挙げ句には、「いつか、『わが手帳より』を書いてみたい」と呑気なことをおっしゃっている。

すでに、「経済学小説」を執筆することに飽き始めていたのかもしれない。先生の原稿が極端に雑な分だけ、図表の準備なども含めて、私が受け持つ解題の方で補わなければならないことが途端に増えてきてしまう。

なんと難儀なことであろうか…

たとえば、2012年後半からの為替動向のところも、いつもの先生なら次のように筆を振るわれたのではないだろうか。

確かに、2012年後半に入って、円安傾向が加速した。

	円／ドル
2012年6月	79・27
12月	83・60
2013年6月	97・52
12月	103・42
2014年6月	102・05
12月	119・29
2015年1月	118・25

しかし、こうした円ドル為替相場は、2002年代前半の130円／ドルに比べると、まだまだ円高であるといった意見もある。本当にそうであろうか。

なるほど、円／ドルの交換レートで表された外国為替相場が上昇して円安になると、米国製の価格が上昇し、日本製の価格が割安になる。しかし、円ドル相場自体は、米国製の価格と日本製の価格の相対比を直接的に表しているものではない。もし、両者の価格の相対比を正確に表そうとすれば、次のように、円換算した米国製の価格と日本製の価格の比を求める必要がある。

$$\frac{\text{円換算した米国製価格}}{\text{円建て日本製価格}} = \text{円／ドルレート} \times \frac{\text{ドル建て米国製価格}}{\text{円建て日本製価格}}$$

すなわち、円／ドルレートに、ドル建て米国製価格と円建て国内製価格の比率$\left(\frac{\text{ドル建て米国製価格}}{\text{円建て日本製価格}}\right)$を掛けあわせたものこそが、正確な両国の価格比となる。こうして定義された価格比が上昇すると、米国製価格が日本製価格に比べて割高になって、正味でドル高・円安になっていると解釈することができる。

経済学では、円／ドルレートを**名目為替レート**、両国の価格比を掛けあわせた円／ドルレートを**実質為替レート**とそれぞれ呼んでいる。要するに、円高か円安かを判断するには、名目為替レートでなく、実質為替レートに着目しなければならない。

たとえば、名目為替レートで見ると、2002年初は1ドル130円強、2014年末は1ドル120円弱で1割強の円高が進行した。しかし、同じ期間に、日本の消費者物価水準はほぼ横ばいだったのに対して、米国の消費者物価水準は3割以上上昇したので、実質為替レートで見ると、約2割の円安が進行したことになる（(1－0.9)×(1＋0.3)≒1.2)。

こんな調子で筆を進めて、円ドルレートについて名目為替と実質為替を比較した図12-

図12-A1: 名目と実質の円ドルレート
（単位：円／ドル、出所：日本銀行、米国労働統計局）

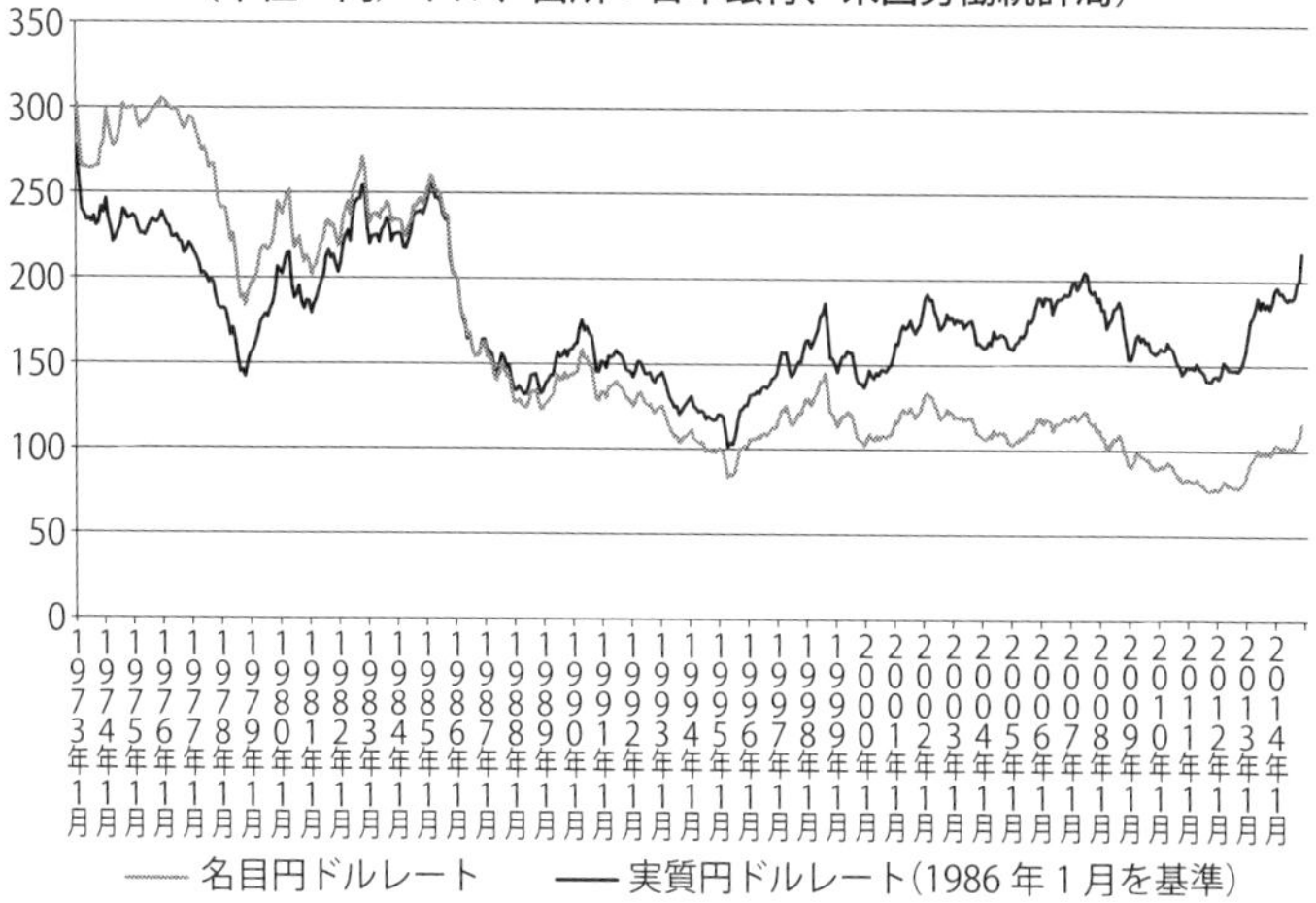

Ａ１のようなグラフを作成したであろう。このグラフは、１９８６年１月に名目為替レートと実質為替レートが一致するように両国の消費者物価指数を調整している。

図12－Ａ１で実質為替レートの推移を見ると、２０１２年後半以降に進行した円安傾向は、長期的に見ても顕著な円安ということになる。２０１４年11月は２１６円／ドルの実質水準だったが、この水準は、１９９８年や２００７年の実質為替レートよりも円安で、１９８５年９月のプラザ合意直前の円安相場に匹敵している。繰り返しになるが、２０１４年末の円相場は、実質為替レートで見ると歴史的な円安水準だったのである。

「**エコノミストの手帳**」には、こうした歴史的な円安相場が日本経済に及ぼす影響について何も言及していない。しかし、戸独楽先生は、2013年3月12日に「**最近のマクロ経済情勢について**」というタイトルの興味深いメモを、関係者の間で回覧された。私も見せていただいた。そのメモでは、「円高是正のインパクト」についても議論されていた。その部分を以下に引用しておこう。

> 最近のマクロ経済情勢について
>
> 2013年3月12日
> 戸独楽戸伊佐
>
> **1 【円高是正の背景】**
>
> （略）
>
> **2 【円高是正のインパクト】** しかし、円高是正は、「円安⇓株価上昇」を超えて、マクロ経済活動に大きな影響を与えるとはいいがたい。
>
> 国際競争の激化で契約通貨ベースの輸出価格の値下げ余地が限定されている（輸出企業は値下げ競争で消耗しきっている）。
>
> 依然として高水準の一次産品価格を背景として契約通貨ベースの輸入価格は高止ま

りしている。

その結果、リーマンショック以降の円高進行と、それに続く円安進行にもかかわらず、交易条件（円通貨ベース輸出価格／円通貨ベース輸入価格）は、過去2年間安定的に推移している。

したがって、円高是正の直接的なインパクトは、輸出企業の収益増、輸入企業のコスト増にとどまって、輸出数量や輸入数量に顕著な影響を及ぼすとは考えにくい。

3【金融政策とインフレ期待】（略）

4【米国のマクロ経済情勢との比較】（略）

5【いわゆるアベノミクスの評価】（略）

6【今後懸念すべきこと】 現在のところ、今夏までの経済情勢のみが注視されているが、財政出動、震災復興の加速、消費税増税による消費の前倒しで需要が堅調である今年度の経済情勢よりも、そうした総需要下支え効果が失われ、財政再建が本格的に議論される来年度以降の経済情勢について、もっと、もっと注視すべきである。

メモの項目2の「円高是正のインパクト」では、円安が輸出拡大にただちに結び付かないであろうと予想している。その理由は、メモでも触れられているが、若干、説明が必要になるかもしれない。

貿易契約では、契約に用いられている通貨が、ドルなどの外貨であることが多い。そうしたことを配慮して、輸出物価指数は、契約通貨ベースの指数と、それを円換算した円ベースの指数に分けられている。もちろん、輸出先で提示される価格は、契約通貨ベースのものである。

通常、円高が進行すると、日本の輸出企業は、円ベースで収益を確保しようとするので、契約通貨ベースの価格を値上げし、その分、日本の輸出製品は価格競争力が失われる。逆に、円安が進行すると、契約通貨ベースの価格を値下げし、その分、日本の輸出製品の価格競争力が高まる。

先生が注目されていたのは、図12-A2が示すように、円高であった2011年、2012年のときに、円高の進行度合いに比べて、契約通貨ベースの輸出物価が値上げされなかった点である。いくつもの理由があるが、激しい国際競争にさらされた電気・電子機器を中心として、現地での値上げがままならなかったばかりか、値下げを強いられてきた事情が大きい。

先生は、2013年初めの時点に立って、その事実を裏返しながら、今後、円安が進行し

図12-A2: 輸出物価指数と円ドルレート
（単位：2010 年基準、出所：日本銀行）

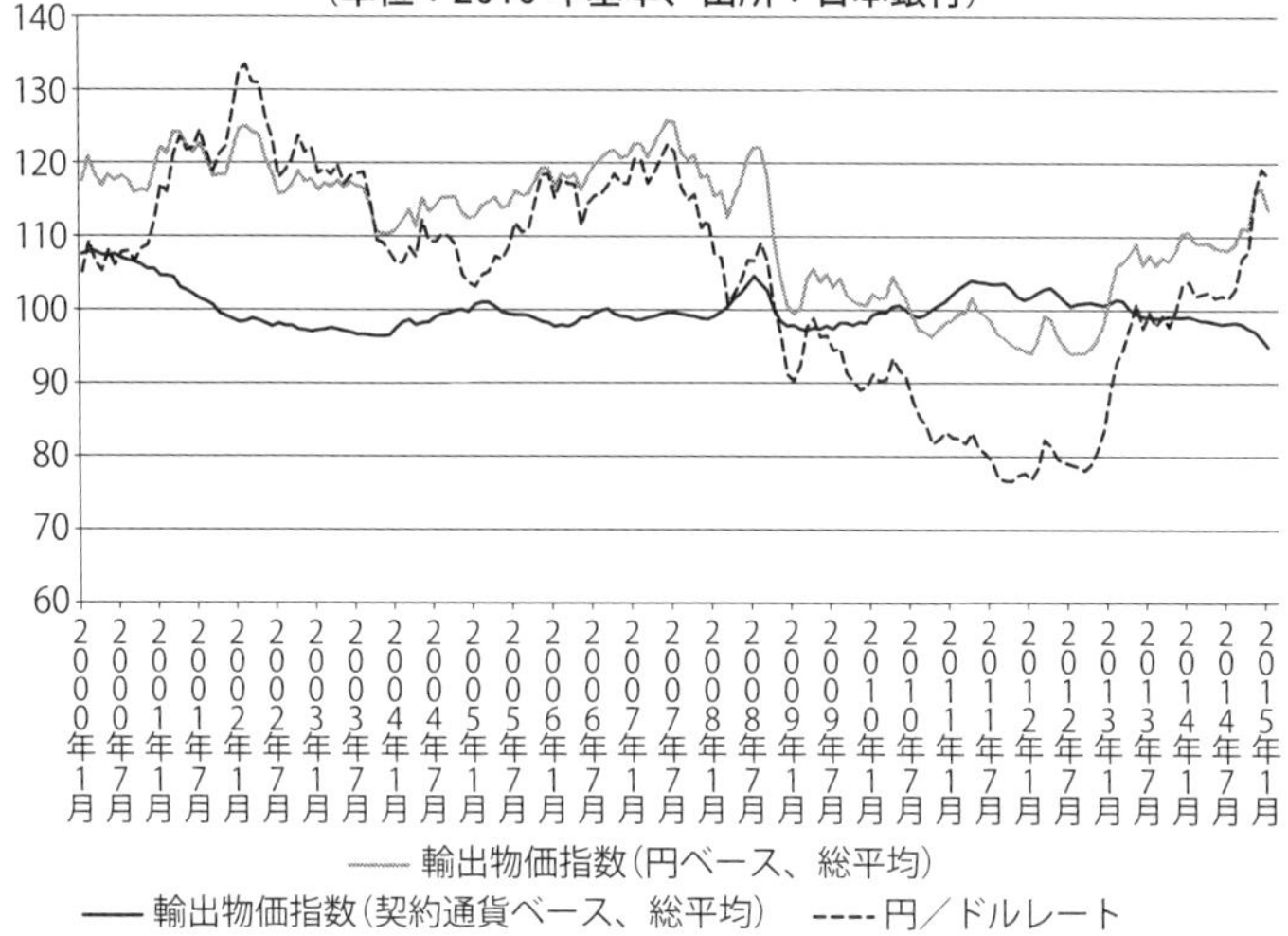

ても、それまでに値上げを断念せざるをえなかった輸出企業には、値下げをして、輸出攻勢に出る余地があまりないのではないかと考えられた。事実、２０１３年から２０１４年秋ごろまでは、契約通貨ベースの輸出物価がほぼ横ばいで推移した。財務省の貿易統計で輸出数量指数を見ても、２０１２年に91・6だったものが、２０１３年に90・2、２０１４年に90・7と低迷した。

ただし、２０１４年末ごろになって変化の兆しも見られるようになった。図12-A2が示すように、契約通貨ベースの物価指数が、２０１４年末から２０１５年初にかけて低下してきたからである。それにともなって、毎月公表される輸出数量指数も徐々に回復してきた。

図12-A3: 交易利得損失／実質GDPの推移(1955年から2014年)
(出所：国民経済計算)

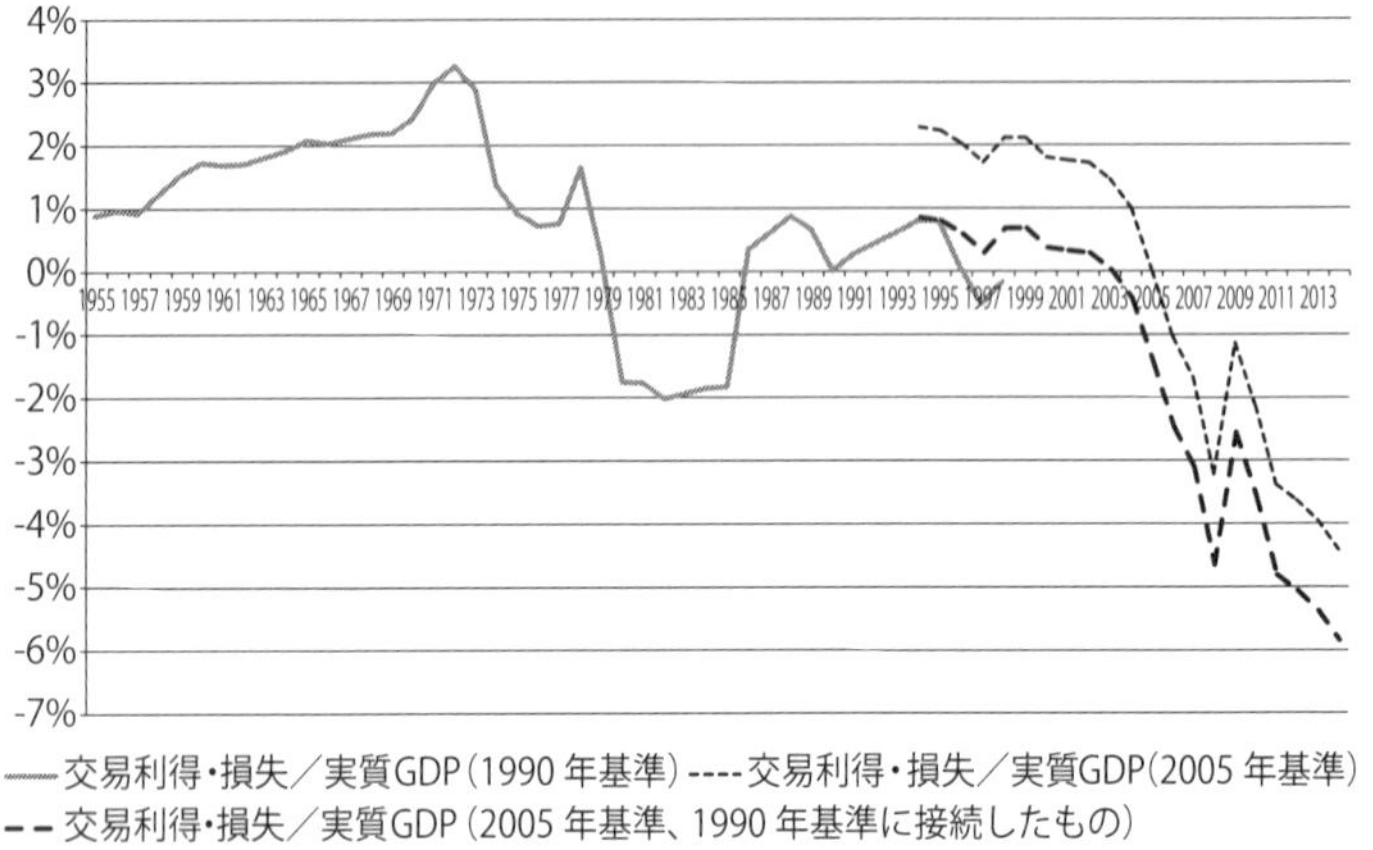

以上のことをまとめてみると、「円安⇓輸出拡大」とならなかった背景を十分に理解していれば、「円安⇓輸出拡大」に転じる契機も、いち早く見つけ出すことができるということなのかもしれない。

同じことは、交易条件と景気動向の関係についてもいえるであろう。日本経済をさんざん傷めつけてきた背景が交易条件の悪化であったことを十分に理解していれば、交易条件の改善で景気が回復する契機も、いち早く見出すことができるからである。

先生は、**「元経済官僚の手記」**でも、日本経済が直面する交易条件の悪化について懸念を示されてきた。ここで、21世紀初頭の交易条件の悪化によって、どの程度の規模で国外に所得が漏出したのかをあらためて数値で確認しておきたい。

「**元経済官僚の手記**」の解題でも説明したように、交易利得損失という概念が、実質所得の国内流入・国外漏出の規模を示している。図12－A3では、交易利得損失の対実質GDP比の推移が描かれている。なお、この図では、1990年基準のデータと2005年基準のデータを1995年のところで接続して、1955年からの期間について交易利得損失の規模を比較できるようにしている。

ただし、注意してほしいのは、交易利得損失は、基準年からの相対的な規模を指していて、その水準自体に意味がないという点である。交易利得損失は、その変化に意味があって、それが増加すると、「所得が国内に流入している」と考え、それが減少すると、「所得が国外に流出している」と考えるのである。

図12－A3が示すように、2度の石油ショックに見舞われた1970年代は、実質GDPに対する交易利得損失の比率は、プラス3％からマイナス2％に5％の幅で低下した。一方、21世紀に入って、同比率は、0％近傍からマイナス6％まで低下して、低下幅は6％に達した。すなわち、21世紀に入って交易条件の悪化で国外に漏出した（相対的な）所得規模は、二度の石油ショックによる交易条件の悪化で国外に漏出した所得規模を上回った。

このように見てくると、21世紀に入って日本経済を傷めつけてきた交易条件の悪化がいかに深刻であったかが分かるであろう。

しかし、こうした交易条件の悪化にも、変化の兆しが見えてきた。図12－1が示すように、輸入原材料価格を代表する原油価格が、2014年の半ばごろから低下し始めたのである。先生風に1バレル当たりの原油価格の推移を羅列してみよう。

		ドル／バレル
2014年	6月	105・2
	7月	103・0
	8月	96・4
	9月	93・3
	10月	84・4
	11月	75・7
	12月	59・1
2015年	1月	47・6

要するに、原油価格は、半年あまりの期間で、1バレル当たり100ドル強から50ドル弱へと半分以下になった。当然ながら、こうした原油価格の下落は、輸入物価を押し下げる方向に働くので、交易条件を改善することに貢献する。

日本銀行が毎月報告している輸出入物価指数で交易条件の推移を描いてみると（図12-

図12-A4: 交易条件（輸出物価指数／輸入物価指数）
（単位：2010年基準、出所：日本銀行）

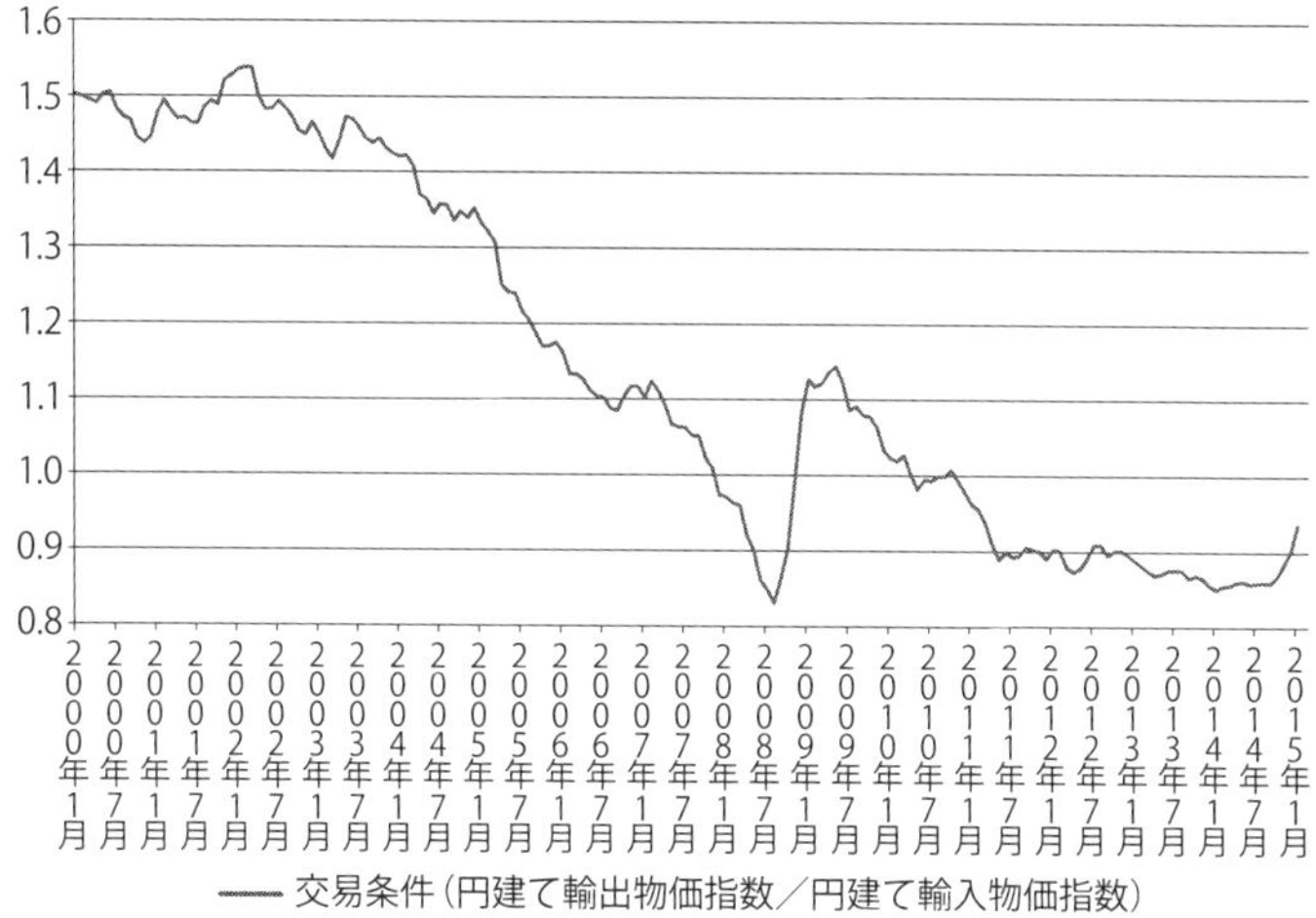

A4）、2014年10月ごろから交易条件が徐々に改善していることが確認できる。

先生がすべての原稿を脱稿されて、私の前から姿を消されたのが、2014年の初めだったので、当然ながら、先生に2014年半ば以降の原油価格下落に関するお考えをお伺いすることはできなかった。

しかし、先生は、その手がかりを残しておいてくれた。先生は、「父」と「息子」が日本経済をめぐって対話する著書の原稿を2013年末までに脱稿されていたのだが（残念ながら、他社の出版企画であった）、そこには、非常に興味深いくだりがある。「父」が「息子」に向かって、「日本経済の交易条件がずっと悪化したままというわけではない」とやんわり示唆しているのである。

長い文章となるが、以下に引用しておこう。中江兆民の『三酔人経綸問答』にならって、戸独楽先生の父子問答にも眉婓《びひ》（頭注の意味）を付しておこう。

父：日本経済が21世紀に入って抱えた経済問題はますます深刻になって、原材料価格の高騰という厳しさに加えて、日本の企業が輸出先現地で厳しい国際競争にさらされるようになった。

２００８年秋のリーマンショック後の円高でも、いったん改善した交易条件はすぐに悪化した。

２０１２年後半以降の円安環境では、海外要因（原材料の高騰と価格競争の激化）が支配的となって、交易条件が悪化したままだった。

息子：２０１１年以降は、原油価格高騰とともに、福島第一原発事故による全原発運転停止の影響も加わって、エネルギー輸入コストの増大で貿易収支赤字が恒常化した。

いつかお父さんがいっていたことの聞きかじりだけど…

父：正確にいうと、原発の運転停止そのものが貿易収支に大きな影響を及ぼしたというよりも、エネルギー情勢が逼迫する中で原発停止の影響がよりクローズアップされたといった方がいいかもしれないな。

息子：それほど違いはないと思うけど、まぁいいや。

「息子」は、「父」にかなり洗脳されている。

「父」は、「息子」の言葉にすくなからず傷ついている。

父：その意味では、2つの石油ショック直後の2年間を除いて貿易収支黒字を確保できた1970年代よりもいっそう厳しい状況にあるのかもしれないな。

息子：お父さんにまたこんなことを聞いていいのかどうか分からないけれど、日本経済の深刻な問題に現在進行形で接していて、経済学者のお父さんとしては、どう考えてきたの。

父：君の質問に対して、まったく答えになっていないけれど、これまで一連の講義で君と対話してきたように、正確に理論を学んで、丁寧にデータを取り扱っていくことで、日本経済の諸問題に向き合っていくしかないと思っている。

有効な政策処方箋なぞ、簡単に書けるわけはないと思う。

息子：お父さんがそんなことをいってしまえば、経済学者失格ってことじゃない。

ゴメン、いいすぎたと思う…

父：そのようにいうことは、それに対して批判されることも含めて、経済学者の仕事だと、父さんは思っているよ。

確かに、君がまさに生きている日本経済は厳しい状況にある。

息子：まさに、そこが、僕の聞きたいところだよ。

たった20年しか生きていない「息子」が、「10年単位」でものを考えることができれば、本当に立派だが、立派すぎる感じもする…

父：それでは、君は、そうした厳しい状況がずっと続くと思っているのか？

息子：えぇーと…

日本経済を取り巻く国際環境を見ても、1960年代の黄金期、70年代の地獄、80年代前半の調整期、80年代後半から90年代の良好期、2000年代の再度の地獄…

確かに、10年単位で大きく動いている。

ということは、10年の時間単位でみれば、今の状況も、「ずっと」と考える方が不自然…

父：そういうことが見えてきただけでも、将来の日本経済を考えるのに、ずいぶんと見通しが良くなるんじゃないかな。

それに、そうした見通しを持つために必要な経済学の知識は、そんなに難しいわけではない。

息子：僕には、とても難しかったけど…

父：でも、こうして議論できているじゃないか。

また、そうした見通しを持つために必要となってくるデータも、公表されているものばかり。インターネットですぐにダウンロードできるし。

交易条件指標なんて、割算ができれば、簡単に計算できる。

「潮目」などという言葉を持ち出している「父」は本当に経済学者失格ではないか…

古い「国民経済計算」では、交易利得・損失をはじいてくれていないので、自分で計算しなければならないけれど、第4講で習ったように、そんなに難しくない。四則計算の範囲だよね。

息子：そうだけど…

父：父さん自身、30年以上、日本経済や国際経済に向き合ってきて、そうしたマクロ経済学の知識にどれだけ助けられたことか…

ややや無責任な言い方をすれば、「良い時も、悪い時も、ずっと続かない」っていう感覚って結構重要だと思うんだな。

息子：そういうものかなぁ…

父：ただ、良い時から悪い時へ、悪い時から良い時への「潮目が変わる時期」を見極めるのは、マクロ経済学を勉強していれば、事足れりというわけにはいかない。

父さんは、マクロ経済学は人並みにできると思っているけど、潮目が変わるのを見極めるのは、まだまだ。

息子：どうすればいいの。

父：すごく無責任な言い方になるけど、数々の書物を読み込み、日々の新聞の端々に目を通す。周囲の人々と議論することも、欠かせない。もちろん、統計数字からも目を離せないね。

「息子」が「父」を評価するとは、なかなかできないこと。

今の時代、日本語だけじゃなく、英語でも。父さんは、身につけられなかったけど、英語の他に、もう一つ外国語をマスターするのも、これからは必要じゃないかなぁ。

息子：要するに、「勉強しろ」ってこと？

父：そうはいわない。「学問を楽しんだら」と誘っているだけなんだけど…

息子：お父さんとこうして話していると、不思議な気がしてくる。

日ごろ、テレビや新聞で目にする、政府の経済政策が良いとか、悪いとか、政策担当の政治家の決断が早いとか、遅いとか、政権にアドバイスする経済学者が優れているとか、劣っているとかの騒々しい議論とはまったく別の次元で、複雑な国際情勢の中で、とてつもなく大きな力、誰も抗することができない力が、日本経済に対してジワッと働いているように感じてしまう。

父：ジワッとか。

確かに、そうかもしれないな。

「経済学という理屈を通して現実を見る」とは、そうしたジワッと現実に対して働いている、ややもすると〝目に見えにくい力〟を、〝目に見える形〟にしていく作業かもしれないね。

そういう作業を大前提に、日本経済で経済活動を営む一人ひとりが、何をなすべきかを考え、やれることはやるべきなのだと思う。

息子：お父さんが、東日本大震災の直後から原発事故に取り組んでいて、2013年になると、再稼働についても踏み込んだ発言するのを見ていて、「なぜ、専門外の経済学者が？」という思いが正直あったんだけど、今回の講義を聞いていて、その理由が何となく分かった気もする。

父：そうか。

いずれにしても、理論を正視し、データに向き合い、できるかぎり考えていくしかないのだと思う。

個々人のレベルでは、それしかできないのだと思う。

戸独楽先生は、多くの人たちが円安で輸出は拡大するだろうと予想していた2013年春に、「輸出は簡単に伸びないよ」といわれたかと思うと、多くの人たちが原油価格は高止まりするだろうと予想していた2013年末に、「原油価格の潮目も変わるかもよ」とつぶやかれた。

実に不思議である。

原稿をいただいたときには、編集者として不満ばかりの「**エコノミストの手帳**」であったが、本篇の中にこそ、その不思議を解くヒントがあるのかもしれない。

先生は、毎日、数字を手帳に書き込むという単純な作業を続ける覚悟をされているのだと思う。あるいは、1955年から現在までの日本経済の歩みに対して、「良い時もあれば、悪い時もある」とあっけらかんとしておられる先生にとっては、1990年代後半以降どころか、戦後日本経済が、丸ごと、〈定常〉の風景の中にあるのかもしれない。

いずれにしても、「理論を正視し、データに向き合い、できるかぎり考えていくしかない」と観念されているのであろう。もし、この場におられたならば、「政府とか、野党とか、国民とかといったことに配慮や遠慮をしたり、それらのいずれかの利害の中に入り込んでしまうと、経済を虚心にみることができなくなって、『良い時』から『悪い時』への、あるいは、『悪い時』から『良い時』への潮目の変化など、まったく見きわめられなくなるんだよ」とおっしゃったかもしれない。

（参考文献）

齊藤誠、2014、『父が息子に語るマクロ経済学』、勁草書房。

途中で編集者から読者へ——「あなたが戸独楽先生ですか？」

原稿を印刷所に入れる間際に、編集部長に呼び出された。昨日の役員会の席で、専務が「今度は娘のために」と戸独楽先生がいわれていたわりには、「娘さんの出番がまったくない」と指摘したそうである。上司には、「お前、どうにかしろ。これは専務命令だ」といわれた。思案の挙句に先生からいただいたメモリーにあった「消費税増税をめぐる家族会議」という書きかけの原稿を私の方で再構成して、**「父が娘に語る消費税増税」**という新たな一篇を加えることにした。

上司は、もう一つ厄介なことをいい出した。同じ役員会の席で、社長が「立退《たちのく》君の『解題』はなかなかいいね。いっそ、彼にも小説を書いてもらえ」と発言したそうである。「立退」は私の苗字である。上司には、「お前、書いてみろ。これは社長命令だ」といわれた。今度は、専務命令から社長命令に格上げされた。それにしても、難題だった。私は、上司に「なにか、ヒントをください」とお願いすると、彼は、「戸独楽先生が、〈定常〉と『非定常』の相性が悪いといわれるんだったら、『非定常』の試みが頓挫した物語でも書いてみたらいいじゃないか」というのであった。仕方なく、**「第二日銀の創設と閉鎖―その顚末」**という途方もない物語を書くことにした。

「**…その顚末**」を脱稿すると、出来栄えに感心した編集部長には、「お前、もう一本書いてみろ。これは部長命令だ」といわれた。今度は、社長命令から部長命令に格下げだったが、仕方なく、「**課題作文『先生、『おカネ』が消えてしまいました！』**」を書くことにした。戸独楽先生の「**ある中央銀行総裁の請願**」からヒントをいただいて、「おカネの過剰と不足」について、もう一枚、面白い風景画を描いてみたくなったからである。本当に困ったことだったが、よそから見れば調子に乗っているように見えて、私から見れば図に乗っているように見えた編集部長は、「ついでだから、お前、ピケティ・ブームに乗って資産課税についても書いてみろ」と2つ目の部長命令を発した。「**国民の資産を狙え！**」と勇ましい題名のものを書くことになった。

私が2週間程度ですべての原稿を脱稿すると、編集部長は、4本まとめて役員回覧に付した。その翌日、社長が編集部の私の机のところにやってきて、「立退君、4つの原稿のいずれも、とてもよくできていますね。ところで、**あなたが、戸独楽先生ですか？**」といったかと思うと、突然、イヒヒと笑い出した。私は、「めっそうもございません。そんな畏れ多いことをおっしゃらないでください」と必死に打ち消した。**そんなことは、虚構の世界でしかあってはならないことだったからである。**社長は、いぜんとしてイヒヒと笑いながら、編集部を後にした。

こうなってくると、なにもかもが、やけくそになってきた。

突然だったが、だれもかれも、先生の奥さまのことなんてまったく考えておらず、奥様がとても不憫に感じられた。そこで、「お前、『**妻が夫を問い詰めるマクロ経済学**』を書け」と自分に対して命じてみた。

これもまた突然だったが、弊社の編集のために、ここまで戸独楽家の方々を巻き込んでおいて、編集者というよりも、一社員として、なにか、深い罪の意識にさいなまれてきた。そこで、フィクションの世界だけでも罪滅ぼしをしようと思い、「**出版社から戸独楽家への招待状、あるいは、父からの招待状**」を書くことも自分で勝手に決めてしまった。私は、先生の「御意向」に沿ったという体裁を繕いたかっただけなのかもしれないが…

いずれにしても、自分の書いたものに「解題」を書くのはなんだかとっても変だったので、番外篇としてまとめた「**父が娘に…**」、「**…その顚末**」、「**課題作文…**」、「**…資産を狙え！**」、「**妻が夫に…**」、「**…招待状**」の6篇には、小説だけを収めることにした。

諸姉諸兄には、読書の途中だと思うが、こうした本書の経緯に対して、読者の寛容を請う次第である。（2015年3月吉日記）

立退 矢園（Yasono TACHINOKU）

番外篇（その1）
父が娘に語る消費税増税

先生のメモリーにあった「消費税増税をめぐる家族会議」の未完原稿は、「おそらくは、2014年4月から消費税が5%から8%に引き上げられ、もしかすると、2015年10月からさらに10%に引き上げられるかもしれないと思われていた2013年の初め、私たちの家では、家族会議を開いた」で始まっていた。

娘：パパに「お兄ちゃんばかりパパから経済学の講義を受けてずるい」といったら、それは、本心というよりも、パパにおべっかを使ったつもりだったんだけど、パパは、本気にとっちゃって、「それじゃ、アーちゃんにも、消費税について講義をしてやるよ。食事のあとに地下の書斎に来なさい」ということになってしまった。こういうのを、「口は災いのもと」っていうのかな。ちょっとおっかないけれど、もう断れないや。どうしよう…

【家族会議の風景】

父：それじゃ、よろしく。

娘：こちらこそ、よろしく。

父：アーちゃんは、2013年初めころに家族会議があったのを覚えているかい。

娘：覚えているよ。消費税が上がる前に何を買おうかって、みんなで相談したやつでしょう。

父：そうそう。おそらくは、2014年4月から消費税が5%から8%に引き上げられ、もしかすると、2015年10月からさらに10%に引き上げられるかもしれないってときだったよね。

娘：私は、すぐに「スマホを買って」といったら、ママとパパから、『スマホは大学に入ってから』と猛反対されて、私のリクエストは却下された。本当に面白くなかった。

父：教育的な配慮さ。

娘：教育的な配慮っていうと、パパが、お兄ちゃんをおどしていたのも覚えているよ。パパは、お兄ちゃんにむかって、「今年大学入試に合格して春から大学生にならないと、来年は、入学金や授業料に消費税が余分にかかっちゃう」っていってたよね。

父：そんなこといっていたかな…もしそうだとすると、父さんは、ウソつきになってしまうね。教育投資に対する政策的な配慮で、大学の入学金や授業料には消費税がかからないんだよ。

娘：大学の先生が子供にむかってウソついていいの。

父：ダメにきまっているじゃないか。父さんも、そのときは知らなかったんだよ。それでも、お兄ちゃんは合格してよかったけれどね…結局、わが家は、何を買ったんだっけ。

娘：その夏に居間のクーラーを買い替えたよ。それと、家族の衣服。ママは、春も、夏も、秋も、冬も、セールのたびに買いあさっていたね。

父：アーちゃんの友達の家ではどうだったかな。

娘：いろいろ。車ってところもあったし、台所のオーブンを入れ替えたってところもあった。

父：値段がかさばるものほど、消費税引き上げ前に買った方が得だよね。

娘：車っていくらするの。

父：ピンキリだよ。１００万円ぐらいのものもあれば、４００万円ぐらいのものもあるよ。

娘：そんなにするんだ。２００万円の車で、消費税が５％から８％に上がれば、６万円の値上げだね。

父：だから、消費税増税前に、車は、飛ぶように売れたんだよ。実は、消費税がかかって、もっと高いものもあるよ。なんだと思う。

娘：わからない…

父：家だよ。土地の分にはかかってこないけれど、家の方にはかかってくるんだ。

娘：家っていくらするの。

父：この家、とっても小さい家だけど、３千万円ぐらいしたかな。土地は、もっとしたけどね…

娘：３千万円だと、３％上がったら、90万円だね。スゴイ！

父：すごいな。だから、14年4月に消費税が上がる前に、マンションは、飛ぶように売れたんだよ。

娘：そうそう、家族会議のことだけど、お兄ちゃんが、「それじゃ、お米を1年分買い置きしよう」っていったら、ママが、大反対したよね。「米俵を置く場所なんて、ウチにはどこにもない」っていって。「古くなったコメは食べたくないわ」っていうのも、ママが反対した理由。

父：そうだったね。

【消費税の引き上げ前と後では…】

娘：それはそうと、これが経済学の講義なの…

父：それじゃ、そろそろ講義らしくしよう。

消費税率の引き上げ前と、引き上げ後では、人々の消費行動は、どう変わるかな。

娘：今まで話してきたことじゃないの。値段が高いものを中心に前倒しで買うってことでしょう。

父：それは、引き上げ前の話だよね。引き上げ後はどうなるかな。

娘：先に買っちゃったんだから、当分、買わないんじゃない。そんなの当たり前のことだよ。

父：それじゃ、その当たり前のことを経済統計データで確かめてみよう。

アーちゃんのいうとおり、当たり前のことが、全国中で起きたんだ。

「国民経済計算」という政府統計を利用すると、日本全体でどのくらい買い物や住宅購入があったかがわかるんだよ。買い物全体の額は、**家計消費**と呼ばれているし、住居の購入額の総計は、といっても建物部分だけだけど、**住宅投資**って呼ばれている。

通常、データは、3ヶ月単位で、1月から3月、4月から6月、7月から9月、10月から12月のそれぞれ3ヶ月間に全国で支出された家計消費額や住宅投資額が記録されているわけ。でも、慣行で、3ヶ月分の数字を4倍して、1年間だとどのくらいになるかって数字に換算して表している。

娘：パパ、待って。もうこんがらがってきた。

父：アーちゃんのお願いでも、ここは待てないな。先に行くよ。

娘：パパって、大学でも人気ないでしょう…

父：もちろん、ないよ。

ここでは、実質と名目の区別や、季節調整とかという話は、横に置いとくよ。

娘：お願いだから、そうして。

父：図B1-1は、**1997年4月に消費税率が3%から5%に引き上げられた前後の家計消費と住宅投資の動き**を見たものだよ。

家計消費は、左目盛りで、住宅投資は、右目盛りだね。

娘：変なことを聞くけど、なぜ、図B1-1って、中途半端な名前が付いているの。素直に、図1とかすればいいのに。

父：こちらの事情だよ。

娘：どんな…

父：だから…要するにだ…、ここの様子を、「**父が娘に語る消費税増税**」って原稿にして、

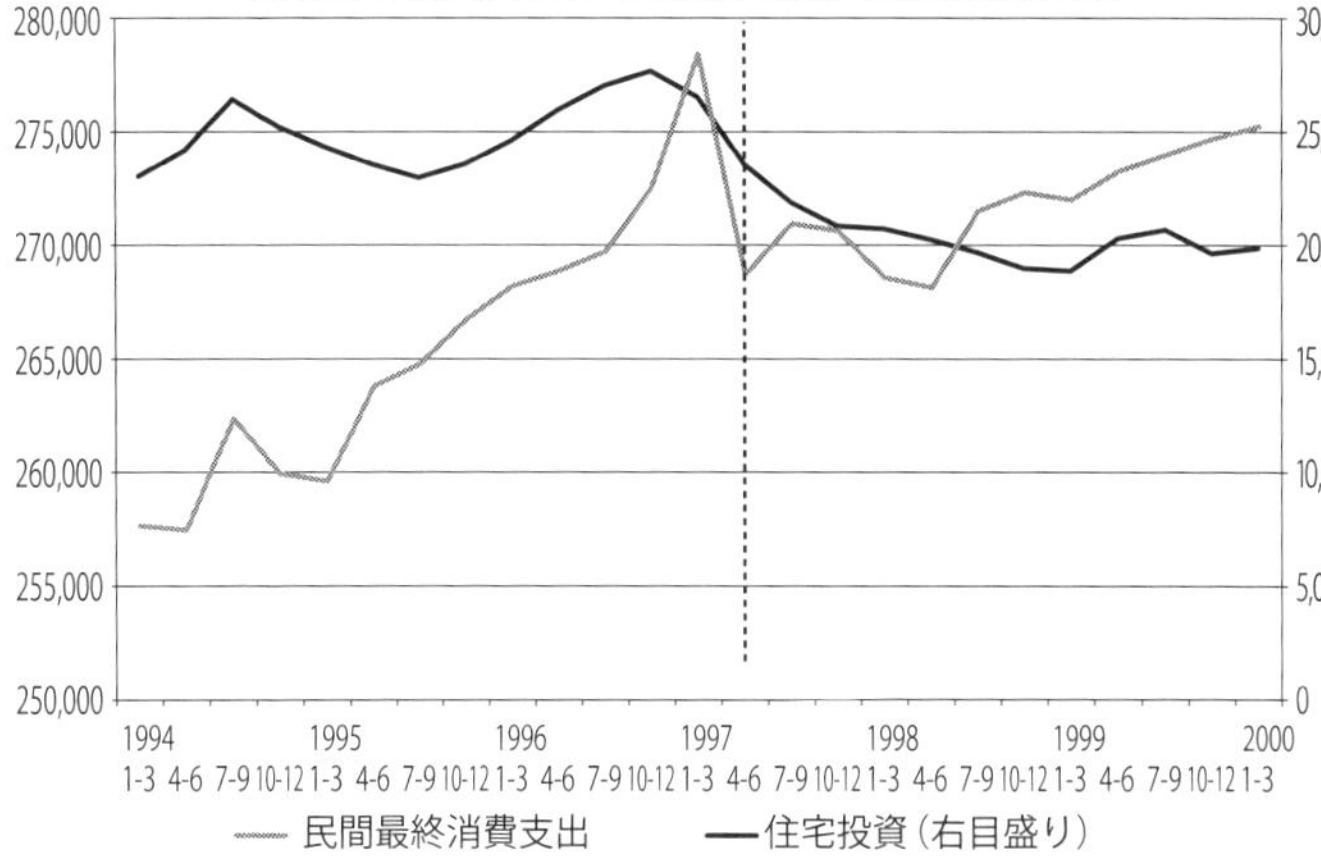

図B1-1: 家計消費と住宅投資
（単位：十億円、2005年価格、出所：国民経済計算）

本にするんだよ。

娘：そんなのやめてぇー

父：アーちゃんのお願いであっても、やめないよ。

娘：パパって、やっぱり、大学で人気ないと思う…

父：ところで、左目盛りの単位は、十億円だから、たとえば、「260,000」と書いてあると、どう読むかな。

娘：えぇーと、十億、百億、千億、一兆、十兆、百兆で、２６０兆円。ウソでしょう。私、きっとまちがっている。

父：まちがっていないよ。天下国家を論じる数字は、「万円」や「億円」じゃなくて、「兆円」なんだよ。

娘：ということは、住宅投資の右目盛りの

「10,000」は、10兆円ってこと。

父：そうなるね。じゃ、ここまでくれば、図B1-1を読んでごらん。

娘：図を読むって…

父：文字どおり、図を読むってことだよ。

娘：それじゃ、やります。パパが鬼に見えてきた…

父：まずは、家計消費から。

娘：横軸がちょっと読みにくいけれど、消費税が上がる前の1996年は、家計消費が270兆円から280兆円の方に上昇しているよ。

父：ここで、「年」じゃなくて、「年度」を用いるといいと思うよ。1996年度は、1996年4月から翌年3月まで、1997年度は、1997年4月から翌年3月まで。

娘：ということは、1996年度は、家計消費は上昇していった。

父：それでは、1997年4月の消費税率引き上げ後はどうかな。

娘：1997年度は、270兆円までずっと下がっているよ。

父：そうだね。では、その後は…

娘：1998年度、1999年度は、少しずつ上がり始めているね。

父：ということはどうなるかな。

娘：どうなるって…

父：じゃ、ここは、父さんが引き取ろう。

１９９７年度の１年間に家計消費が低迷したってことは、その１年分の消費の一部を１９９６年度に、特に、１９９６年７月以降に前倒ししたってことになるね。

娘：うちのクーラーみたいだね。

父：そうなるかな。

それでは、住宅投資の方は。

娘：住宅投資は、えぇーと、１９９６年度は、25兆円以上あったのに、１９９７年度に20兆円まで下がって、１９９８年度も１９９９年度も、20兆円のところで下がりっぱなし。

父：ということは、どうなるかな…

娘：どうって…

父：さっき、父さんが見本を見せたじゃないか。

娘：じゃぁ、やるよ。住宅投資の場合は、１９９７年度１年分どころか、１９９８年度や１９９９年度の住宅投資も、その一部が、１９９６年度に前倒しされちゃったってこと。

父：そうなるな。

さっき、値がかさばるモノの方が、前倒しで買うって話したけど、自動車、家具、家電などは、ひとくくりにして**耐久財**って呼んでいて、服や履物は、**半耐久財**って呼んでいるんだよ。

図B1-2: 耐久財消費と半耐久財消費
（単位：十億円、2005年価格、出所：国民経済計算）

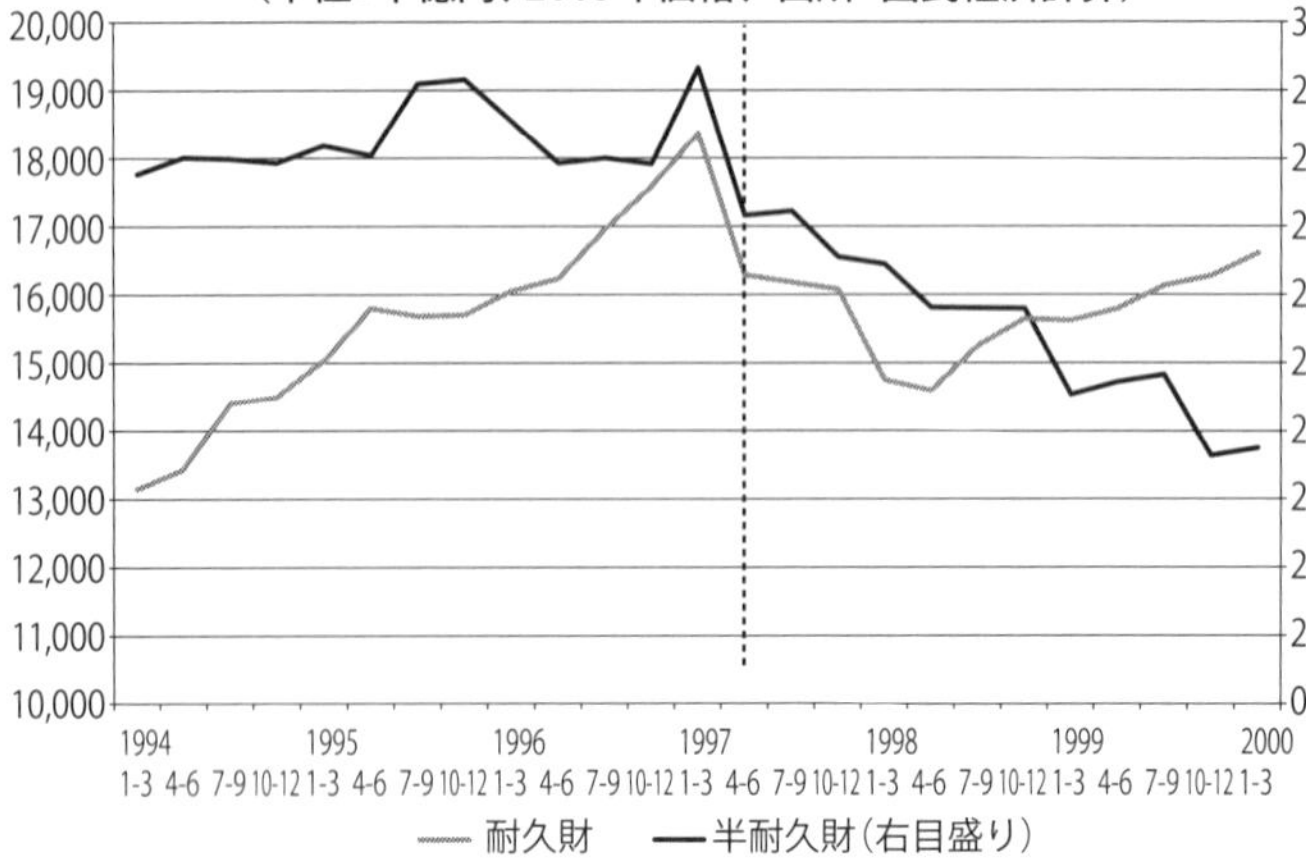

娘：耐久財も、半耐久財も、呼び方がなんだか難しすぎない…

父：それは仕方がないな、決まりごとだからね…

図Ｂ１‐１と同じで、消費税率引き上げ前と消費税率引き上げ後の家計消費の動きを描いているんだけど、今度は、家計消費の中でも、耐久財と半耐久財の動きに焦点をあてている。
それじゃ、図Ｂ１‐２を読んでごらん。

娘：耐久財の方は、左目盛りだから、１９９６年度に16兆円から18兆円に上がって、１９９７年度には、そこから15兆円以下に下がっている。でも、１９９８年度以降は、徐々に回復しているけど。

父：ということは…

娘：耐久財は、１９９７年度１年分の一部で前倒しが、1996年度に起きたってこと。

父：そうなるかな。では、右目盛りの半耐久財の方は…

娘：1996年度に29兆円以上になったのに、1997年度、1998年度、1999年度と、24兆円以下に下がっていっているね。

父：ということは…

娘：半耐久財は、3年分の消費が一部、前倒しってこと…
半耐久財って、衣服が入っていたよね。ということは、日本中が、ママみたく、1996年度中はセールばっかし行っていたってこと…

父：そうなるかな。

娘：ママが特別じゃなかったんだったら、パパも、あんなにママのことを、「始終、服ばっかり買っていて」って批判しなければよかったのに…

父：父さんも、今は反省しているよ。
ところで、「ここで、**2014年4月の5%から8%の消費税率引き上げの影響**を見ていこう」といいたいんだけど、それは、宿題にしよう。

娘：宿題！！！　それなし。

父：図B1-3は図B1-1に対応していて、図B1-4は図B1-2に対応しているから、アーちゃんが部屋に戻ってからでも、見ておいてよ。

図B1-3: 家計消費と住宅投資
（単位：十億円、2005 年価格、出所：国民経済計算）

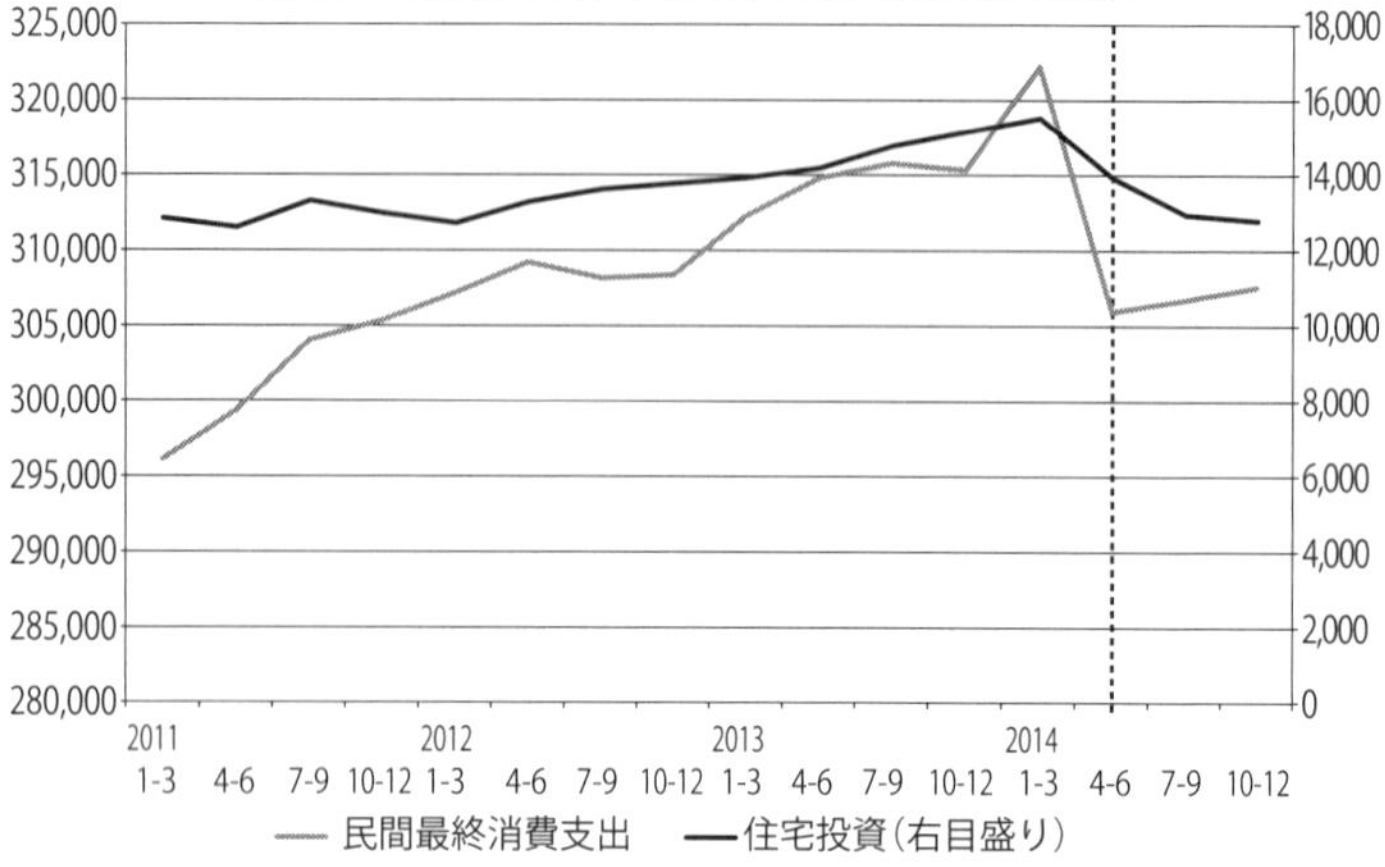

娘：そんなの絶対に見ないから。

父：アーちゃん、そういうなよ…

【消費税増税で１千兆円の借金を帳消しにするには…】

父：では、そろそろ本題に入ろうか。

娘：今から本題って、パパ、これまではなんだったの…

父：肩慣らし。

娘：私は、もう肩パンパンだからね。

父：アーちゃんが宿題をしてくれれば、わかることだけど、１９９７年４月の消費税率引き上げと同じようなことが、２０１４年４月の消費税率引き上げでも起きたんだ。

娘：ということは、２０１４年４月の引き上げ前の１年間に家計消費や住宅投資が上

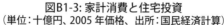

図B1-4: 耐久財消費と半耐久財消費
（単位：十億円、2005年価格、出所：国民経済計算）

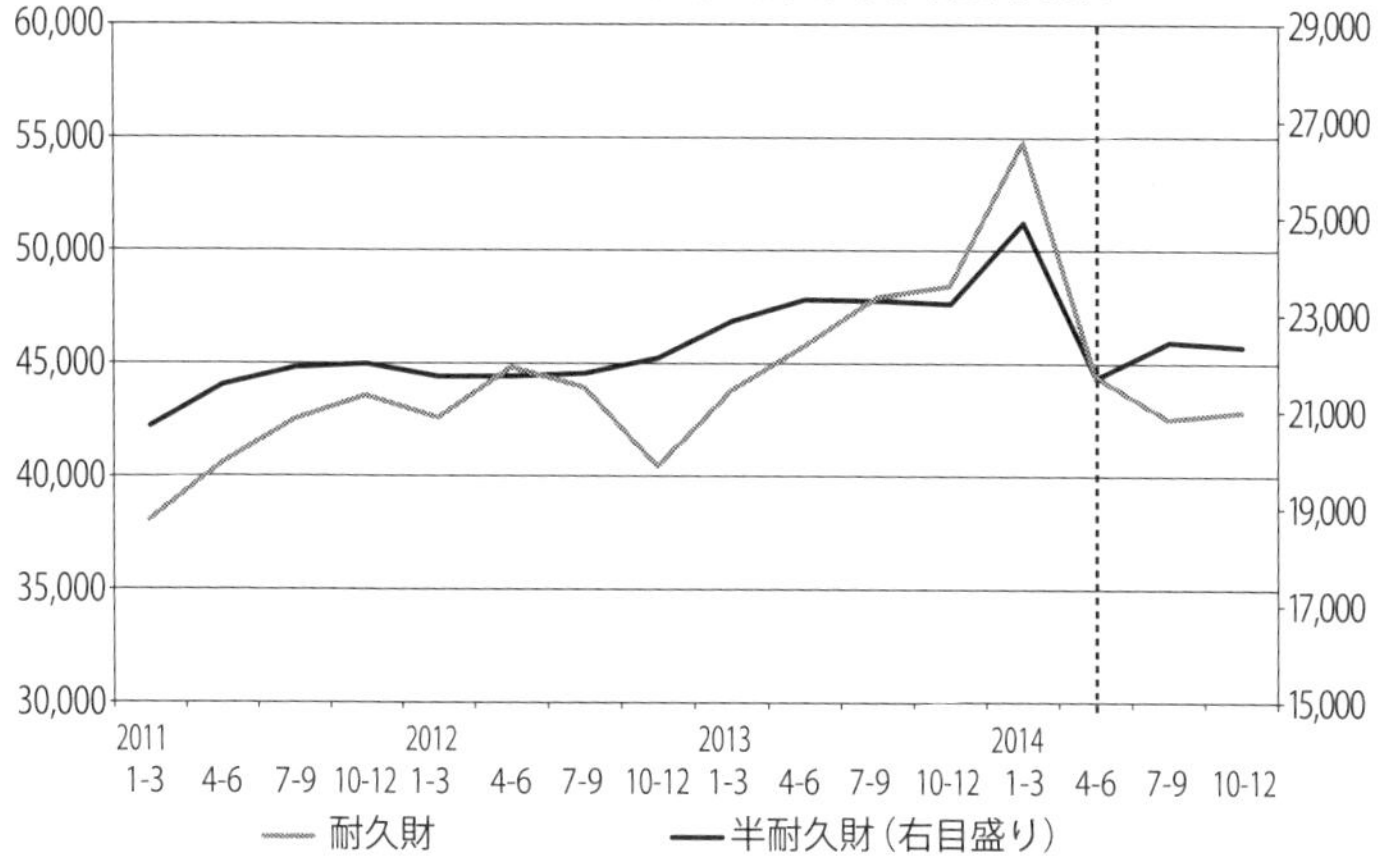

昇して、そのあとに低迷したってこと。

父：今のところ、2014年末までのデータしかないので、はっきりしたことはいえないけれど、今回も、家計消費低迷の方は、2014年度いっぱい、住宅投資低迷の方は、もっと長引きそうだ。

娘：そうなんだ。

父：消費税増税って、本当に不人気な経済政策なんだよ。

そもそも税金を引き上げるということが、人々に嫌われるし、その上、ここまで見てきたように、消費や住宅投資の低迷で経済活動が停滞するとあっては、なおさらだね。

娘：そういえば、2015年10月に8%から10%に引き上げるというのも、政府が取り下げてしまったんでしょう。

父：まさに、その取り下げが、2014年末の総選挙のきっかけにもなったね。それでも、政府が消費税増税の可能性をいつも追求するのはなぜだろうか。

娘：お兄ちゃんがいっていたけど、日本政府は借金まみれなので、税金がのどから手が出るほどほしいんでしょう。

父：そういうことだな。

日本の政府は、どのくらい借金があると思う。

娘：ぜんぜん見当がつかない。

父：実は、国の方で800兆円、県や市町村の方で200兆円、合計1千兆円也だよ。

娘：まったく実感がわかない数字。

父：日本全体の1年間の生産活動規模を図った尺度が国民総生産、略して、GDPと呼んでいるんだけど、GDPが、思い切って丸めて、約500兆円なので、国と地方を合わせた借金は、GDPの2倍だね。

娘：GDPの2倍って大きそうだけど、本当に大きいの。

父：2倍、すなわち、200%という数字は本当に大きいよ。同じ比率は、米国で100%強、英国で100%弱、カナダで90%台、ドイツは80%台、高いといわれているイタリアで150%弱、フランスで110%台だから、日本の数字は、先進国の中で突出しているね。

娘：そのことも、お兄ちゃんから聞いたことがあるよ。

父：あいつは、国の借金のことを、ずいぶん心配しているからな。
ところで、消費税でどのくらいの税収があるかわかるかな。

娘：そちらの方も、ぜんぜん見当がつかない。

父：２０１４年度の予算では、15・３兆円。税収の総額が約50兆円なので、総税収の３割が消費税収入ということになる。
さらに、消費税の意味を考えてみよう。
まずは、消費税率が１％上がると、消費税収がどれだけ増加するかを考えてみるよ。

娘：そういわれても…

父：１９９７年４月に税率を３％から５％に引き上げた時は、消費税収は、１９９６年度の６・１兆円から１９９７年度の９・３兆円に増加した。

娘：ということは、(9.3兆円 − 6.1兆円) ÷ (5％ − 3％) で1％当たり１・６兆円。

父：２０１４年４月に税率を５％から８％に引き上げて、消費税収は、２０１３年度の10・８兆円から２０１４年度の15・３兆円（この数字は、見込みだけど）に増加した。

娘：ということは、(15.3兆円 − 10.8兆円) ÷ (8％ − 5％) で1％当たり１・５兆円。

父：ここでは、切りのいい数字として、１％当たり１・５兆円としよう。

娘：パパは、１・６兆円から１・５兆円と０・１兆円を簡単に削ってしまうけど、０・１兆円って、1千億円だよね。乱暴すぎない。

父：天下国家を論じるときは、そのぐらい乱暴な方がいいんだよ。

娘：お兄ちゃんが、パパは、数字に対して繊細かと思うと、突然、すごく雑になるって怒っていたけど、お兄ちゃんのいうとおりだよぉ…

父：とにかく、1%当たり1・5兆円とするよ。

それでは、消費税の対象となっている消費全体の大きさは、どのくらいかな。

娘：パパ、私が数学できないいってことを馬鹿にしているでしょう。

父：そんなことないから、聞いているんだよ。

娘：中学入試のときにさんざん悩まされたけど、「部分÷割合＝全体」だから、1・5兆円を1%で割って150兆円。

父：正解。

娘：でも、おかしくない…

さっき、1997年4月の消費税率引き上げの影響を見ているときに、家計消費が270兆円とか、280兆円とかいっていなかった。

父：いっていたよ。今の数字は、300兆円ぐらい。

娘：その300兆円って数字は、経済全体の消費の総額だよね。でも、今しがた計算したのは、150兆円。

なんだかおかしくない…

父：アーちゃんも、こんなに短い間にも、数字に対するセンスが磨かれてきたじゃないか。ここでは、細かな議論に入る余裕はないが、とりあえず、消費全体の半分ぐらいが消費税の対象になっていると考えておこう。

娘：それにもっとおかしいのは、消費税率1％当たり1・5兆円だと、それを数パーセントあげても、1千兆円の借金を返済するには焼け石に水じゃない。

父：それも、good pointだよ。

娘：パパ、茶化さないでよ。

父：茶化すなんてしてないよ。

よく考えてみようよ。1・5兆円の税収が入ってくるのは、今年度だけでなく、来年度も、再来年度も、その次の年度も、その次の次の年度も、ずっと入ってくるわけ。

娘：そうか、10年で15兆円、100年で150兆円ということ…

父：そういうふうに考える方法もあるけど、次のように考えてみようよ。

娘：どんなふうに…

父：毎年、1・5兆円の利息収入があるようにするには、どれだけの元本のお金を蓄えておく必要があるかな。金利は、とりあえず、2％としておくよ。

娘：また、数学、というか、算数… 苦手だなぁ。

えぇーと、「元本×金利＝利息」だから、「元本＝利息÷金利」だよね。だから、利息１・５兆円を金利２％で割って元本75兆円になるよ。

父：そうだね。金利２％のところで75兆円の貯金を持っていると、毎年、１・５兆円の利息収入があることになるね。

娘：パパの話が見えてこないよ…

父：ということは、消費税率１％を引き上げるということは、75兆円の貯金を追加で蓄えるということになるわけだ。

娘：75兆円の貯金でも、１千兆円の借金にはまだまだ足りないよ。

父：そうだね。どれだけ消費税率を引き上げて貯金を積み増せば、１千兆円の借金を帳消しにすることができるかな。

娘：こちらの計算は少し簡単。１％引き上げで75兆円の貯蓄だから、１０００兆円を75兆円で割って約13％の引き上げ。

父：正解。今、消費税率が８％だから、消費税増税だけで１千兆円の借金を帳消しにしようと思えば、消費税率を、８％に13％を足して21％まで引き上げないといけないね。

娘：こうして一緒に計算してきてくれたパパには悪いけど、10％への引き上げだって断念したのに、21％なんてとても、とても無理だよ。

父：そうかもしれない。

でも、世界的にみれば、20％前後の消費税というのは、何も特別なことでないんだよ。ヨーロッパのほとんどの国は、20％を超える消費税率（正確には、付加価値税率）を課している。アジアでは、日本のように消費税率が低い国が多いけれど、中国は17％、トルコは18％。中南米でも、メキシコが16％、チリが19％。

だから、20％が特別というわけでもない。

娘：そうはいっても…

父：確かに、「そうはいっても」だな。それは、父さんもよくわかっているつもりだ。

娘：ところで、これまでのパパの話に質問していい…

父：もちろん。

娘：ママがよく「預金の金利がゼロとはいかがなもの」といっているけど、パパの議論では、金利2％になっていたよ。

父：確かに、国が発行する借金証書である国債の金利も、0・2％を切ったこともあるね。

娘：それじゃ、金利を2％じゃなくて、0・2％にすると、1.5÷0.002で、消費税率1％当たりで75兆円どころか、750兆円の貯金もしたことにならない…

父：確かにそうだ。でも、そもそもの議論に立ち戻ってみると、これから毎年入ってくる消費税増収の話をしていたので、向こう、数十年、もしかすると、半世紀、1世紀のことだから、ずっと金利ゼロと考えて見立てたわけではなくて、父さんは、平均して金利2%と考えたわけ。

娘：そうなんだ。

父：もしかすると、父さんの見立てがまちがっていて、金利5%ということになるかもしれない。その場合は、1.5÷0.05で、消費税率1%当たりで30兆円分の貯金にしかならないね。

娘：そうなんだ。経済学の理屈って、なんだか深いね。

父：付け加えておくと、先ほどの話で、消費税率を21%に引き上げれば、1千兆円の借金を帳消しにできるといったけど、それは、今すぐに21%に引き上げた場合。もし、何年も先に引き上げる場合は、もっと高い税率にしないといけないんだよ。

娘：なぜ…

父：今こうして話しているあいだにも、国の借金は、雪だるま式にどんどん膨らんでいっているからだよ。

娘：そうなんだ。

父：おっかなそうな話ばかりして、ごめんね。

娘：ぜんぜん。パパのおかげで、化け物のように大きな数字も、少しは身近になってきたよ。

ありがとう。

【なぜ、税金を払うのか】

父：そうか。それはよかった。
それでは、いよいよ本題中の本題に入ろうか。

娘：えっ！　まだあるの！

父：もちろん、まだあるさ。

娘：ぜったい、パパは、大学で人気がないと思う。

父：正真正銘の最後に議論したいことは、「なぜ、税金を納めなければならないか」ということ。

娘：なんだかとっても難しそう。

父：確かに、とっても難しい。

娘：パパが難しいっていうことを、私がわかるはずなんてないよ…

父：そもそも、なぜ、国と地方で合わせて借金が１千兆円まで膨らんでしまったのだろうか。

娘：そんなのわかりきったことだと思うけど。国や地方の支出が収入を上回って、借金でまかなわなければならなくなったからだよ。

父：今、アーちゃんは、国や地方の支出と収入っていったけど、収入の方は、まさに税収だよね。では、支出の方はどうかな。

娘：いろいろ支払っていそうだけど、あらためて聞かれると、わからないや。

父：たとえば、2014年度の国の予算は、総額で96兆円。そのうち、借金の利息や元本の支払いを除いた支出は、73兆円。

内訳を見ていくと、年金や医療費に関連する社会保障費は30・5兆円。支出の筆頭項目だね。

次は、地方への交付金、すなわち、県や市町村への財政支援に16・1兆円。

道路を作ったり、港を作ったり、ダムを作ったりなどの公共事業費が6・0兆円。

教育や科学振興に関わる費用は、5・4兆円。

防衛費も4・9兆円。

どれひとつとっても、私たちの生活や社会の運営には欠かせない出費だよね。

娘：確かに、そうだね。

父：国立大学はもとより、私立大学だって、国の予算が投じられている。そういう意味では、アーちゃんも、お兄ちゃんも、国から利益を受けているわけ。

父さんがこうして国立大学で働けるのも、国の予算のおかげ。

娘：そうだよね。

父：そう考えてくると、私たちの生活や社会の運営に必要不可欠な支出を支えているのが、税金ということになるよね。

娘：そうだよね。

父：ということは、国や地方に借金がたまっていくということは、自分たちは、国や地方からの予算で利益を受けていながら、それを支える負担をしていないということになるね。

娘：そうだよね。

父：「そうだよね」ばかりだね。

娘：納得ばかりだから、「そうだよね」っていうしかないし…

父：税金も、国や地方に「盗られるもの」というところだけを見てしまうと、負担感ばかりを感じて、払いたくない気分になるけど、

娘：そうだけど…

父：生活や社会に必要な支出を「支えるもの」として考えると、納税の意味が見えてくるのじゃないかな。

娘：まったくそのとおりだと思うけど、最後は、パパも大学の先生らしく終わったね。ところで、これで本当に最後だよね。

父：もちろん、最後だよ。

娘：やった！

講義、本当にありがとう！

父：こちらこそ、講義を受けてくれて、ありがとう。

父：アーちゃんが無理して受けていたのは、重々わかっていたけれど、それでも、少しでも経済のことに関心を持ってもらえるとよいけどなぁ。それにしても、お兄ちゃんがアーちゃんに国の借金のことを話題にしていたとは、少し驚きだった。いずれにしても、どんな市民も、国家の活動から恩恵を受けているわけで、「**国家を支える納税**」という意識は、市民社会にとってとても大切なことだと思う。

番外篇（その2）

第二日銀の創設と閉鎖──その顛末

日銀クルル特区支店は、1箱4億クルル円が詰まったジュラルミンケースを100箱、政府のクルル特区の出先機関に持ち込んだのだった。この政府出先機関が、クルル特区の市役所と共同して、クルル特区の地方創生事業に、400億クルル円をつぎ込む手はずとなっていた。

私がいつもの時間に研究室を出ようとすると、背広姿の男たちが研究室を訪れてきた。彼らは、私が出ようとするところを待っていたかのようだった。研究室に入ることもなく、「先生、国家の一大事です。すぐに官邸に来てください」といって、私の返事を待つこともなく、強引に黒塗りの車に乗せられた。

「ずいぶんと乱暴ですね」というと、「官邸に着くまでに、要件を簡潔に申し上げます」と、比較的年配の男が話を切り出した。

「先生もご存じのように、国家の重要な政策課題は、地方創生です。一方では、国家財政は危機的な状況にあります。カネを湯水のごとくに地域に注ぎ込むような余裕はまったくありません。ところが、一部の政治家、官僚、学者に、地方の首長たちが加わった徒党が、『日銀の輪転機で紙幣を刷って、地方にバラマケばいいじゃないか』といってきているのです。その勢力がとんでもなく大きくなって、**輪転機党**まで結党して、首相も、『どうにかする』といわれてしまいました」

「それだったら、あなたたちが、どうにかすればよいじゃないですか」

「先生、お願いですから、私どもの話を最後まで聞いてください」

「あまり聞きたくないのですが、わかりました」

「もちろん、こんな荒唐無稽な試みに、私たちの財政・通貨制度がかかわってしまえば、円通貨への信認、ひいては、国家への信認が地に落ちてしまいます。かといって、**輪転機党**の連中は、自分たちの主張する政策が、荒唐無稽な政策どころか、至極まっとうな政策であると信じきっています。ここだけの話ですが、どうも、首相もそう信じられているような気配さえあるのです…」

「それは、なかなか大変ですね…」

「先生、お願いですから、茶化さずに聞いてください」

「茶化さずにはおられませんが、わかりました」

「そこで、わが国の財政・通貨制度の根幹を守るためにも、このような試みが荒唐無稽であることを、彼らに納得して理解させられるような仕組みを、先生に考え出してほしいのです」

「そういうことこそ、あなたたち官僚の方が十八番《おはこ》だと思いますが。大震災の時も、××機構などという荒唐無稽な仕組みを数ヶ月で作ってしまうほどの悪知恵をお持ちなのですから…」

「先生、お願いですから、冗談を飛ばさずに聞いてください」

「冗談ととっていただけてうれしいですが、わかりました」

「率直に申し上げます。『最初からうまくいかないとわかっている仕組み』を、国民にわからないように、そっとだまして作ることでしたら、私どもが得意とするところなのですが、試してみて、上手くいかなかったことを、『なるほど、こうした理由でうまくいかなかったのか』と国民に納得してもらえるような、なんといったらよいのでしょうか、**透明性の高い、学問的にも周到なところがあって、要するに、学術的で、教育的で、すっきりと明解な、できれば、審美的でもあり、芸術的でもあるような仕組み**を先生に作っていただきたいのです」

「そうですか… 今ここで、『お断りする』と申し上げたら、どうなりますか」

「そうですか、それは残念ですが、先生が乗られている車は、このままスピードをあげて、中央分離帯を突っ切って、対向車線に突っ込みます」

と平気でいうものだから、「それは大変、引き受けます」といわざるをえなかった。

いろいろと考えた。

ここで押さえておかなければならないポイントは、「『わが国の通貨や財政に対する信用崩壊』につながるいかなる要因も封じ込める」、すなわち、「日本国の財政・通貨制度にはいっさいの弊害をもたらさない」というところにある。

すでに、**輪転機党**のリーダー格が市長を務める地方自治体がクルル行政特別区（以下では、クルル特区と呼ぶ）と指定され、これから行う世紀の（？）大実験の対象となることが決まっていた。

輪転機党の主張するスキームは以下のものである。

まず、政府は、地方創生の資金を捻出するために地方創生国債という特別な国債を発行する。日銀は、輪転機で刷った紙幣（日銀券）で地方創生国債を、政府から直接買い取る。政府は、そうして得た紙幣を、地方創生のためにバラマク。この仕組みを使って、全国津々浦々の地方自治体にカネを配れば、地方は復興するというわけである。

ここで説明したスキームは、「日銀による国債の直接引き受け」と呼ばれ、憲法でも禁じられている。なぜなら、こうして発行された紙幣は、経済的な価値のあるものにいっさい裏付けられていないので、紙幣の価値は即座に下落して、経済社会が極度に混乱してしまうからである。

もちろん、「日銀による国債の直接引き受け」で捻出したカネが経済的に意味のある使われ方をすれば、紙幣も経済的な価値によって間接的に裏付けられているといえるかもしれない。しかし、これまでの歴史が示すように、アブク銭がうまく使われたためしはないし、逆に、いかがわしい支出だからこそ、アブク銭を必要とするという面もある。もちろん、最大最悪の浪費は、巨額な戦費であった。

ところで、「紙幣の価値が下落する」とは、1枚の紙幣で買える物が少なくなることである。たとえば、千円札で10個のお饅頭が買えたのに、千円札の価値が下落して2個しか買えなくなってしまう。この例では、千円札の価値が下落するとは、お饅頭の値段が1個100円から1個500円に上昇することも示している。すなわち、通貨の下落は、物価の高騰でもある。

研究室から私を拉致した官僚たちが懸念したのも、日銀が地方創生国債を直接引き受けるようなことがなんらかのはずみで始まり、直接引き受けの規模が無節操に拡大していくことである。そのようなことになれば、日本経済は物価高騰に苛まれ、日本国の通貨は国際的な信認を失って、過度の円安に陥ってしまうであろう。

「日銀による国債の直接引き受け」が起因となった物価高騰と通貨暴落というような破滅的な経済現象を、わかりやすく（?）、身をもって体験しつつ、その日本経済への影響を最小限で食い止める仕組みを作るというのが、私に課せられた仕事であった。

私は、ある着想から、ある仕組みを提案して、そのための法制化をお願いした。

最初の部分は、**輪転機党**のスキームとまったく同じであった。

まずは、政府が400億円の地方創生国債を発行し、日銀のクルル特区支店が直接引き受ける。そこで、日銀クルル特区支店が1万円札の日銀券の札束で4億円分を詰めたジュラルミンケースを100箱分で地方創生国債の購入資金を政府に支払えば、通常の「日銀による国債の直接引き受け」と変わるところがない。

私の考案した仕組みでは、**第二日銀の創設**という〝ひねり〟を加えた。この第二日銀は、クルル特区本店しかなく、他に支店を持たなかった。第二日銀は、第二日銀券という紙幣を発行する権限を持っていた。第二日銀券は、クルル特区でしか通用せず、通貨単位は、「クルル円」とした。

第二日銀券も、日銀券と同じように、1千クルル円券、2千クルル円券、5千クルル円券、1万クルル円券があって、それらの紙幣に印刷されたのは、歴代市長の肖像画であった。通常、生存者の肖像画は紙幣に使わないというのが慣行だったが、現市長の肖像画が一万クルル円札に印刷されることも決まった。どうも、現市長のゴリ押しがあったらしい。

クルル特区の住民や企業は、1ヶ月間の猶予期間のうちに1円＝1クルル円の交換レートで、日銀券を第二日銀券に交換することが義務付けられた。その結果、800億円分の日銀券が800億クルル円分の第二日銀券と交換された。

歴代市長の肖像画が印刷された紙幣は、住民の間で人気がなかった。特に、現市長の顔が印刷されている1万クルル円札は、「ありがたみがない」と受け取るのを拒む人さえ出てきた。

さて、スキームの話を続けよう。

政府の地方創生国債を直接引き受けた日銀クルル特区支店は、その国債を原資として、第二日銀クルル特区本店の名義で額面400億円の預金証書を1枚発行した。第二日銀クルル特区本店は、日銀クルル特区支店から、その額面**400億円の預金証書**を**400億クルル円分の第二日銀券**で買い取った。

その際に日銀クルル特区支店と第二日銀行特区本店の間では、一つの約束がそっと交わされた。第二日銀クルル特区本店は、日銀クルル特区支店にある400億円の預金を絶対に引き出さないとしたのである。

日銀クルル特区支店は、1箱4億クルル円が詰まったジュラルミンケースを100箱、政府のクルル特区の出先機関に持ち込んだのだった。この政府出先機関が、クルル特区の市役所と共同して、クルル特区の地方創生事業に、400億クルル円をつぎ込む手はずとなっていた。このスキームが始まった初年度の財政規模が2000億クルル円のクルル特区にとって、400億クルル円の事業は非常に大きなものであった。

それで、何が起きたか。

第二日銀の銀行券発行規模は、住民や企業が交換した800億クルル円と、日銀クルル特区支店の預金証書を買い取った400億クルル円であった。前者の800億クルル円の方は、住民や企業が持ち込んだ800億円の日銀券の裏付けをもっている。

しかし、後者の400億クルル円は、もとをたどっていけば、日銀クルル特区支店が政府から地方創生国債を直接引き受けたもので、経済的な価値があるものの裏付けがまったくなかった。

いや、もう少し正確にいうと、クルル特区の地方創生事業計画の中身は、特区の住民さえ首をかしげてしまうものばかりであった。その結果、400億クルル円にものぼる紙幣は、経済的な価値の裏付けをまったく失ってしまったのである。

いいかえると、1200億クルル円の第二日銀券が、800億円の日銀券にしか裏付けられていなかった。その結果、第二日銀券の価値が下落し始めたのである。最終的には、公定レートの「1クルル円=1円」から「1クルル円=2/3円」まで下落した。すなわち、クルル特区の人々は、1円の日銀券を手に入れるのに、1・5クルル円の第二日銀券を支払わなければならなくなった。

クルル特区では、さまざまな混乱が生じた。

第1に、クルル円の価値が3分の2になった分、クルル円で測った物価が50%あまり上昇した。第2に、第二日銀は、いぜんとして「1クルル円=1円」の公定レートを維持していて、価値のない第二日銀券に1対1でしか交換してくれないことに不満を持ったクルル特区の住民たちは、日銀券をクルル特区の外に持ち出してしまった。

こうなってしまえば、住民も、企業も、クルル特区から出ていくしかなかった。住民たちは、高インフレに嫌気がさした。企業は、他の地域から購入した原材料費がかさんで音を上げた。

それよりも、なによりも、第二日銀券は、クルル特区以外の人たちはもとより、クルル特区内の人々にも、受け取ってもらえなくなったのである。このような状態では、政府のクルル特区出先機関の手許にあった400億クルル円の第二日銀券も、紙屑同然となった。

結局、第二日銀券を所持していた住民も、企業も、クルル円紙幣を第二日銀クルル特区本店に持ち込んで、日銀券と交換してもらおうと殺到した。まさに、取り付け騒ぎが生じたのである。

私たちは、第二日銀券が暴落して、第二日銀クルル特区本店で取り付け騒ぎが起きるのをみとどけるやいなや、予定していたとおりに、第二日銀クルル特区本店の閉鎖を即座に決定した。

実は、政府のクルル特区出先機関に対する総理大臣通達を通じて、その金庫にあった400億クルル円の第二日銀券の使用をあらかじめ禁じておいた。手つかずの400億クルル円紙幣で400億円の地方再生国債を償還するやいなや、第二日銀券の価値は、「1クルル円＝1円」まですみやかに回復した。

第二日銀券が公定レートの価値に復帰した時点で、日銀クルル特区支店において、総額800億クルル円の第二日銀券と800億円の日銀券の交換を実施したのである。もちろん、800億円の日銀券は、旧第二日銀クルル特区本店が日銀クルル特区支店に預けていた預金から引き出したものである。

これで、すべては、元のとおりとなった。

当然のことであったが、クルル特別行政区がてんやわんやに陥っていたあいだ、それ以外の日本は平穏そのものだった。

執務室で残務整理に追われていたところ、私を拉致した官僚のひとりがやってきた。

「先生、素晴らしかったです！　先生の提案された仕組みは、教育的で、学術的で、芸術的でさえありました！　**輪転機党**も、今しがた解党したそうです」

「そうですか。それはよかったです。私は、明日には大学に戻りますよ」

「そんなに急がれないでも、ゆっくりしていかれたらどうですか」

「ここでは、ゆっくりすることもできないですから」

「そうですか…それは、とても残念です。ところで、先生に質問があるのですが…」

「なんでしょうか」

「あの仕組みの着想は、どこからなのですか？」

「種明かしですね。日本の植民地政策ですよ」

「日本の植民地政策…」

「戦前の日本政府は、朝鮮と台湾については、日銀が主軸の通貨圏に組み込んだのですが、満洲国や華北に対しては、あえてそうしなかったわけです。それらの植民地では、朝鮮銀行が日本政府から国債を直接引き受けた一方で、現地で立ち上げた発券銀行と朝鮮銀行の間で銀行券の交換をしたのです。そうやって、現地での戦費を捻出したわけです。アナロジーとしては、朝鮮銀行が、日銀クルル特区支店、植民地の発券銀行が第二日銀クルル特区本店ということになりますね」

「そうだったんですか…」

「ただ、クルル特区で起きたことと同じことが、結局、満洲や華北の植民地で起きたことには、個人的に複雑な気持ちがします。最初のころは、植民地での錬金術もうまくいって、それが、日本軍がしでかした大陸の戦争を財政的に支えたわけです。戦争末期でも、日銀の通貨圏から植民地の通貨混乱を遮断する機能だけは働いていて、日銀券の価値も安定し、日銀通貨圏の物価もあまり上昇しなかったのですが、満洲や華北では、とんでもない物価高騰でした」

「そうですか。もう1つ小さな質問をしてよろしいですか」

「なんでしょうか」

「なぜ、第二日銀クルル特区本店が日銀クルル特区支店に預けた形になっていた400億円の預金から日銀券を引き出すことをいっさい禁じる約束が両行の間で交わされたのですか」

「まだわかりませんか」

「いたらないもので…」

「もし、400億円の預金の一部が日銀券として引き出されれば、『価値の裏付けのない日銀券』が市中に流通してしまうことになってしまいます。そのようなことを封じて、わが国の通貨制度に対して脅威が及ぶことを是が非でも回避するためです」

「そうだったんですか…」

「先ほど申し上げた満洲や華北の発券銀行も、朝鮮銀行に預けた形になっていた預金からの引き出しができなかったのです。ところで、私の方からも、質問してよろしいですか」

「いいですよ」

「なぜ、私を拉致、いや失礼、この仕事に誘われたのですか」

「先生は、私どもの想像にたがわない素晴らしい方でした」

「…」

「先生、本当に素晴らしいです」

「いやいや、いたらないことばかりで…　もう1つ小さな質問をしてよろしいですか」

「なんでしょうか」

「なぜ、特区の名前がクルルだったのですか」

「そのことでしたか。くだんの市長の口癖が『輪転機クルクル』だったので、それを縮めて『クルル』となったようです」

「そうだったんですか…　世の中は知らないことばかりで、とても勉強になりました」

その辺のところで、その官僚との会話も打ち切ったように思う。私は、研究室に戻るための後片付けにできるだけの時間をかけたかった。

〈参考文献〉

多田井善生、2014、『昭和の迷走—『第二満洲国』に憑かれて』、筑摩選書。

番外篇（その3）

課題作文「先生、『おカネ』が消えてしまいました！」

作文のタイトルである「先生、『おカネ』が消えてしまいました！」の「おカネ」の部分を、特定の紙幣や貨幣に適当に置き換えて（たとえば、円紙幣とか、ドル紙幣とか、百円硬貨とか、適当に選んで）、20字×20行の原稿用紙3枚以内に作文を書いてください。

私は、毎年、大学で金融論を講じているが、ある年、ありきたりの課題を出すのが急にいやになって、次のような課題作文を出してみた。このまま出すと、とんでもない作文が提出されそうなので、講義では、課題について、若干、誘導尋問的なコメントもしておいた。このようにして、ニュアンスを十分にくみ取る必要のあるコメントをしておくと、講義に出ていたかどうかも間接的にチェックできた。

課題作文：作文のタイトルである「先生、『おカネ』が消えてしまいました！」の「おカネ」の部分を、特定の紙幣や貨幣に適当に置き換えて（たとえば、円紙幣とか、ドル紙幣とか、百円硬貨とか、適当に選んで）、20字×20行の原稿用紙3枚以内に作文を書いてください。もちろん、手書きです。解答は、歴史的な事例に求めても、あなたの空想の世界に求めてもかまいませんが、金融理論のロジックを重んじてください。また、統計数字を1回はかならず引用してください。なお、作文は話し言葉で書いてもらってもかまいません。

以下では、いくつか興味深い作文をピックアップしてみた。まずは、できの良い方から。

先生、ドル通貨が消えてしまいました！

[redacted]

私は、１９７２年の沖縄返還時にドル回収で米ドル通貨が沖縄から消えたことについて書いてみます。先生の参考文献リストには、軽部さんの本が含まれていましたが、正直なところ、読んでいません。以下は、数字も含めて齊藤誠先生の本から引いてきたものです。

沖縄返還におけるドル回収では、日本政府と沖縄住民の対立と、日本政府と米国政府の対立とが交錯していました。

まず、前者の対立では、日本銀行が沖縄の人々から米ドルを買い取るときには、１９７０年までの固定相場１ドル３６０円でなく、１９７２年のときの市場相場１ドル３０５円で買い取りました。すなわち、日本銀行は、１ドルあたりで55円安くドルを買い取ることができたわけです。

次は、日本政府と米国政府の対立に移ります。返還直前の沖縄には、１億４千万ドルの米ドルが流通していました。日本銀行が日銀券交換で米ドルを回収することは、米国政府にとって、１億４千万ドルのドル発行から得ていた貨幣発行収入を失うことになります。逆に、日本政府は、それに見合う日銀券発行から収益を得ることになります。

米国は、そうした貨幣発行収入の喪失について、日本政府に補償を求めてきました。その結果、日本政府と日本銀行が、回収したドルのうち1億ドル相当を、1972年から1999年までの27年間、無利子で連銀のニューヨーク支店の当座預金に預けさせられました。この間の平均金利は、年7%を超えていましたので、日本政府が失った金利収入、いいかえると、米国政府が享受した金利収入は、総計2億ドルを超えました。

私は、沖縄返還時におけるドル回収のことを知って、はじめて、貨幣発行収入の意味がわかりました。腑に落ちたというのでしょうか。同時に、国家間の紛争は、領地の奪い合いだけでなく、経済的権益、この文脈ですと、貨幣発行収益をめぐる闘争であることも理解できました。

先生、講義をありがとうございました。

参考文献

軽部謙介、2012、『ドキュメント沖縄経済処分―密約とドル回収』、岩波書店。
齊藤誠、2014、『父が息子に語るマクロ経済学』、勁草書房。

【講評】優等生的なレポートだが、最後が若干、尻切れトンボのようになって残念。また、せっかく軽部さんの本のことを知りながら、読まないというのは、よくない。やはり、第一次資料にあたったジャーナリストの文章の迫力にできるだけ触れてほしいと思う。本来であれば、Aなんだけど、**A-**。

先生、円紙幣が消えてしまいました！

[redacted]

私は、1946年2月17日の預金封鎖によって、これまで流通していた円紙幣が旧円とされ、市中から消えてしまったことを書いてみたいと思います。この預金封鎖は、前日の金融緊急措置令に基づくもので、新円切替と同時に実施されました。

私は、これまで預金封鎖は、貨幣が市中に出回るのを抑え、インフレを回避するための措置と教えられていました。しかし、戦争で厖大な国債を発行してきた政府にとって、実質的な債務負担軽減をもたらすインフレはむしろ歓迎すべきものなのに、なぜ、わざわざインフレ対策なのか疑問に思っていました。そうしたおりに、たまたま、河村小百合さんの論文を読んで、預金封鎖をはじめとした措置が国債を返済する原資を捻出するためのものだと知って、自分の疑問が解決しました。

政府は、新円切替を口実として国民に旧円を民間銀行に預けさせ、預金封鎖でそれを引き出すことを制限しました。それは、政府が国民の資産を掌握する格好の機会となりました。事実、政府は、46年11月12日にきわめて高率の財産税を国民に課して、封鎖した預金から納税させました。また、政府は、前月の10月には、民間銀行に対する政府債務を不履行にする一方で、民間銀行に対して封鎖預金の一部を無価値にすることを許しました。国民に債権放棄ならぬ、預金放棄を迫ることで、政府の債務を帳消しにしたことと同じです。

預金封鎖の2年間、インフレも進みました。東京小売物価指数は、46年18・93、47年50・99、48年149・6と、2年間で8倍となりました。その間、預金金利は1・83%にすぎませんでした。途方もないマイナスの実質金利が事後的に生じたことで、債権者である国民の犠牲のもとに、債務者である国家は、実質債務負担の減免をとんでもない規模で享受したわけです。

私は、預金封鎖の一連の流れを勉強してきて、現在の日本国家が厖大な債務を抱えているなかにあって、無節操な金融緩和政策を展開し、国債金利をできるだけゼロに近づけていく一方で、インフレを引き起こそうとする目論見は、国民の経済救済のためではなく、国家の債務救済のためではないかと思うようになったのです。

威勢よく金融緩和政策を主張する人たちは、ほとんどが財務省や旧大蔵省の出身ではないですか。きっと、彼らは、財務省の別働隊にちがいありません。以上で「先生、円紙幣が消えてしまいました！」をしめくくります。

参考文献
河村小百合、2013、「そして預金は切り捨てられた―戦後日本の債務調整の悲惨な現実」、『ダイヤモンド・オンライン』、2013年8月19日。

【講評】 史実もしっかりとふまえ、物価指数や金利の数字も引きながら、自分自身の仮説を検証しようとしているところは、学生のレポートとしては、理想的だね。東京小売物価指数の基準年が1934年から36年であることは明示しておけば、もっとよかった（基準年の1935年から物価指数が3・084だった1945年までの期間は、年11・9％のインフレであった）。でも、最後の段落がいけない。まったくよくない。conspiracy theory（陰謀説）というのは、どんな場合であっても、よくないね。本来であれば、A^{+}なんだけど、残念ながら、**A**。

先生、一円玉が消えてしまいました！

[redacted]

実は、この課題作文のことでクラスメートに相談しました。優秀な友人たちは、「おカネ」のところが、「ドル通貨」だったり、「円紙幣」だったり、「中央銀行券」だったり、「理論モデルの中のmoney」だったりと、格好いいのばかりです。あまり勉強もできない僕には、そんな真似は絶対にできません。

そこで、消えてしまったのは、「一円玉」としました。Suicaとかの電子マネーが普及すると、一円玉を使う頻度が極端に少なくなると思います。また、硬貨を受け付ける自動販売機では、一円玉なんて使うことができません。これって、電子マネーの普及が及ぼす影響です。金融論ぽくないでしょうか。親友ですが、講義に出ていないクラスメートは、「私の財布」としていましたが、それよりは、「一円玉」の方がましではないでしょうか。

統計数字を引用します。たとえば、私の下宿は、駅からバスで二区間のところですが、硬貨で払う場合は220円で、Suicaで払うと216円です。どちらの場合も、一円玉を必要としません。これって、統計数字の引用にならないですか。

それじゃ、もう少し格好のいいのにします。先生が「使いなさい」ってよくいわれる日本銀行の「時系列統計データ検索サイト」で一円玉の流通高について調べたことを報告します。1980年1月は192億円でしたが、その後、21世紀に入ると400億円で安定しました。ところが、2009年ぐらいから減り始め、2015年1月には、386億円です。ウィキペディアで調べたら、Suicaなどの電子マネーの利用範囲が拡大し始めたのも、2000年代後半からとあったので、一円玉の流通高が減り始めた時期と一致しています。これって、統計数字の引用ですよね。

以上です。

【講評】 なかなかいいと思うけど、人と比較するなんてことをしないで、自分の考えたことに、もっと自信を持って書けばよいのにと思う。それと、講義であれだけ貨幣鋳造益の議論をしたのだから、一円硬貨の鋳造コストが、一円を上回っていて、負の鋳造益が生じていることに言及でもすれば、Aになったのに。残念なんだけど、**B+**かな。

先生、中央銀行券が消えてしまいました！

[redacted]

統一通貨の必要条件は、その通貨が流通している経済圏が均質的であることである。ユーロの仕組みが統一通貨としてうまく機能しないのも、ドイツやフランスなどの良好な経済圏と、ギリシャやスペインなどの劣悪な経済圏が混在しているからである。ユーロの困難は、国家を超えて統一通貨を定着させることが難しいことを如実に示している。

しかし、国家の中で中央銀行券を流通させることも、実は、同じような問題を抱えているのではないだろうか。本作文では、国家の中にも地域格差が著しくなり、統一通貨としての中央銀行券を成立させることが難しくなる可能性について論じてみたい。すなわち、中央銀行券の消滅の可能性である。

私の理論は、ロシアや中国のような広大な国土を持つ国家に適用できることはもちろんであるが、日本のように比較的狭い国土を持つ国家にも応用可能である。

日本経済を見ても、地域間の経済格差は非常に大きい。一人当たり県民所得（２０１１年度）で見ると、東京都が４３７万円に対して、沖縄県の２０２万円と倍以上の格差がある。こうした地域格差を前提とすれば、北海道地方、東北地方といった地方別の、さらに細かく都道府県別に発券銀行を置いて、たとえば、東京都円と沖縄県円が日本国内で併存して流通するような状況を想定することができる。

こうした議論を提案すると、地域間格差をいっそう助長するという反論に出会うが、本当にそうであろうか。私は、むしろ、人と資本の地域間の移動が活発になって、地域間の格差を平準化する可能性が開けるのでないかと思っている。

たとえば、地方の地価は、その経済的な活動状況に比して高止まりしているように思う。具体的な地名を出すと語弊があるので、たとえば、A県の地価が高止まりしているとしよう。そこに、A県円と東京都円の為替市場ができれば、A県円安となるであろう。すると、東京都円から見て、A県の土地は、お買い得になって、企業が工場立地を進めたり、宅地開発が進行するのではないだろうか。

このように考えてくると、現在の日銀券を消滅させて、すなわち、統一通貨としての円通貨を廃止して、地方別、都道府県別、あるいは、政令指定都市別にも、発券銀行を創設し、それぞれの銀行券が交換できる市場を作ることは、日本経済の活性化に貢献すると考えられる。

【講評】 とても面白い！　異質な経済で統一通貨が資源配分の障害になっていることを逆手にとって、地域通貨を導入することで、資源配分の効率性を高めようとしている視点は、なかなかいいね。日本の地域間格差についても、一人当たりの県民所得を引用していて、課題作文の要件も満たしている。**A+**をあげよう。

先生、理論モデルの中のmoneyが消えてしまいました！

[redacted]

先生の課題作文の意図とずれてしまうかもしれませんが、私は、理論モデルの中でmoneyが消滅することと、実際の社会で貨幣が消滅することにはズレがあるのでないかということを論じさせてください。私の立論は、純粋に理論的なものなので、統計数字の引用はいたしません。

理論モデルでmoneyが消滅するとは、名目貨幣供給を高めていく過程でインフレが進行し、名目貨幣供給増よりも、物価上昇の方が進んで、実質貨幣残高がゼロに収斂してしまうケースです。

moneyの消滅とまったく逆な現象は、名目貨幣供給を縮小させてマイルドなデフレを引き起こし、名目金利のゼロ水準が実現したところで、実質貨幣残高が高水準に達する状況です。

フリードマン・ルールが明らかにしているように、前者の高インフレ・ケースよりも、後者のマイルドなデフレ・ケースの方が、経済厚生面で優れています。

一方、現実社会では、実質貨幣残高ではなく、名目貨幣残高で貨幣の多寡を測る習慣がありますので、前者のケースが貨幣の豊富、後者のケースが貨幣の不足となります。特に、後者のケースでは、名目貨幣供給量が究極的にはゼロに収斂していくことをもって、「貨幣の死」と考えてられています。

現実社会でどちらのケースが高く評価されているかというと、もちろん、名目貨幣供給量を拡大してインフレが引き起こされるケースです。名目貨幣供給量を縮小させてマイルドなデフレが生じるケースは、親の敵のように世間からは憎まれています。

先生、money、あるいは、貨幣の消滅、あるいは、その「死」について、「経済理論で標準的と考えられていること」と、「経済社会で標準的と考えられていること」について、ここまでまた裂き状態が生じていてよいのでしょうか。私は、先生の講義を受けることで、私の疑問が少しは解決するのかと期待をしましたが、先生は、肝心要なところに来ると、「それは、なかなか難しいことですね」といわれて、議論を煙に巻いてしまいます。失礼とは存じますが、先生のそうした態度は、学問的に誠実でないと思います。
以上、先生の課題作文について、思うところを申し述べました。

【講評】 まっとうな議論だと思うけど、講義では、理論的には、「後者のケース」の方が経済厚生的に優れているということを覆すことは非常に難しいと何度もいったけどな… それと、どんなに理論的な着眼でも、統計数字の引用が免除されるわけではない。特に、ここでは、現実にも言及しているのだから、日銀券や準備預金の残高の推移でもいいから、なにか数字を拾えばよかったのに。評価は、**A⁻**かな。

こういうところで、中くらいのできのものを紹介してもつまらないので、以下では、できの悪い方をピックアップしてみよう。といっても、次のものは、ほほえましい。

先生、私の財布が消えてしまいました！

私は、先生が出された作文課題の意図がまったく理解できませんでした。[redacted]先生の講義には、一度も出席したことがなかったので無理もありません。課題さえ出しておけば、最低でもD、あわよくばCをもらうことができると、先輩から聞いていたので、油断していました。

実は、今日、私の財布が、入れておいたはずのポケットから消えてしまいました。どこで落としたのかまったく見当がつきません。「統計数字を引用しろ」ということなので、いくら入っていたかを思い出してみます。バイト代の8千円を財布に入れたことは覚えていますし、百円玉と十円玉が数枚入っていたと思いますので、総計八千数百数十円です。以上です。是非とも単位をください。財布も失くして、この上、単位も落とせば、私の人生真っ暗です。

【講評】今は、こういう学生がいなくなった。とてもなつかしく思って、それでも、Cはやれないので、**D**を出すことにした。

「…が消えてしまいました！」という題意を勝手に変えた学生もいた。

先生、五千円札、一万円札が生まれました！

[redacted]

辰巳ヨシヒロの『劇画漂流』を読んでいたら、
昭和31年には
まだ一万円札、五千円札が
発行されておらず
千円札が最高額の
紙幣だった
とありました。

ウィキペディアで調べると、五千円札は昭和32年、一万円札は昭和33年に発行が開始されました。

【講評】 この学生に「だからどうなの？」と聞き返したいという気もするが…もう少し調べて、たとえば、１９８２年に五百円硬貨が登場したことで、１９９４年に五百円札が発行停止になったことにでも触れれば、「先生、五百円札が消えてしまいました！」と題意を活かせたのに…

細かいことだけど、昭和や平成は、西暦に換算できるようにしておいた方がよいと思う。

残念ながら、**D**。

最後のものは、腹も立つけれど、こういうものを読むことができるのも、大学教員ならではの楽しさということかもしれない。

先生、先生が消えてください！

どうせ単位にもならないので、名前は書きません。私は、先生の講義も、教科書も、教材も、そして、こうした課題も大嫌いです。あまりに標準的なものからかけ離れているからです。非常に著名な経済学者やエコノミストも、先生のことを、「学部入門の教科書も理解していないトンデモ学者」と罵倒しています。先生、お願いですから、私たちの大学から出ていってください。私たちの前から消えてください。

【講評でなくて雑感】評価のしようもないけれど、ここまで嫌悪感を持っていても、必修でもない私の講義をあえて登録したのだから、彼、もしくは、彼女の頭の中で、私の講義がきっかけとなって、何らかの化学反応が起きていたのは確かなことだと思う。それでいいのだと思う。大学の教員って、反面教師って面があってもいいのかもしれない。

大学教員という仕事は、とても奥が深いのかもしれない。来年は、どのような課題作文を出してみようか……

番外篇（その4）国民の資産を狙え！

ピケティの政策提言のポイントが、資産格差を是正する手段として資産課税強化にあったことから、多くの国々の保守的な政権は、その政策主張に対して強い警戒心を持った。日本の現政権も、本来、保守的であったはずである。それにもかかわらず、大衆が関心を持つことには何であれ、無頓着でおられなかった性分に加えて、「労働者と資本家の共生を目指す」という、若干というか、かなり変則的な格差是正になみなみならない意欲を示してきた。そうした風潮が影響して、多くの官庁の勉強会や研究会で「資産課税強化による格差是正」が政策研究のテーマになった。

ピケティというフランスの経済学者の書いた『21世紀の資本』が世界中でベストセラーになった。日本でも、2014年秋に分厚い翻訳が売り出されるやいなや、一冊5千円以上の高額だったのにもかかわらず、飛ぶように売れた。

ピケティの政策提言のポイントが、資産格差を是正する手段として資産課税強化にあったことから、多くの国々の保守的な政権は、その政策主張に対して強い警戒心を持った。

日本の現政権も、本来、保守的であったはずである。それにもかかわらず、大衆が関心を持つことには何であれ、無頓着でおられなかった性分に加えて、「労働者と資本家の共生を目指す」という、若干というか、かなり変則的な格差是正になみなみならない意欲を示してきた。そうした風潮が影響して、多くの官庁の勉強会や研究会で「資産課税強化による格差是正」が政策研究のテーマになった。

私が大学から統括官として出向していた役所でも、部局横断的な「**資産課税強化による格差是正に関する研究会**」が立ち上げられた。とはいっても、非常にインフォーマルなもので、研究会というよりは、情報交換会といった方がよかったかもしれない。

しかし、最初から奇妙であった。

研究テーマは、最初の最初から「**資産課税強化による政府債務の返済について**」となっていた。これでは、テーマのすり替えではなく、差し替えであった。そうした趣旨の疑問を述べると、司会役を務めていた某局の課長は、「どこがすり替え、いや、差し替えでしょうか。

債権債務関係において生じた深刻な官民格差の是正こそが、格差是正でなくてなんとするのでしょうか」と発言してきた。「異議があれば、即刻お引き取りいただいても結構なのですが…」とまでいわれてしまった。

司会は、論点整理のための資料という名目で1枚のグラフを配った（図B4－1）。このグラフには、中央と地方の政府負債の対名目GDP比とともに、家計や民間法人が保有している土地資産や家計の金融資産の対名目GDP比が描かれていた。司会は、次のようなことをいったと思う。

「ご承知のように中央・地方の負債残高の名目GDPに対する割合は、1990年代半ばには、100％を切っていたのですが、現在では、250％に近づく勢いです。この巨額な債務を、どのような**民間どもの**債権で相殺するのかを考えていくのが私どもの研究会の目的、というよりも、偉大なミッションです」

出席していた数人が、大きくうなずいた。

「お配りしたグラフをご覧いただいたらわかりますように、**民間どもの**土地資産の規模は、21世紀に入って、名目GDPの変化とほぼ同じで横ばいです。一方、**民間どもの**

図B4-1: 実物・金融資産の対名目GDP比
(単位:2005 年基準、出所:国民経済計算)

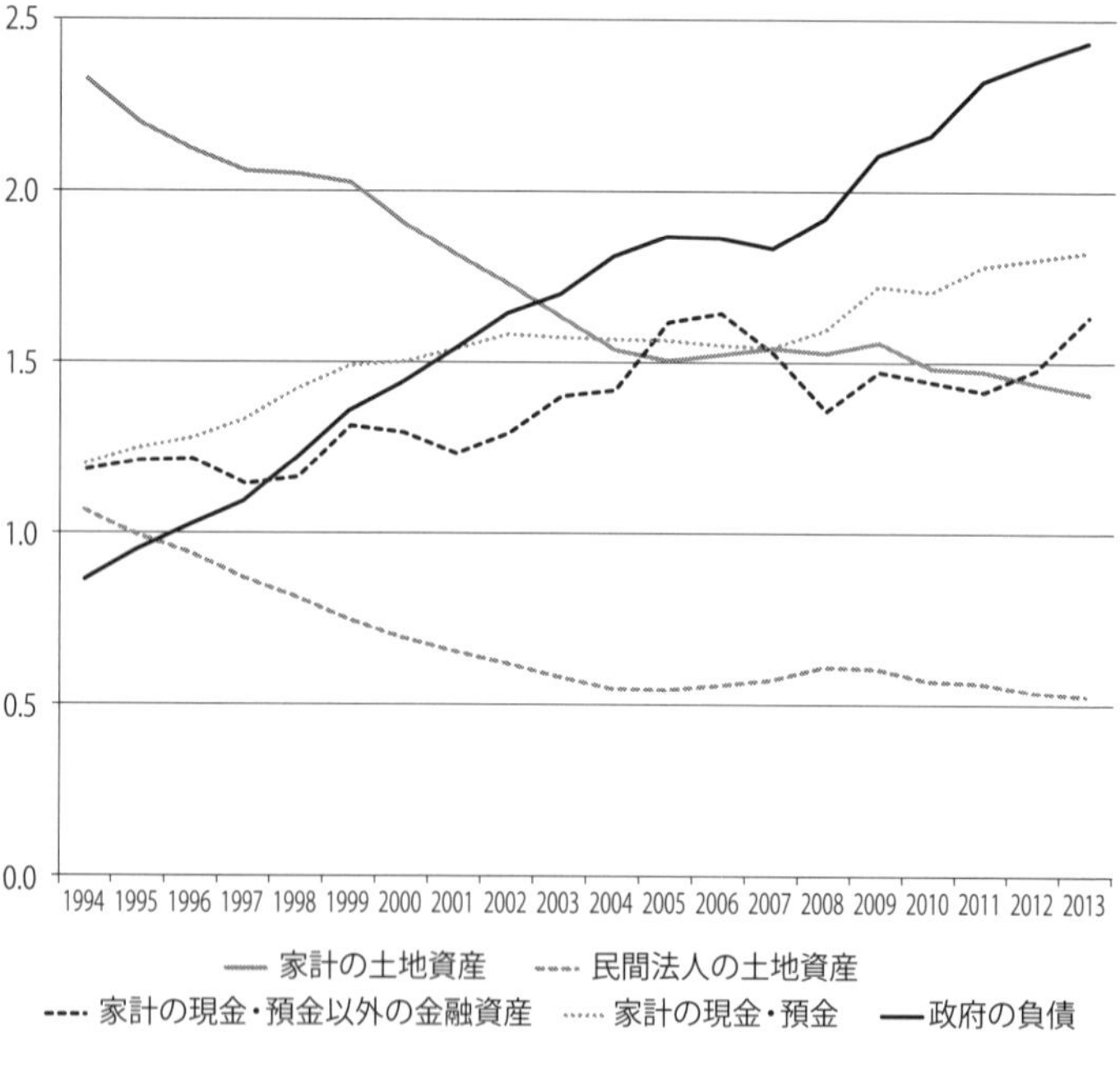

金融資産の方は、名目GDPよりも速いペースで伸びています。政府負債ほどではありませんが、それでも、比較的速いペースです。ただし、現金・預貯金以外の株式などは、株価こそ生命線の現政権にとって、まさに虎の子、絶対に手を付けることなどできない神聖不可侵の領域です」

先にうなずいた数人が、再び大きくうなずいた。

「そこで、現金・預金に資産課税強化のターゲットを定めることで、皆様には、ご異議ございませんね」

いろいろな方向から、「異議なし」という声があがった。

私の方は、異議ばかりであった。

「発言をさせてください。先ほども申しあげたように、世間がいう『格差是正』には、『貧富の差をなくす』という意味が含まれています。といいますか、債権債務関係における『官民格差』などということは、ほとんど意味していないと思うのです。そうしますと、土地や株式に比べれば、人々の間にはるかに広まっている現金・預金に対して課税を強化することは、言葉本来の意味の『格差是正』から考えていかがなものでしょうか」

司会役の課長は、

「他の方、ご異議がありますでしょうか」

といったかと思うと、「異議なし」といういくつもの声に後押しされるかのように、議事を進行させていった。

すると、課長補佐クラスらしい若手が、発言を求めてきた。

「ここは、あからさまな課税よりは、金融抑圧しかないのではないでしょうか。英語でいうところのfinancial repressionです。預金金利をゼロに抑え込んだままで、インフレを進行させて、**民間ども**の預金の実質価値を、したがって、その裏側にある政府債務の実質返済負担を圧縮していくしかないと思うのです」

また、他の課長補佐クラスの発言も続いた。

「私も、金融抑圧に賛成です。仮想的な数字ですが、今、家計が保有している現金・預金残高が900兆円とします。預金金利ゼロで、日銀が2%のインフレ目標を達成することができるとすると、0%から2%引いて、毎年、現金・預金の実質残高は、2%ずつ目減りしていきます。今の貨幣価値で、毎年、18兆円（900兆円×2%）目減りしていき、たとえば、それを20年間続ければ、残高ベースで360兆円分（18兆円／年×20年）の政府負債を償却することができます。現在の政府負債は、国債やら、地方債やら、銀行借入やら、すべてひっくるめると、1200兆円弱ですから、こうした金融抑圧で、その3割強を帳消しにすることができます」

彼の発言が呼び水となって、威勢のよい発言が相次いだ。

「いや、20年間なんて、なまやさしすぎる。いっそのこと、60年間にすれば、よいではないか」

「いや、2%のインフレなんて、なまやさしすぎる。いっそのこと、5%にすれば、よいではないか」

「いや、預金金利ゼロなんて、なまやさしすぎる。いっそのこと、マイナス5%にすれば、よいではないか。」

すると、司会役の課長は、ここぞとばかり、すべての発言を自信ありげに引き取った。

「みなさま、活発なご議論をありがとうございます。ここで、皆様のご意見を集約いたしますと、預金金利がマイナス5％、インフレ率がプラス5％ですと、マイナス5％から5％を引いて、毎年、マイナス10％、すなわち、90兆円の目減りですから（900兆円×10％）、13年あまりで政府負債は、帳消しとなりますね。これで、理不尽な、矛盾に満ちた官民格差は解消するわけです。すばらしいではないですか！」

すると、先ほど「60年間にすれば」といった、やや年配の官僚が、「私の提案はどうなってしまったのでしょうか」と疑義をはさむやいなや、「それじゃ、長すぎるんだよ！」と野次が飛んできた。

司会は、自分の言葉に酔いしれているかのようであった。言葉の勢いが余って、「こうしたすばらしい政策を実現するためにも、日銀法を改正して、日銀の独立性を完全に奪うべきです」とも発言した。

このような荒唐無稽な会合こそ、議事をとるべきだったと思う。

私は、頭の中の脳みそが溶けそうになってきた。いや、一部、すでに溶けていたと思う。出席者の間で、私語や雑談が交わされている中で、私は、発言を求めた。

「インフレ率が預金金利を大きく上回り、実質金利が大きくマイナスになる状態が、10年、20年、続いたら、日本経済はおしまいですよ。資産の実質目減りを嫌った預金者たちは、銀行口座から預金を引き出してしまうでしょう。他国に比べて実質金利が異常に低い状態が続けば、円通貨も実質で減価していきますから、大量の資金が、海外に流出していきますよ。それとも、なんですか、終戦直後の預金封鎖のようなことをおやりになるつもりですか。あるいは、発展途上国なみに資本流出規制をおやりになるつもりですか」

すると、司会は、私をさえぎった。

「あなたは、天地が崩れ落ちることを憂えている杞の国の人ですか。大学からの出向組は、これだからいけません。我が国の役人としては、肝っ玉がすわっていませんね」

突然、どこからか、「女々しいぞ」という発言があったかと思うと、「それじゃ、セクハラ発言だ」と誰かが受けて、会議室は笑い声に満ちた。

それでも、私が発言を求めると、司会者は、「それでは、散会にします。もちろん、散会後の自由討論は大いに結構です」といって、会議室を出ていってしまった。私は、それでも、そこに残った2人の前で、発言というか、議論を続けた。

「やはり、資産課税の対象としては、まずは、土地資産を考えるべきだと思います。2013年末の数字を見ると、家計が保有する土地は676兆円、民間銀行を含めて民間企業が保有する土地は252兆円、民間の土地保有は、合計928兆円です。そこに、固定資産税の標準税率1・4%をかけると、年間13兆円の税収が市町村に入ってくるはずです。しかし、市町村が2013年度に土地から徴収した固定資産税は、たった3・4兆円でした。すなわち、民間保有の土地資産価値の0・37%にすぎません。

なぜだか、分かりますか?

固定資産税の土地資産課税部分は、優遇税制の塊だからです。

まず、課税標準額は、地価公示価格の7割で評価します。その上、商業地は、さらに、7割掛けしたものが、実際の課税評価額です。したがって、正味の固定資産税率は、0.7×0.7×1.4%で、0・69%にすぎません。

小規模宅地は、もっと優遇されています。課税標準額の6分の1が実際の課税評価額

表 B4-1: 固定資産税率と税収の関係

固定資産税率	土地資産価値	年間税収	年利 2% で計算した年間税収相当の貯蓄元本
0.4%	1000 兆円	4.0 兆円	200 兆円
0.8%	857 兆円	6.9 兆円	343 兆円
1.4%	706 兆円	9.9 兆円	494 兆円
2.0%	600 兆円	12.0 兆円	600 兆円
4.0%	400 兆円	16.0 兆円	800 兆円

ですから、正味の固定資産税率は、$0.7 \times \frac{1}{6} \times 1.4\%$で0.16%になります。

同じように、農地への課税も、過度に優遇されていました。

その結果として、固定資産の実効税率が、本来の1・4%から0・36%まで引き下がってしまったわけです」

すると、近くに座っていた若い方の官僚から、「それでは、土地課税を強化したらどうなりますか」と質問を受けた。

「実際に起きることは、①地価の下落と②固定資産税の増収です。

それでは、実際に計算をしてみましょう。計算をしやすくするために、数字を丸めてしまいます。民間が保有する土地資産を1000兆円とします。現行の正味の固定資産税率を0・4%としましょう。したがって、土地から上がってくる固定資産税収は、年4兆円（1000兆円×0・4％）となります。民間保有の土地からは、毎年、2・4％の収益が上がってくるとします。すると、税引き後の土地収益率は、その2・4％から、0・4％の固定資産税率を差し引いた2・0％ということになります」

ここで、年配の方の官僚から、「すると、固定資産税率を0・4％から0・8％に2倍にすると、固定資産税収も、年4兆円から8兆円となるのですか」と質問があがった。

「残念ながら、それほど簡単ではありません。今しがたいいましたように、地価が下がってしまうからです。

少しだけややこしい計算なので、この表（表B4-1）で結果だけをお見せしましょう。たとえば、税率が0・8％に引き上がると、土地の資産価値は、1000兆円から857兆円に下落します。そこに、0・8％の税率がかかるので、年間税収は、4・0兆円から6・9兆円に増加します。ですので、倍の8兆円よりは少ないですが、当初の4兆円よりは大きいですね」

すると、若い方の官僚が発言した。

「固定資産税率を現行の標準税率1・4％に引き上げると、税率は、0・4％の3・5倍なのに、税収は、4・0兆円から9・9兆円で約2・5倍ですね。さらに、固定資産税率を10倍の4％にしても、税収は、4・0兆円の4倍にすぎません」

年配の方の官僚が、「表の4番目の列は何を示しているのですか」と、私に質問してきたので、私は、できるだけ丁寧に答えようと思った。

「たとえば、固定資産税率が現行の0・4％の場合、土地から得られる固定資産税収は、年4兆円となります。土地のそもそもの税引き後収益率が2・0％だったことを思い出してほしいのですが、年2・0％の利回りで年4兆円の利息を生み出す資産元本は、200兆円ですね。すなわち、現行の0・4％で固定資産税を課すことは、市町村全体で元本200兆円の貯金をもっているのと同じ効果があるわけです。

同じように考えればよいのですが、固定資産税率を0・4％から1・4％に引き上げると、土地から得られる固定資産税収は、年4兆円から年9・9兆円へと増収になります。年2・0％の利回りで年9・9兆円の利息を生み出す資産元本は、494兆円ですね。

ということは、固定資産税率を0・4%から1・4%に引き上げることによって、貯金の元本が、200兆円から494兆円に増えることになります」

いつの間にか、大学のゼミのように、討論が活発となってきた。自分の記憶のある限りで、討論の様子を再現してみよう。

若い官僚：統括、面白いことに気が付きました。固定資産税率を現行税率の0・4%から標準税率の1・4%に引き上げると、市町村の貯金が200兆円から494兆円へと294兆円増える分、土地の資産価値が1000兆円から706兆円と294兆円減っていますね。すなわち、固定資産税率を引き上げるということは、家計や民間企業の土地資産価値を奪っているのに等しいわけですね。

私：そういうふうに考えると、面白いですね。

若い官僚：しかし、少し疑問に思うところもあります。統括の想定では、固定資産税が課せられていないときの土地資産の利回りは年2・4%でしたが、それを超えて4%の税率を課しても、土地資産価値が依然として400兆円のプラスの価値がある理由がわかりません。

私：なかなか、よいポイントですね。私の計算では、税率が0・4%のときに1000兆円の土地資産から24兆円の地代が上がってきて、それを、地主が20兆円、市町村が4兆円と分け合っていると考えているわけです。すなわち、民間保有の土地全体から24兆円の地代収入が上がってくることは、どの税率の想定でも変えていません。地主と市町村の間の配分だけを変えているわけです。

若い官僚：そうだったんですね。固定資産税率が4%だと、24兆円の地代総額のうち、8兆円が地主に、16兆円が市町村ということにですね。

私：そのとおりです。

若い官僚：極端なケースを少し計算してみました。固定資産税率を100%に引き上げると、地主に0・5兆円、市町村に23・5兆円になってしまいます。土地資産価値は、1000兆円から23・5兆円に暴落ですよ！

年配の官僚：そう考えてくると、ある意味、面白いですが、ある意味、恐ろしいですね。固定資産税率の引き上げで民間から収奪される資産価値が半端でないですから…　標準税率の1・4%への増税でさえ、土地資産1000兆円の約3割が市町村に奪われてしまいます。仮に、2・0%まで引き上げると、民間側から見れば、土地資産の4割が吹っ飛ぶことになります。そうこう考えてくると、土地資産課税への強化は、ずいぶんと考えさせられます。市町村の税収が増えても、これでは、土地を保有している民間の方はたまったものではありません。

私：確かに、そうですね。でも、課長連中から見れば、**民間ども**のことなど、考える必要がまったくないのかもしれませんね…　冗談はさておき、ここでの仮定では、土地収益率を2％と低めに固定しているので、民間が被るキャピタルロスがとても大きくなったという面も否めないですね。

若い官僚：すべて、仮定次第ということですか。

私：そうです。仮定を明らかにすることは、政策論議において非常に大切です。

年配の官僚：実は、自分が思いちがいをしていたことを白状しないといけません。

私：なんのことですか。

年配の官僚：課長補佐たちが威勢よく繰り広げていた金融抑圧論議が、荒唐無稽であることは、私自身も、十分に理解していたつもりでした。しかし、固定資産税強化については、かなり大きな期待を持っていました。　それが、統括が一つ、一つ議論を積み重ねていくのをうかがっていて、もちろん、強力な税収効果が期待できることは確かなのですが、一方では、民間の土地所有者が被るキャピタルロスの程度が尋常でありません。そうこう考えてくると、**一つの政策手段を無暗矢鱈に振り回すことは、政府債務解消の魔法の杖でも、打ち出の小づちでも、ドラえもんのポケットでもないことがよくわかりました。**

そうしてたどり着いた結論は、私にとってかなりショックでした…

私：そういう意味では、金融抑圧策が万能でないのと同じかもしれませんね。**そもそも、経**

済政策に魔法の杖などありませんから…

と自分にもいい聞かせるようにいった。

実は、私も、ここで議論したような簡単な数値例を展開するまでは、年配の官僚が考えていたように、固定資産税強化に対して、非常に強い期待を寄せていたのである。

この短篇の執筆者としては、ここで筆を置くはずであったが、若い官僚から「統括、もう少しお時間をよろしいですか」と呼び止められた。私は、「名前を覚えるのが苦手で、ゼミ生の名前もよく忘れます」というと、彼は、「アイオウといいます。Loveの愛にKingの王で、愛王《あいおう》です」と答えた。彼が自ら漢字を説明しなければならないほど、めずらしい苗字であったが、私がよく知っている編集者の立退《たちのく》君と妙に響きが重なっているようにも思えた。

愛王：実は、消費税のことなんです。先ほどの会合で統括が金融抑圧で預金に対する課税強化に反対したのは、そんなことをすれば、900兆円の預金が、銀行から、さらには、国内の金融市場から消えてしまって元も子もなくなり、徴税主体としての国家は敗北してしまうという話だったと理解しています。会合の後で議論した土地に対する固定資産税の方は、24兆円をめぐる地主と市町村の激しい闘争でした。それでは、消費税は、何をめぐる戦いなのかが、見えてこないのです。

私：愛王さん、もう少し話しを続けてください。

愛王：よく、消費税率1％で税収が1・5兆円といわれています。すなわち、消費税が対象としている消費規模は、150兆円です。その150兆円の背後に何があるかということなのです。すなわち、私の疑問は、消費税というのは、どのような国民資産に対しての課税なのかということなのです。

私：消費税は、消費というフローに対する課税ですから、資産というストックへの課税と考えなくてもよいのでないでしょうか。

愛王：私も、財政論でそのように習ってきました。しかし、先ほどの統括の議論を聞いていて、なんだか、消費税が莫大な国民資産に対する課税でないかと思い始めたわけです。なぜかというと、多くの政治家、官僚、学者が、消費税増税を国家債務返済の主要原資とみなしていて、なにかとてつもなく大きな民間資産がその背後に控えているように思えてきたのです。現預金の900兆円、土地資産の1000兆円をはるかに超えるようなな…

私：愛王さんは、非常に面白い発想をしますね。「面白い」というと、失礼になってしまうので、「経済学的に興味深い」といいますか…

愛王：どちらでも同じだと思いますが…

私：失礼。実は、愛王さんのいうとおりです。経済学の標準的な消費理論では、毎年の消費の背後には、すなわち、フローとしての消費の背後には、ストックとしての**恒常所得**がありますう。恒常所得というのは、家計が毎年稼ぎ出す労働所得や金融所得（利息や譲渡益ですね）の総和で、いうなれば、家計が保有する人的資本、金融資産、実物資産の総和です。年々の消費は、この恒常所得の一部があてられていると考えるわけです。

愛王：ということは、恒常所得というストックは、金融資産の一部である900兆円の現預金残高や実物資産の一部である1000兆円の土地資産よりもはるかに大きいということですね。

私：そのとおりです。特に、年々の労働所得の積み重ねである人的資本分がとても大きいですね。

愛王：ぶっきらぼうな質問ですが、どのくらい大きいのですか。

私：それでは、いぜんとして、年利回りを2％と仮定しましょう。すると、年150兆円の消費（正確には、消費税の対象となっている消費ですね。消費全体では、300兆円程度ありますから…）を生み出す元本は、7500兆円となります。

愛王：7500兆円ですか。少しめまいがしますね。ということは、この7500兆円をめぐる国家と家計の闘争ということですか。

私：そういえないことはないですね。今、消費税率は、8％ですから、国家が600兆円分の元本を獲得していますね。それで、さらに1000兆円の公的負債を即座に帳消しにしようと思えば、13％程度（1000兆円÷7500兆円）、消費税を速やかに引き上げないといけないことになります。

愛王：8％に13％を足して21％ですか…　10％への道も頓挫したぐらいですから、即座に21％はとても無理ですね。

私：同じことを娘に話したら、愛王さんと同じような反応でした。

愛王：そんなことを娘さんと話されるのですか…

私：娘、息子、そして、妻には、無理に聞いてもらっているだけですが…

愛王：それにしても…

私：それにしても、何ですか…

愛王：ストックベースの資産課税として消費税を考えると、国家が相手にしているのは、900兆円の現預金、1000兆円の土地資産に比べて、7500兆円の恒常所得は、とんでもなく大きいですね。

私：消費税の対象になっていない部分も含めて消費全体が300兆円であると考えると、その背後にある恒常所得は、1京5000兆円です。兆よりも上の京の単位ですよ！

愛王：そうですね。国家が相手にするには、不足のない相手ですね、「資産としての消費」というのは。

私：この辺で、ピケティ・ブームの話題に戻りたい気持ちが出てきました。ピケティの『21

世紀の資本』のとてつもなく大きな影響で、資産格差是正手段としての資産課税強化が政策的な話題になりましたが、功罪ともに大きいと思います。

愛王：功罪の「功」の方は、民間富裕層からの富の収奪手段としては、資産課税はとてつもなくパワフルであるということを、あらためて見せつけられた思いです。固定資産税率2％（庶民感覚からいえば、たった2％ですよ！）で土地資産の4割の価値が吹っ飛ぶわけですから。

私：確かにそうですね。それでは、「罪」の方は…

愛王：税収確保という観点から見ると、思ったほどではないという点でしょうか。税収確保は、所得や消費などのフローの部分に対して、地道に徴収していくことが一番ということになりますかね。

私：そうなりそうですね。「国民の資産を狙え！」というスローガンは、格差是正を求める大衆の気分にはマッチしますが、国家の台所のことを考えると、よいキャッチフレーズなのかどうか、疑問なしとはいえません。

司会役の課長が会合の終了を宣言して、すでに1時間以上がたっていた。私と長話しているという事実は、愛王君のキャリアにとって、けっして好ましいことでないであろう。彼に対して、少し悪かったと反省もした。それにしても、若い人と議論することは、大学でも、役所でも、とても楽しいという感想だけは、私の側にしっかりと残った。

〈参考文献〉

トマ・ピケティ著、山形浩生・守岡桜・森本正史訳、２０１４、『21世紀の資本』、みすず書房。

番外篇（その5）

妻が夫を問い詰めるマクロ経済学

息子はバイトに、娘はディズニーランドにいっていて、妻と二人で夕食をとったあと、妻は、突然、マクロ経済学のことで、私を問い詰めてきた。彼女の質問が、生産、所得、支出の循環、および、物価と景気の関係に関する重大な質問だったので、マクロ経済学者の私としては、妻の質問から逃げるわけにはいかなかった。

夫：息子はバイトに、娘はディズニーランドにいっていて、妻と二人で夕食をとったあと、妻は、突然、マクロ経済学のことで、私を問い詰めてきた。彼女の質問が、生産、所得、支出の循環、および、物価と景気の関係に関する重大な質問だったので、マクロ経済学者の私としては、妻の質問から逃げるわけにはいかなかった。

【生産増⇓所得増⇓支出増⇓生産増⇓所得増⇓支出増⇓…ってどこから始まるの…】

妻：パパ、首相のよくいう「経済の好循環」ってのがよくわからないわ。

夫：そんなに難しくないさ。企業の生産が増えると、企業で働いている人の給与が上がって、給与が上がると、いろいろなものを買おうとするので、企業の生産がいっそう増えて、生産増⇓所得増⇓支出増って感じで、望ましい経済循環が起きるって話だよ。

妻：私がわからないのは、**どこから**始めればよいかってこと。

夫：ママの質問が見えてこないなぁ…

妻：そんな好循環がそもそもあるんだったら、どこから始めてもいいわけでしょう。生産から始めても、所得から始めても、支出から始めても。それが、政府の説明は、「所得から始めないといけない」ってなっていない？　賃上げ、ベースアップ、賞与増額で所得を増やすってところにこだわっているわ。

夫：続けて。

妻：でも、もし、生産、支出、所得の間に好循環があるんだったら、円安で輸出企業の生産や収益は増大しているんだから、それで、所得増、支出増って、自然にいくはずで、政府が、わざわざ、「所得を増やそう」なんて号令をかける必要なんてないんだと思うの。

夫：ママがいいたいのは、好循環のメカニズムの中で、生産増と所得増の間のリンクが切れてしまっているってことだね。

妻：パパがいいなおすと、なんだかかっこよくなって、ずるいって思うけど。

夫：それが、大学教員の仕事だから。

妻：確かに、それがパパの仕事だわ。パパの言葉を借りるんだったら、所得増と支出増の間のリンクや、支出増と生産増の間のリンクも切れてしまっているんじゃないの。だから、政府が、わざわざ、「経済の好循環」って、声高に叫ばないといけないんじゃないの。自然に起きることだったら、政府は、黙っているはずよ。

夫：いきなり、すごいことをいい出すな、ママは…　ママの質問は、一流経済学者もたじたじしちゃうよ。

妻：**パパ、私の誕生日が6月5日ってことを忘れているんじゃないの。**アダム・スミスが生まれたのが、1723年の6月5日、ケインズが生まれたのが、1883年の6月5日なのよ。

夫：「だからどうした」って、感じもするけど…

妻：私が、スミスやケインズと誕生日が一緒だってことを、パパは、もっと誇りに思うべきよ。

夫：そうかなぁ…

妻：絶対にそう！

夫：ところで、3つのリンクが切れてしまっているという話だけど、2つだけ例を示してみよう。第1は、「生産、所得、支出の好循環」という考え方のいかがわしさを感じさせてくれるケース。第2は、支出増が生産増に結びつかないケース。どちらも、経済全体で起きることなんだ。

妻：パパは、もう講義調…

夫：茶化してほしくないなぁ…

妻：そう聞こえたら、ゴメン。

〈第1のケース――〝好循環〟のいかがわしさ〉

夫：それでは、**第1のケース**の例を作ってみるよ。今、100人の労働者がいるとする。90人が就業していて、10人が失業。90人が働いて、9億円分の消費財を生産しているとする。この9億円の売り上げを90人で分けて（9億円÷90人）、1人1千万円の所得を得ているとするね。
妻：生産するのに原材料とかいろいろと費用がかかると思うけど、それはどうなのよ。
夫：諸々の費用は、無視する。
妻：パパが、そこまでいうんだったら、それでもいいわ。
夫：1人の就業者は、稼いだ1千万円をすべて消費財の購入にあてるとするね。
妻：貯金しないの。
夫：貯金は、無視する。
妻：パパが、そこまでいうんだったら、それでもいいわ。
夫：ここで、経済全体の生産、所得、支出の規模を貨幣単位で計算してみてよ。
妻：そんなの簡単。生産は、消費財を生産した9億円。所得は、就業者1人当たり1千万円、90人分だから、9億円。消費は、就業者一人当たりで1千万円の所得をすべて消費に浪費しちゃうんで、その90人分で、これまた9億円。
夫：そうだね。生産も、所得も、支出も、9億円だね。
妻：私を馬鹿にしないでちょうだい。
夫：馬鹿になんてしていないよ。ところで、ここで、10人の失業者のことに目を向けてみよう。
妻：私も、さっきから、彼らのことがとても気になっていた…

夫：今、役所が、この10人を1人1千万円で雇って、総人件費1億円（1千万円／人×10人）を就業者1人当たり100万円の税金を課して調達することにしよう。

妻：パパ、待ってよ。就業者は、90人だから、1人当たりの税金が100万円だと、100万円／人×90人で9千万円、1億円には、1千万円足りないわ。

夫：よく考えてごらんよ。今は、10人の失業者も、役所に雇われて就業者になっているんだから、就業者数は、90人から100人に増えている。

妻：あっ、そうか、そういうことね。確かに、100万円／人×100人で1億円になるわ。

夫：それでは、この場合の生産、所得、支出はどうなるかな。

妻：簡単なのは、所得。1人当たり1千万円で、今度は、100人働いているから、10億円だわ。生産は、消費財の生産が増えったってことでないんだから、なにも変わっていないんじゃない。だから、9億円のまま。支出は、今度は、税金がかかっているから、1千万円の所得から100万円の税金を除いた900万円が消費財に使われるわ。働いている人は、100人だから、900万円／人×100人で9億円。

夫：ということは、所得は、10億円に増えたけれど、生産と支出は、9億円のままだね。

妻：どこか間違っているの…

夫：ぜんぜん、すべて正解。

妻：でも、よく考えてみると、なんだか貧しくなっているみたいね。税金をかける前は、1

人当たり1千万円の消費だったのに、税金がかけられてからは、900万円と、100万円ダウン。もちろん、100万円の税金を支払っているんだから当然なんだけど…

夫：ただ、10人の人が就業できたのは、よかったことだよね。

妻：それは、よかったわ。でも、パパがこの例から何をいいたいのか、まだよくわからない。

夫：答えをいうまえに、もう少し考えてみよう。

妻：なんだか、もったいぶっているわ。

夫：経済学では、税金がかけられたあとの世界は、新たな生産と支出が生まれたと考えるんだよ。役所が1億円の人件費を払って行政サービスを生産しているって考えるわけ。一方、人々は、こうして役所で生産された1億円の行政サービスを消費しているとも考える。

妻：そうすると、生産も、支出も、9億円から1億円増えて、10億円っていうこと。

夫：そうなるね。

妻：ということは、役所が肥大化すればするほど、役人の所得が増え、行政サービスという生産や消費が増えるってこと。

夫：そうなるね。ただ、先ほどの例だと、役所の活動には、失業対策というか、就業者から失業者への所得再分配という面もあるね。

妻：それも度を超すと、重税にあえぐ市民を脇目に、高級（高給？）官僚が闊歩するってことにならない…

夫：そういうことも…

妻：それにしても、パパのいわんとすることがよくわからない。

夫：パパがいいたかったのは、政治家や役人の間には、人件費を投じれば、そこにサービスが生産され、そのサービスが消費されるっていう発想がはびこっているってこと。

妻：そうなの…

夫：それと、生産や所得の拡大を目的とした政策が、実は、その裏に、所得の再分配という目的が隠されていることも多いということ。

妻：そうなの…

夫：それだけに、政治家や役人が、「経済の好循環」なんて言葉を口にするときは、要注意ってことかな。

妻：そうなの…

〈第2のケース―支出増≠生産増〉

夫：それでは、**第2のケース**に行くよ。

妻：第2のケースって何だったけ。

夫：支出が増えても、生産はかならずしも増えないってケース。

妻：そうだったね。
夫：たとえば、ママが、衣料品メーカーの営業担当だったとして、自分たちの商品に対する需要が予想外に増えたらどうする…
妻：それは、当然、喜ぶわ。
夫：そういうことでなくて、その需要増に対して、どのような対応をするかってこと。「予想外」ってところが重要だよ。
妻：工場の責任者に「もっと、生産して」って頼むわ。
夫：お願いすれば、増えるってものでもないと思うけど。生産計画は、需要予想に基づいてたてられているわけなんだから、予想外の需要増には、即座の生産増とはいかないね。
妻：それだったら、どうするの。
夫：それを、ママに聞いているんじゃないか。
妻：妙案が浮かんだわ。去年生産した商品を倉庫から出してくるわ。すごいでしょう。
夫：それは、いい考えだね。他にないかな。
妻：ない。
夫：たとえば、海外に支店を持っていたらどうするかな。
妻：その支店に電子メイルを打って、その商品の在庫がないかどうか確かめればいいね。
夫：そうだな。それで…

妻：在庫があれば、空輸してもらうわ。

夫：今、ママが営業担当者として決めたことは、いずれも、消費者からの需要増（消費者からみれば、その商品に支出する意思が固まったってことだね）に対応するのに、国内の生産増にはつながっていないね。最初の場合は、倉庫から在庫を出してくるわけだし、2番目の場合は、海外支店から緊急空輸をしているわけ。前者は、在庫の取り崩し、後者は、海外からの輸入と、一般的にはいわれているね。

妻：だから、支出増が生産増にかならずしもつながるわけではないということ。

夫：そうだね。正確には、国内生産増につながらないということになるね。

妻：パパにだまされているようにも思うけど…

夫：そんなことはないさ。

【物価と景気の関係を教えて！】

妻：次にパパに聞きたいのは、物価と景気の関係について。

夫：どういうこと。

妻：首相も、大臣も、日銀総裁も、物価が上がると、景気がよくなるっていうんだけど、そこが、ぜんぜん納得いかないのよ。

夫：もう少し、詳しく説明してよ。

妻：たとえば、ガソリン。２０１４年の終わりごろから、ガソリンもずいぶんと安くなって、うれしかったのは、私だけじゃないと思うわ。**物価が下がって、みんなが幸せよ！**

夫：そうだね。

妻：逆に、２０１２年の終わりごろから、円安になって、輸入原料が高くなって、たとえば、小麦粉も値上げの連続だったわ。近くのパン屋さんは、単価こそ上げていないけど、パンの大きさがどんどん小さくなっていくわ。じきに、虫眼鏡でないと、見えなくなっちゃうわ。パン屋さんだって、できれば、安い小麦粉で、大きなパンを作りたいんじゃないの。**物価が上がって、みんなが不幸せよ！**

夫：だから、ママは、首相や総裁のいっていることが理解できないってことか。

妻：そういうこと。

夫：グラフ使っていいか。

妻：突然、なによ。

夫：だから、グラフだよ。

妻：難しくならない…

夫：そんなことないさ。

妻：パパを信じるわ。

夫：インフレ需要曲線とインフレ供給曲線というのを使いたいんだが…

図B5-1:インフレ需要曲線

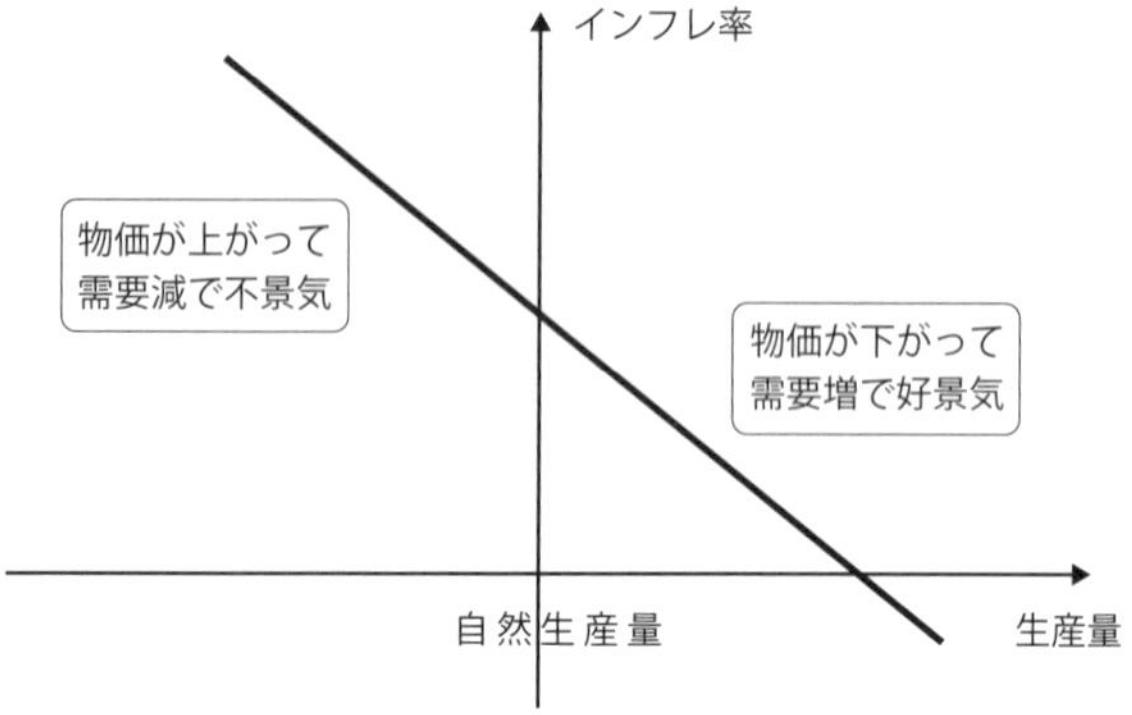

妻:インフレを需要したり、供給したりって、一体全体、どういうこと。

夫:ゴメン、ゴメン、そういう意味ではなくて、インフレ需要曲線とは、インフレ率と需要行動の関係を表した曲線、インフレ供給曲線とは、インフレ率と供給行動の関係を表した曲線という意味。

妻:それじゃ、需要行動とか、供給行動って、どういうこと。

夫:それは、おいおい話していくよ。まずは、**インフレ需要曲線**。図B5-1では、横軸が経済全体の産出量、縦軸がインフレ率、すなわち、物価の上昇率を表している。横軸と縦軸が交わるところは、ゼロの原点ではなくて、ベースラインとなる生産量、**自然生産量**と呼ばれている。この自然生産量を上回ったら**好景気**、下回ったら**不景気**。図の右下がりの線が、インフレ需要

図B5-2: インフレ供給曲線（その１）

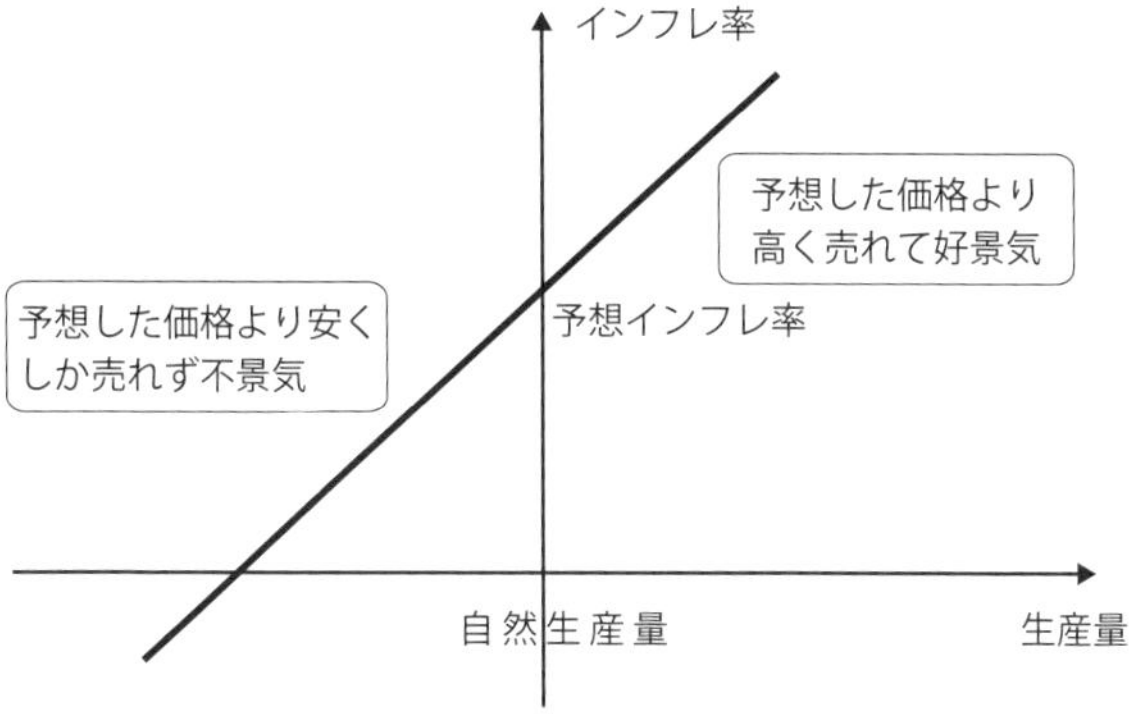

曲線だよ。

妻：曲線じゃなくて、直線じゃない。

夫：直線も、曲線の特殊ケースと思って、我慢してくれよ。

妻：ところで、なんで右下がりになるの。

夫：物価が上がると、需要が減少して不景気になり、逆に、物価が下がると、需要が増加して好景気になるから。

妻：石油がうんと安くなると、石油をたくさん購入して、パンがとても高くなると、パンを買い控えるってこと…

夫：そうなんだ。

妻：すなわち、物価と消費の関係だわ。

夫：人々の消費行動は、需要行動と呼ばれているから。

妻：だから、インフレ率と需要行動の関係を表したのが、インフレ需要曲線ね。

夫：そのとおり！

では、次に、図B5‐2で**インフレ供給曲線**を考えてみよう。縦軸と横軸は、図B5‐1と同じだけど、2つ違うところがある。第1に、インフレ供給曲線は、右下がりではなくて、右上がり。第2に、インフレ供給曲線と縦軸が交わる切片が**予想インフレ率**と呼ばれていること。

妻：予想インフレ率って何…

夫：人々が前もって予想していたインフレ率のこと。期待インフレ率とも呼ばれているね。

妻：それで、なぜ、右上がりになるの。

夫：いくつかの説明の仕方があるね。まずは、企業は、予想した価格よりも高く売れて、もっと生産して好景気となり、逆に、予想した価格より安くしか売れずに、生産を縮小して不景気となるという説明。

妻：他にもあるの…

夫：予想したよりも高い賃金となって、労働者がもっと働こうとして好景気となり、逆に、予想したよりも低い賃金となって、労働者が働く意欲が低くなって不景気になるという説明（図B5‐3）。

妻：最初の説明は、企業で、次の説明は、労働者ってこと。

夫：企業や労働者の行動は、ひっくるめて供給行動っていわれているので、この右上がりの

図B5-3: インフレ供給曲線（その2）

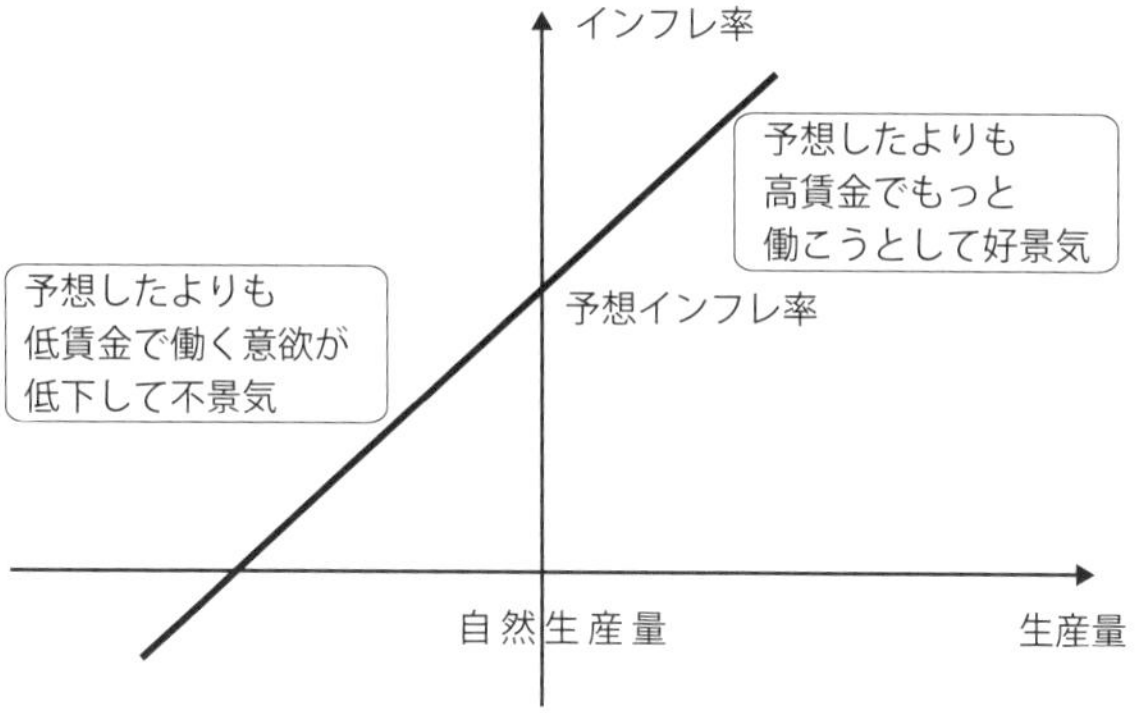

曲線は、インフレ率と供給行動の関係を表した曲線という意味で、インフレ供給曲線って呼ばれているわけ。

夫：こうしてみてくると、高インフレが高景気と表裏一体となって好ましいのは、インフレ供給曲線、低インフレが高景気と表裏一体となって好ましいのは、インフレ需要曲線ということになるね。

妻：でも、パパの話がまだ見えてこない。

夫：パパがいいたいのは、首相たちの議論も、ママの議論も、ある意味、どちらも正しいということなんだよ。

妻：続けて。

夫：では、続けるよ。今度は、インフレ供給曲線とインフレ需要曲線を1枚のグラフ（図B5-4）に描いてみるよ。

妻：私たちの日本経済は、インフレ供給曲線とインフレ需要曲線の交点のところにいるというわけね。なんだか、大学時代に習った経済学の授業を思い出してきた。

夫：実は、ママが学んだ需要曲線と供給曲線と、ここで取り扱っているインフレ需要曲線とインフレ供給曲線は、かなり違った性質なんだよ。

妻：パパは、いらないことといわないでよ。せっかく、青春時代に学んだことを思い返しているところなのに…

夫：それは悪かった…

では、最初の交点（すなわち、●のところ）は、生産量が自然生産量、インフレ率が予想インフレ率に一致しているとするよ。生産量が自然生産量と一致しているので、好景気でも、不景気でもないということになるね。

妻：わかったわ。

夫：そこで、２つのケースを考えてみよう。最初は、

図B5-4: インフレ供給曲線・需要曲線

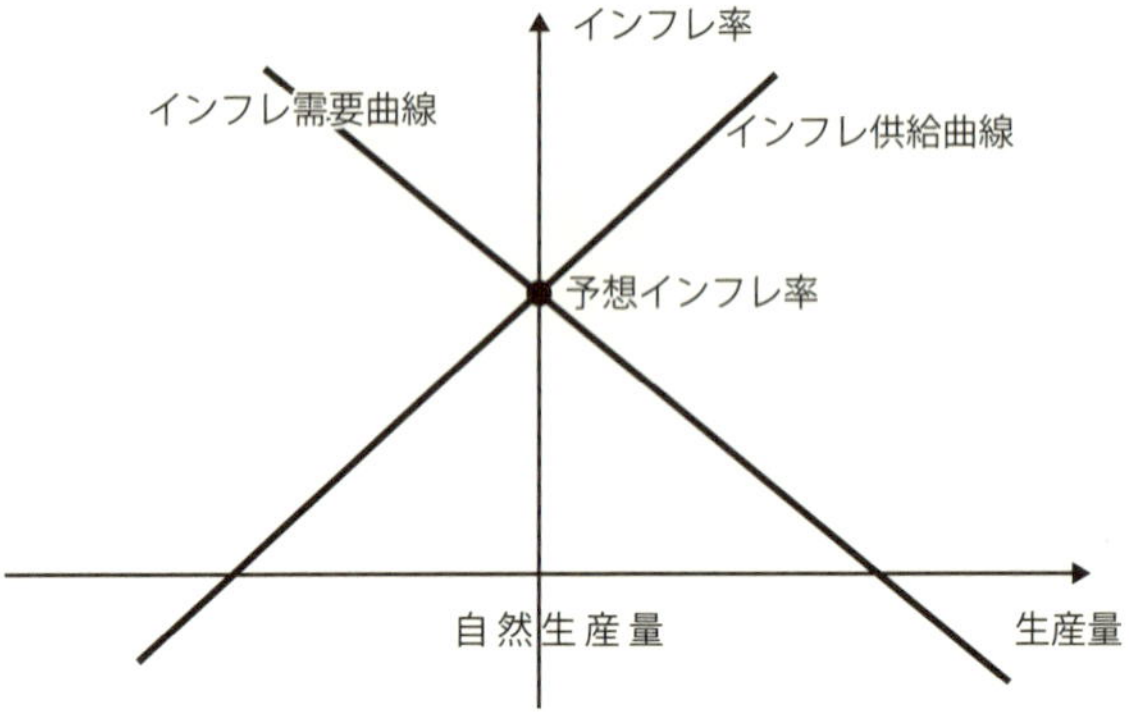

図B5-5: インフレ需要曲線の上方シフト

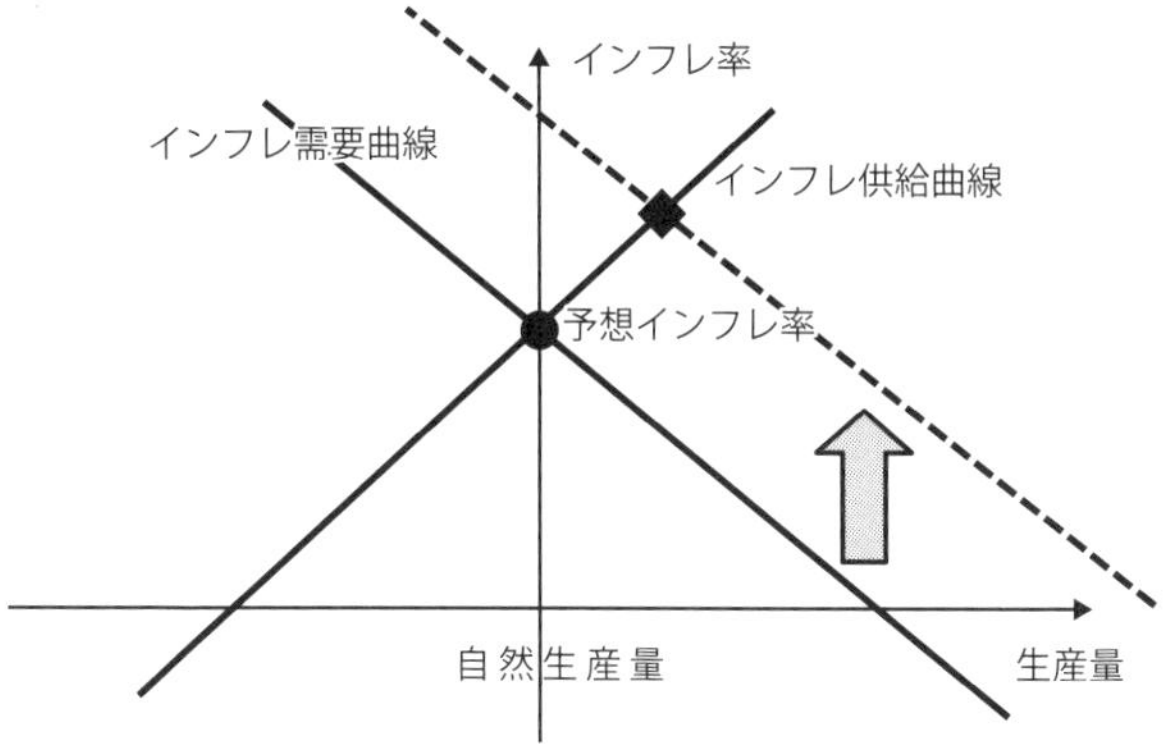

財政政策や金融政策などの景気対策で経済を活性化しようとする場合。

妻：どうなるの。

夫：インフレ需要曲線が上の方にシフトする（図B5－5）。

妻：すると…

夫：すると、経済は、●から◆の方に移動して、インフレ率は、予想インフレ率よりも高くなるとともに、生産量も、自然生産量を上回って、好景気になる。

妻：これこそ、首相や日銀総裁が目指していることね。インフレが高まって、景気も良くなる。

夫：そうだね。

妻：それでは、私の考えていたことは、やはり間違っていたということ。

夫：そんなことは、ぜんぜんないさ。

妻：そうなの…

図B5-6:インフレ供給曲線の下方シフト

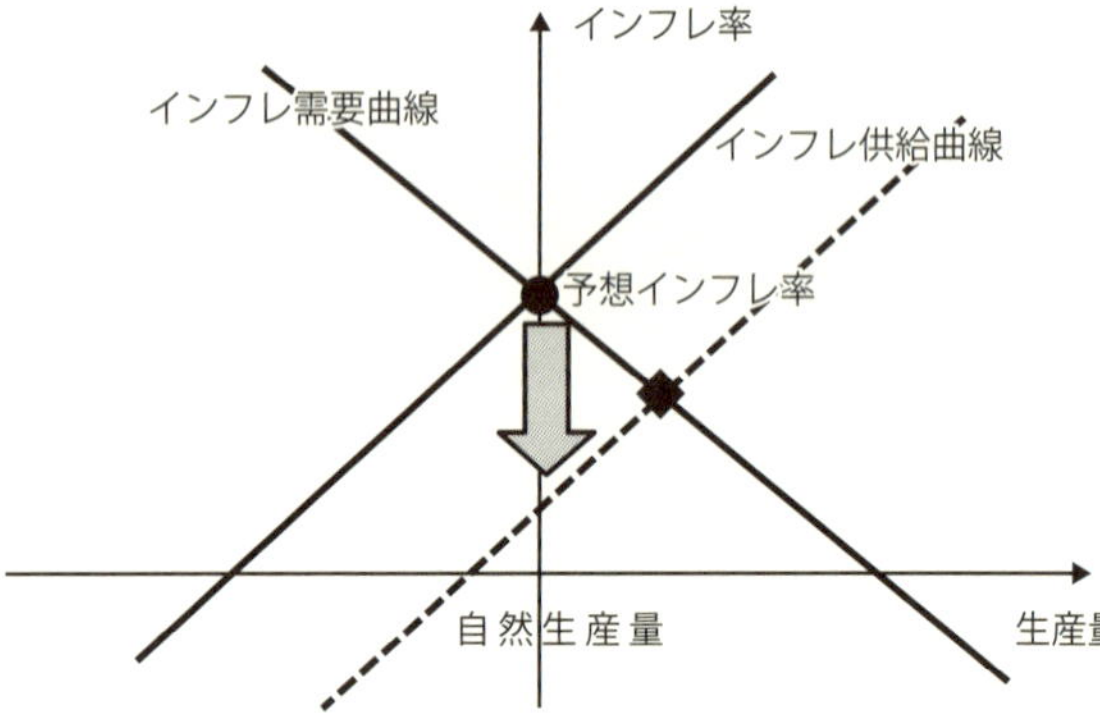

夫:たとえば、原油価格が低下して、ガソリンや灯油の値段が下落する場合、予想インフレ率も低下するので、インフレ供給曲線が下の方にシフトするんだよ(図B5-6)。

妻:確かに、インフレ供給曲線が下の方に移動すると、経済は、●から◆に移動して、インフレ率は低くなるのに、生産量が自然生産量を上回って好景気になるね。

夫:ママのいうとおりだよ。

妻:ということは、首相や日銀総裁も正しくて、私も正しいということ。

夫:そういうこと。

妻:でも、なんだか、釈然としないわ。

夫:どこが…

妻:確かに、首相や日銀総裁の議論も正しいことがわかったけど、私も正しいわけ。それにもかかわらず、世の中のエラそうな方々は、パパも含めてだけど、私のようなものが意見をいうと、「だから、主婦感覚は困るんだよ」とけむたがって、ちっとも意見を聞いてくれないわ。

夫：ママのいったこと、ちゃんと聞いているじゃないか。

妻：今回は、そうだったけど、いつもそうだったとはかぎらないわ。

夫：これからは、ちゃんと聞くようにするよ。

妻：そうして。

夫：ところで、21世紀に入ってからの景気回復のメカニズムは、図B5-5のように、インフレ需要曲線が上の方にシフトしたからなのか、図B5-6のように、インフレ供給曲線が下の方にシフトしたからなのか、どちらだと思う？

妻：そんなのわかるはずないじゃないの。

夫：実は、インフレ供給曲線の下方シフトなんだよ。ただ、予想インフレ率が低下した背景がかならずしも、よい話じゃなくて、賃金の伸び悩みなんだ。ということは、労働者が賃金の低い伸びに甘んじてきたことが、好景気を支えてきたわけ。さらに、賃金が伸び悩んだ背景には、複雑な国際経済情勢が絡んでいたんだ。

妻：それは、複雑な気分ね。

夫：でも、２０１４年後半からの原油価格値下げは、良いニュースだよね。これで、インフレ供給曲線が下方にシフトして、物価も落ち着いたところで、経済が好景気になるわけだから。

妻：そうだわ。私が正しいのよ。

夫：**良いインフレ**もあれば、**良い物価安定**もあって、物価だけの動きで何かを決めつけるということがダメなんだよね。

妻：そうね。今日は、パパのおかげで、のどにひっかかっていた小骨が取れたように、なんだかすっきりしたわ！　ありがとうございます。

夫：こちらこそ。

妻：実は、私に他意はなかったの。息子や娘がパパの作品に登場するのに、私には声がかからなかったから、なにか変わったことをパパに聞けば、私もパパの作品に取り上げてもらえるかと思っただけなのよ。それが、パパったら、真剣になってしまって…　それが、パパのよいところなんだけど。

〈参考文献〉

齊藤誠、2013、「金融政策で経済はよくなるのか―AS‐ADモデルにおける景気循環に関する3つのパターンを踏まえて」、『統計』2014年1月号。

番外篇（その6）

出版社から戸独楽家への招待状、あるいは、父からの招待状

僕の後悔というのは、他でもない、出版社の連中が、僕の原稿をもみくちゃにしてしまうにちがいないという懸念というか、疑念があったからだった。

1ヶ月あまりの合宿から帰ってくると、家には、誰もいなかった。母からのメイルでは、家族一緒に、近所の中華料理屋に食事に行くということになっていたのだが…　ダイニングのテーブルの上には、出版用のゲラらしきものとともに、父の自筆のメモが置かれていた。そのゲラは、次のように始まっていたが、そのようなものに関心のなかった僕は、ほとんど目を通さなかった。

『〈定常〉の中の豊かさについて――経済学小説の試み』
番外篇（その6）「出版社から戸独楽家への招待状」（初校）

1ヶ月あまりの合宿から帰ってくると、家には、誰もいなかった。母からのメイルでは、家族一緒に、たいそう有名なフレンチレストランに食事に行くということになっていたのだが…　ダイニングのテーブルの上には、出版用のゲラらしきものとともに、結婚式の招待状のような立派な封筒が4通（すべて、開封されてあった）、そして、母の自筆のメモが置かれていた。

母の手書きのメモによると、2014年初に戸独楽戸伊佐のペンネームを捨てたはずの父が、実は、その後も、戸独楽のペンネームで編集の仕事に関わっていた。母のメモには、テーブルにあるゲラの「四角で囲っている部分を読めば、そのことがわかるわ」と書いてあった。「四角で囲っている部分」とは、以下の長い文章であったが、そのようなものに関心のなかった僕は、ほとんど目を通さなかった。

私は、『〈定常〉における豊かさについて』（いや、『**〈定常〉の中の…**』だったかもしれない。いずれにしても、これは、私が希望したタイトルであって、出版社の連中が最終的にそれを採用するのかどうかわからないが…）の原稿を途中で放り出して、すべてを編集者の立退《たちのく》君に委ねてしまったことを、今は深く後悔している。妻には、「立退君から電話がかかってきたら、『戸独楽《とこま》はいない』といってくれ」といってあった。確かに、私自身が、戸独楽戸伊佐《とこまといさ》というペンネームを捨てたのだから、妻に言づけたことは、まったくまちがっていない。電話口の妻が立退君に「戸独楽はおりません」というのも、まったく正しい。たとえ、私が居間のソファーに座っていて、妻が立退君に電話で受け答えをしているのを横で聞いていたとしても、たとえそうだったとしても、それは、まったく正しい。

私の後悔というのは、他でもない、出版社の連中が、私の原稿を、よってたかって、もみくちゃにしてしまうにちがいないという懸念というか、疑念があったからだった。

ろくな文章一つ書けないくせに、営業センスだけは抜群の編集部長は、きっと、立退君に対して、「先生の文章は、よくわからん。このままじゃ、絶対に売れない。お前、一般向けの読者のために、各篇に平易な解題を書け」っていい出すにきまっている。

でも、編集部長のアイディア（そう決めつけてしまうのは、よいのかどうか、私にはわからないが）は、考えようによっては、使えるかもしれないな。今のままだと、立退君と2014年初に別れて以降のことが書けないね。2014年は、消費税増税、輸出不振、原油安への転換などなど、いろいろと大切なことがあったからね。立退君の解題で、それらのトピックスに言及できるのは、なかなかいいね。というか、素晴らしいアイディアだな。やはり、編集部長は、やるな。

立退君がいっていたとおり、「**中高年の作文コンクール**」と「**私たちは、とまっていても走り続けている**」は、入れ替えた方がいいな。「**…走り続けている**」は、プロローグって位置付けがいいんじゃないかな。J・S・ミルのエッセーをかましても面白いかもしれない。

「**ある経営者との対話**」は、世の中では、『父息子』とか、『父マク』とか、ちゃんと呼んでくれていないけれど、息子との対話本のラムゼーモデルの一節に式展開がのっているから、立退君は、その辺のところを参考にするだろう。2014年12月末まで待てば、国民経済計算の年報も公表される。

「**若者との対話・3題**」は、さらっといきたいけど、失業流入率や失業流出率のデータは、読者に見せておきたいな。「**父の株式投資**」、これは、最近のところまでデータを伸ばした方がいいね。立退君に渡したメモリーの中には、データの作り方がわかるようなエクセルファイルが入っているはずだ。

「**原発事故の実相**」は、自分にとっては、とてもしんどい研究テーマだった。芥川の「大正12年9月1日の大震に際して」は引いておきたいね。どうでもいいことだけど、インタビュー取材で2度ほどトラブルがあったのは、あれは実話。「**鏡の国から見た震災復興**」、震災復興にかかわる研究も、もう1つのしんどい研究テーマだった。でも、4年あまりかけて、どうにかこうにか、形になりそうで、ほっとしている。

「**元経済官僚の手記**」と「**ある中央銀行総裁の請願**」は、編集部の上層部になんといわれようと、長い、長い解題を付けてほしい。立退経済学博士の腕の見せどころだよ。「『**月例経済報告**』**の政治学**」の「文書作成システム」って、現実のソフトウェアーでなくて、人間の良識のことなんだな。「『**官僚**』**たちからの尋問**」は、立退君なら、いわれなくても、退屈な、すぐに眠ってしまいそうな解題を書いてくれるだろう。

「**…作文コンクール**」から「**原発事故の実相**」までは、市民がテーマで、「**鏡の国から…**」から「**…尋問**」は、公僕がテーマ。「**エコノミストの手帳**」は、エピローグ的な位置付けかな。以前、立退君に渡しておいた「最近のマクロ経済情勢」っていうメモや、『父息子』からでも、解題の題材は、事欠かないと思う。

おそらくは、12篇の短篇だけでは、本にならないという意見が、編集会議で出てくるだろうと、私は思っている。

私の書いたものとしては、まぁまぁ売れた、「父息子」の他社企画に対する嫉《そね》みから、編集担当の専務あたりの提案で、今度は、「娘」を引っ張り出してくるにちがいない。きっと、立退君が「父が娘に語る…」なんてのを書かされているんだろう。そのときは、私が書きかけて結局脱稿できなかった「消費税増税をめぐる家族会議」ぐらいが、種本になるのかな。

立退君も、調子のいいところがあるものだから、「息子さんや娘さんが出てくるのに、奥様が出てこないのはおかしい」とかなんとかいって、「夫が妻に語る…」、いや、立退君のことだから、そこは、ひねりを加えて、「妻が夫を問い詰める…」なんて対話篇を勝手にでっちあげていることだろう。どうせ、「妻」を引っ張り出してくるんだったら、IS-LMとAS-ADで講義したいな。世間では、私のことを、「入門マクロも知らないトンデモ学者」ってことになっているけど、実は、入門の定番のIS-LMやAS-ADは、人並み以上に愛着を感じているわけ。

立退君から頻繁に編集上の相談を受けていたころ、彼は、「先生、経済史、できれば、先生が造詣の深い金融史あたりのネタを使ってみませんか」ってよく提案してきたが、私は、「鷗外の昔から、歴史の素材を小説で取り扱うのは、いろいろむずかしいから」と彼の提案を断ってきた。でも、私がいなくなったことをいいことに、立退君は、金融史ものも、いくつか勝手に書いているんじゃないかな。満洲や華北の植民地金融、沖縄返還時のドル回収、終戦直後の預金封鎖など、立退君の前で話をすると、目を輝かせて聞いていたからなぁ。さらに短篇の追加となると、抜け目のない編集部長のこと、ピケティ・ブームにかこつけた短篇を立退君に書くように、ずうずうしく命じているかもしれないな。

3年前のことだったと思うが、私が講じた金融論の講義に対する学生評価アンケートで、ある学生が、コメント欄に「担当教授を規律委員会にかけて、大学から抹殺してほしい」と書いてきて、それが、よりによって、学長回覧にまで付されたことを、憤慨しながら、立退君に話したことがあるが、その辺のことも、面白おかしくネタにされているのだろう。

著者、編集者、出版社の関係がかくも変則的な本書の出版では、著作権法上の問題もややこしくなるであろう。しかし、いつもイヒヒと笑っている社長、彼はああ見えても、司法試験を通っているからな、彼らしい、そつのない解決方法で、いともやすやすと難題を乗り切ることだろう。そうそう、著作権法といえば、昔、同僚から聞いたことだが、学部教授会構成メンバーがどのように合意していれば、本の編者として

「○○大学××学部編」と書けるのかについて、延々と議論した部局があったそうだ。

まったく関係ないことだけど、長谷川郁夫『吉田健一』、いいね。吉田の晩年こそが、〈定常〉の風景だな。

今月になって、体調をひどく壊してしまった。こういうときにこそ、ばらばらのものをまとめあげていく編集って作業は、私の崩れていこうとしている身体にとっていいのかもしれない。ばらばらになっていきそうな自分を、まとめあげていくわけだから。

妻は、「パパ、異次元金融緩和・バージョン2の副作用だわ。とんだ災難ね」と笑っていた。自分のことは、自業自得なんだけど、なにか、環境に結び付けたい気持ちは、ないでもない。やはり、3・11以降の「空気」かな。別に言論統制があったわけではないので、すべて自己規制の類なのだろうけど、自由にものをいう雰囲気が、まったく失われてしまった。政権交代以前も、以降も、その点ではぜんぜん変わらないな。そういう中で、「筆を持つ人間は、辛い…」なんてことを妻にいえば、「なにをかっこうつけているの」といわれるだけだな。

よく考えてみると、私の違和感の背景にあるものは、言論を取り巻く状況というわけでもなかったのかもしれない。

世界的には、2008年9月のリーマンショックのころから、日本に固有な要因としては、2011年の3・11を契機として、経済政策の超積極主義という考え方が、考え抜いた経済学的な根拠をまったく欠いたままに、広く大衆の熱狂的な支持を受けることで、あるいは、特定の利益者の強力な支持を受けることで、実際の経済政策の現場に浸透してきたと思う。これから四半世紀、半世紀の先に経済政策の歴史を振返るときに、2008年から2014年に経済政策の現場で起きた、多くの小さな出来事が、実は、将来のとんでもなく大きな変化の兆しと見られるのかもしれない。

私たちは、残念ながら、時空を超えて将来の時点に立つことはできない。しかし、虚構によってならば、それに類似するようなことができるのかもしれない。そうすることで、現在進行形で、将来の重大な変化を先取りしているような、わずかな兆しを見つけ出すことはできるのでないだろうか。

このように不満をタラタラと書いていられる私は、とても幸せなのかもしれない。実は、妻のところに、立退君から電話があって、「もちろん、戸独楽先生がおられないことは重々承知しております。でも、奥様が、戸独楽先生と連絡が取れるのでしたら、数枚でもいいですから、先生の御心境を率直に語った原稿を頂戴したい旨を先生にお伝えいただけないでしょうか。これは、私からのお願いというよりも、社長をはじめとした、弊社の総意だとご理解いただければ幸甚に存じます」と伝言してきた。私は、妻の横でずっと聞いていたのではあるが…

そのような出版社からの申し出に対して、私のこのような返信が適切であるのかどうか、まったく自信がない。私の文章は、もしかすると、立退君たちの編集作業に間接的な影響を及ぼすかもしれない。この文章が、立退君たちの編集作業に少しでも、ほんの少しでも、インスピレーションを与えることができれば、それは、私にとって、まことに本望である。立退君をはじめとして、本書の出版に関わった、いや、現在進行形で関わっている方々に深く感謝申し上げたい。(2014年11月記)

戸独楽戸伊佐
代

すでに開封されてあった4通の封筒は、上から、「**戸独楽戸伊佐先生へ**」、「**戸独楽戸伊佐先生の奥様へ**」、「**戸独楽戸伊佐先生のご子息へ**」、「**戸独楽戸伊佐先生のお嬢様へ**」と宛名が書かれてあって、中の手紙には、非常に似通った文面が上質紙に印刷されていた。

戸独楽戸伊佐先生へ

『**〈定常〉の中の豊かさについて—経済学小説の試み**』の編集については、並々ならぬご尽力をしていただき、深く感謝申し上げます。先生の御執筆された**12の短篇**（プラス立退作の解題）と、先生のアイディアに啓発されて立退が書いた**番外篇の6つの短篇**のゲラを別送いたしました。どうかお目通しを頂けると、幸甚に存じます。2015年3月○日午後2時より弊社特別会議室で編集会議を開きたいと思っておりますので、お集まりいただけると幸甚に存じます。引き続き、6時より、戸独楽先生のご家族の方々を、「日本で一番おいしいフランス料理の店」にご招待申しあげたく存じます。なにとぞ、よろしくお願い申し上げます。

[redacted]出版
社長 [redacted]

戸独楽戸伊佐先生の奥様へ

『**〈定常〉の中の豊かさについて—経済学小説の試み**』の編集については、並々ならぬご尽力をしていただき、深く感謝申し上げます。奥様がご登場される「**妻が夫を問**

い詰めるマクロ経済学」のゲラを別送いたしました。どうかお目通しを頂けると、幸甚に存じます。2015年3月○日午後2時より弊社特別会議室で編集会議を開きたいと思っておりますので、お集まりいただけると幸甚に存じます。引き続き、6時より、戸独楽先生のご家族の方々を、「日本で一番おいしいフランス料理の店」にご招待申しあげたく存じます。なにとぞ、よろしくお願い申し上げます。

[redacted]出版

社長[redacted]

戸独楽戸伊佐先生のご子息へ

『**〈定常〉の中の豊かさについて—経済学小説の試み**』の編集については、並々ならぬご尽力をしていただき、深く感謝申し上げます。ご子息がご登場される「**出版社から戸独楽家への招待状**」のゲラを別送いたしました。どうかお目通しを頂けると、幸甚に存じます。2015年3月○日午後2時より弊社特別会議室で編集会議を開きたいと思っておりますので、お集まりいただけると幸甚に存じます。引き続き、6時より、戸独楽先生のご家族の方々を、「日本で一番おいしいフランス料理の店」にご招待申しあげたく存じます。なにとぞ、よろしくお願い申し上げます。

社長
[redacted]
[redacted]出版

戸独楽戸伊佐先生のお嬢様へ

『**〈定常〉の中の豊かさについて―経済学小説の試み**』の編集については、並々ならぬご尽力をしていただき、深く感謝申し上げます。お嬢様がご登場される「**父が娘に語る消費税増税**」のゲラを別送いたしました。どうかお目通しを頂けると、幸甚に存じます。２０１５年３月○日午後２時より弊社特別会議室で編集会議を開きたいと思っておりますので、お集まりいただけると幸甚に存じます。引き続き、６時より、戸独楽先生のご家族の方々を、「日本で一番おいしいフランス料理の店」にご招待申しあげたく存じます。なにとぞ、よろしくお願い申し上げます。

社長
[redacted]
[redacted]出版

僕が目を通すことになっている「**出版社から戸独楽家への招待状**」のゲラというの

が、テーブルの上に置いてあったものなのだろうか。むろん、ゲラを読むつもりなど、僕には、まったくなかった。

母のメモには、「あなたは、午後2時の編集会議には間に合いそうにないので、『日本で一番おいしいフランス料理の店』に直行しなさい。店の地図は、このメモにはさんであるわ」とあった。

実のところ、フランス料理には関心がなかったが、父の仕事の関係者、特に、立退さんに会ってみたい気持ちがあったので、その店に行くことにした。

再校予定（2015年3月○日）
再々校予定（2015年4月○日）
校了予定（2015年4月○日）

父のメモは、次のように書かれていた。

この半年あまり、迷惑をかけて申し訳なかった。いつもの中華料理屋で、おいしい

料理をおごるよ。ママやアーちゃんと先にいっているから、合宿から戻ってきたら、
店に来てほしい。

戸独楽戸伊佐
父　代

実のところ、中華料理にはさほど関心がなかったが、父が楽しく食事をできるまでに回復したのを知ってうれしくなって、その店に行くことにした。

著者と編集者から読者へ
『経済学小説』を真に役立てるために

著者口上：編集者の立退《たちのく》君のおかげで、私が準備した12の原稿（小説といってよいものかどうかわからないが…）に立派な解題が加わった。また、立退君は、さらに奮闘して、番外篇に6つもの小説をあらたに書き下ろしてくれた。いったんは、本書の編集を放棄した私も、あらためて校正ゲラを読んでみて、いろいろと感じるところがあった。そこで、私自身の書き下ろし一篇を、読者から「蛇足！」とのそしりを受けることを覚悟して、ここに加えてみたいと思う。

たかが本だとしても、というか、されど本であるからこそ、読者は、これから読もうとする本に対して、あるいは、あやまってすでに読んでしまった本に対して、「役に立つ」感覚を求めるのだと思う。それが、読者の性であろう。

この最後の小篇では、ここまで本書を読んできたことが、「なるほど、こんなふうに役に立つのか」と感じてもらえるようなものにしたいと思っている。本書の小説群で、あるいは、それに対応する解題で述べられていたことが頭の片隅に残っていた読者に、「なるほど、あそこに書いてあったことだな、これは…」とニンマリしてもらえるような、そんな素材を求めていた。

そんなおりに、2015年3月4日の日本経済新聞朝刊に岩本康志先生が寄稿した論考「賃上げ2巡目の論点『官製春闘』、経済攪乱も」を読む機会を得た。そこで考察されていたトピックスは、そうした素材にぴったりのものであった。よって、「賃上げ」をテーマとしたい。

戸独楽戸伊佐
（Toisa TOKOMA）

編集者口上：校了間際になって、戸独楽先生から、**「賃上げとは？——ある左派政党幹部の鬱病（？）」**という原稿（心情としては、玉稿とはいいたくない…）が編集部に送られてきた。正直なところ、迷惑千万だった。しかし、先生の**「『経済学小説』を真に役立てるために」**という強い（というか、わがままな）希望を入れて、弊社としても、読者の便宜を深慮して、先生から唐突に送られてきた玉稿、いや、単なる原稿を、仕方なくというか、やけっぱちに、本書の最後の方に無理矢理押し込めることにした。しかし、先生からのぶしつけで急な申し入れということもあって、校正の不備が多々あると思われる。その辺は、読者の寛容を乞う次第である。

立退矢園

（Yasono TACHINOKU）

番外の番外

賃上げとは?——ある左派政党幹部の鬱病(?)

編集者口上：校了間際になって、戸独楽先生から、**「賃上げとは？：ある左派政党幹部の鬱病（?）」**という原稿（心情としては、玉稿とはいいたくない…）が編集部に送られてきた。正直なところ、迷惑千万だった。しかし、先生の**「『経済学小説』を真に役立てるために」**という強い（というか、わがままな）希望を入れて、弊社としても、読者の便宜を深慮して、先生から唐突に送られてきた玉稿、いや、単なる原稿を、仕方なく、というか、やけっぱちに、本書の最後の方に無理矢理押し込めることにした。

【戸独楽さん、俺を診てくれよ】

私は、ある左派政党の政策審議室に学術顧問として出入りしていた。学術顧問というよりも、よろず相談員というか、不定愁訴外来のカウンセラーのような役回りといった方が正しかったかもしれない。

私は、左派的な経済学を研究していたのではなかった。むしろ、かなり保守的な経済思想に凝り固まった新古典派経済学の研究者であった。しかし、私の政策主張は、時の保守的な政権党にすこぶる不人気だった。ある左派政党の幹部から、「先生、『敵の敵は味方』というじゃないですか、うちの顧問になってくださいよ」という不思議な依頼があって、学術顧問を引き受けた。

私にも研究者としての下心があった。

その左派政党は、今でこそ、長期凋落のポンコツ政党になりさがっていたが、1950年代から1960年代は、日本政治の一翼を確実に担ってきた。その政党は、当時、ユニークな政策発想に満ちていて、そこからまったく新しい経済政策が生まれる可能性さえ秘めていた。今では司書一人さえいない図書室には、「独自の政策発想がどのように生まれてきたのか」の秘密を解き明かす大量の資料がいくつもの段ボールの中に無造作に詰め込まれていた。

私の研究にとっては、まさに宝の山だったのである。

私を顧問に誘った政党幹部が顧問控室に私を訪ねてきた。かつては、何人もの顧問が活発に議論したであろう控室も、今では、私の個室になりはてていた。

その幹部とは、年代が近いこともあって、しばらくすると、「さん」づけで呼び合い、お互いにため口をきくようになった。幹部の何能《なにのう》さんは、控室に入ってくるなり、「戸独楽《とこま》さん、私のカウンセラーになってくれないか。どうも、鬱病になったみたいだ」といってきた。私は、「何能さん、それは、訪ねる先がまちがっているのでないか。心療内科か、精神科に行くべきだよ」と即座に答えた。

何能さんは、「それが、ちがうんだよ。まぁ、戸独楽さん、俺の話を聞いてくれ」というので、とりあえず、話を聞くことにした。

「先日も、党員や組合員の前で、**『もっと賃上げを！』**とシュプレヒコールを上げようとしたんだ。すると、**『もっと』**という言葉が出てこないばかりか、**『賃上げを！』**という言葉さえ発することができなくなってしまった。代わりに出てくる言葉は、**『そこそこの賃上げとは？』**だったんだ。**『もっと賃上げを！』**という命令文をどんなに絞り出そうとしても、俺の口からは、**『そこそこの賃上げとは？』**という疑問文しか出てこなかった。もちろん、その場に集っていた党員や組合員からは、批難轟々だった。『疑問符(?)じゃなくて、感嘆符(!)じゃないのか』とか、『政府さえ、経営に**モット**っていってくれているのに、党幹部が、**ソコソコ**とは、いい加減にしろ』とかといった野次罵倒ばかりだったよ」

「それは、大変だったなぁ」

「これじゃ、政党幹部としての仕事にさしさわるんで、戸独楽さんがいうように、心療内科や精神科にも行ったよ。そうしたら、ある大病院で、いくつもの検査やテストを受けてみると、そこの、けっこう有名な先生が、俺は、『賃上げ』という言葉について、トラウマがあるっていうんだ。そのトラウマを解きほぐさないと、この病気は治らないってことだ。その先生は、それは、精神科医の仕事でなくて、経済学者の仕事だっていい出すんだよ」

「それで、私のところに…」

「こういうのを奇遇というか、small worldというか、その先生が、戸独楽さんの名前をあげたんだ。『彼だったら、あなたのトラウマを解きほぐしてくれるかもしれませんね』っていうんだよ。だからここに来たというわけだ。診てくれよ」

私は、その精神科医が誰なのか、まったく見当がつかなかった。もしかすると、私の読者なのかもしれない。どういう理由かわからないが、私の読者には、医者が案外に多かった。

私は、何能さんの申し出に戸惑ってしまった。しかし、彼とは、長い付き合いでもあったし、ここで、彼に嫌われると、学術顧問を首になって、政党図書室への出入りも自由にできなくなってしまう。

ここは、思案のしどころであった。

そこで、私は、何能さんが「**もっと賃上げを！**」と素直にいえず、「**そこそこの賃上げとは？**」と考え込んでしまうのには、非常に深い経済学的な直観が働いていることを、無理矢理にでもこじつけて、彼に示そうと思った。何能さんも、自分の深い悩みが、実は深い学術的な根拠があると知れば、彼も、なんやかんやといっても、インテリゲンチャなのだから、少しは、精神的な安らぎを見出すのでないだろうかと、勝手に思ったわけである。

私は、何能さんに「次は、１週間先に会いましょう。それまでに、岩本康志先生が２０１５年３月４日付け日経新聞に寄稿した記事を読んできて下さい」といった。彼は、「戸独楽さん、お手をわずらわしてすまんなぁ。もう少し、読むものとか、作業とかを指定してくれるとありがたいんだけど。なにか、やるべきことがないと、不安で、不安で仕方がないんだ」

その辺のところこそ、精神科医に相談すべきことだと思ったが、いかんせん、政党図書室への出入り自由の魅力に負けて、無責任にも、彼に宿題を課すことにした。

「これは、私が執筆中の、実は、正確にいうと、編集に協力している書籍のゲラだが、その第8篇**『元経済官僚の手記』**を読んできてほしい。あとから、その部分をコピーしておくよ」

「その本の題名、**『〈定常〉の中の豊かさについて――経済学小説の試み』**って、なんだか面白そうだな。それは、戸独楽さんの著作じゃないのかい。ゲラの扉のところには、**『戸独楽戸伊佐著』**と書いてあるじゃないか。いや、待てよ、その下に小さな活字で、**『立退矢園（編集者）代筆』**とあるな。なんだか、変な本だな」

「その辺の事情を話していると、時間ばかりかかってしまうから、今日のところは勘弁してほしい」

「それじゃ、近いうちに飲みながらとでもいこうか」

「実は、何能さんと一緒で、私も、精神科にお世話になっていてね。いくつもヘンチクリンな薬を処方されていて、アルコールと一緒だといけないそうだ」

「戸独楽さんも、大変なんだな。それでは、いつかということで。それはそうと、作業の方は、何をしてくれればよいのかな」

「それでは、このメモのリストにあがっている経済変数を国民経済計算のウェブページからダウンロードして、スプレッドシートでグラフを作っておいてよ」

「わかった。このぐらいあれば、1週間の作業としては、十分だ。本当にありがとう」

「何能さんにお礼をいわれるって、なんだか不思議な気持ちだな」

【「賃上げを！」⇓「賃上げとは？」】

1週間がたって、何能さんは、顧問控室にやってきた。「1週間、けっこう楽しかったよ」と、先週に比べれば、ずいぶんとリラックスしている印象を与えた。

彼は、いきなりしゃべり出した。

「いろいろと頭の整理ができたよ。俺から話していいか」

「何能さん、すでに話しているじゃないか」

「そうだな。まずは、戸独楽さんがリストにあげた経済変数のうち、雇用者報酬の名目と実質のグラフを描いてみたよ（図C－1）」

「それは、いいとっかかりだな」

「雇用者報酬って、要は、労働所得のことだろう」

「そう考えてよいけど、家事労働の貢献とか、個人事業主の所得は、含まれていない」

「調べてみると、雇用者報酬には、役員報酬などが含まれているっていうじゃないか。これは、敵方の所得だぞ」

「そう堅苦しく考えなくても…」

図C-1: 雇用者報酬の名目と実質
（単位：十億円、2005 年価格、出所：国民経済計算）

「ところで、戸独楽さんは、名目値を実質値にするときに、消費者物価指数を用いることをいつも薦めているけど、なぜ、今回は、消費デフレーターなんだ」

「この辺のことを話していると、時間がかかるので、どっちも同じようなものと考えてほしいな」

「それでは、そうするよ」

「ありがとう」

「この図（図C－1）は、とても面白いな。この簡単なグラフは、俺たちが信じてきたことを簡単に否定してしまうんだからな。まずは、２００８年９月のリーマンショック以降のこと。俺たちは、さんざん、労働所得は停滞してきたと信じ込まされてきた。確かに、２００９年夏から政権交代の２０１２年末までの名目労働所得は、２・６兆円しか増えて

図C-2：実質雇用者報酬と実質消費
（単位：十億円、2005年価格、出所：国民経済計算）

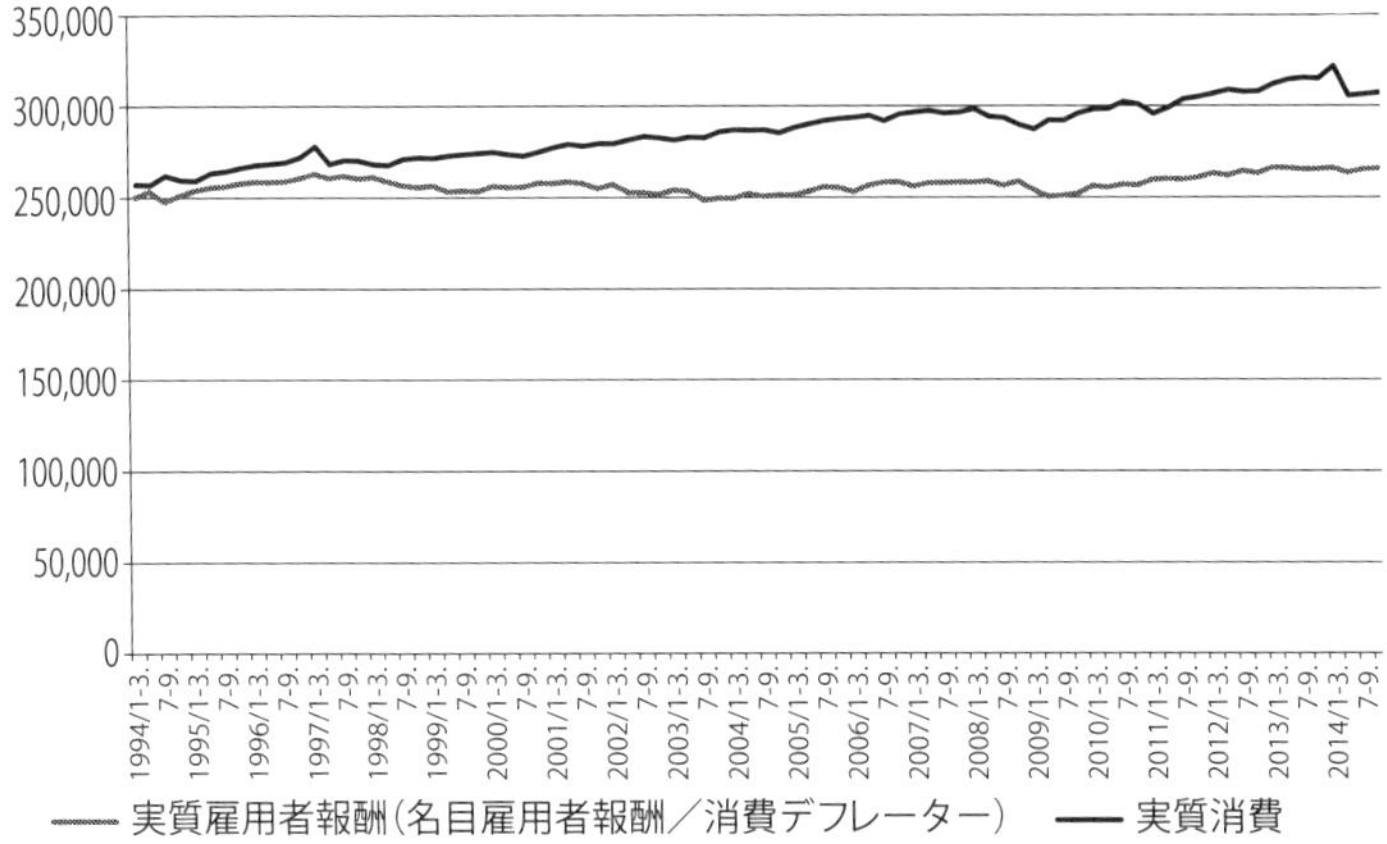

いないけど、実質では、12・7兆円も増加している。一方、２０１２年末の政権交代で賃金が大きく引き上がった印象を受けたけど、それは名目だけで、実質はさえない。２０１２年末から２０１４年末までを見ると、名目労働所得は、８・８兆円増だったのに、実質は、たったの２・６兆円増。戸独楽さん、俺たちの生活水準は、実質の労働所得が支えているんだろう」

「そのとおり」

「ということは、俺たちは、名目と実質で錯覚しちゃっているわけか」

「そういう面もあるな」

「戸独楽さんは、党員や組合員の前で、実質消費を支える主力は、実質労働所得だってよくいうけれど、グラフで実質労働所得と実質消費を比較すると、まさにそのとおりだな

（図C－2）。見やすくするためにも、このグラフだけは、縦軸がゼロ水準からはじめておいたよ」

「2014年だと、300兆円強の消費のうち、250兆円強が労働所得で正味を支えているからね」

「なぜ、実質消費と実質労働所得の間が、近い年になって開いていっているんだ」

「労働所得以外にも、実物資産や金融資産からの資産所得に支えられる度合いが高まっていることは確かだな」

「ピケティが正しいってことか…」

「そうともいえないさ。いぜんとして、主力は、労働所得なんだから」

「戸独楽さん、俺の疑問を聞いてくれるか」

「もちろん」

「実は、さきほど、実質労働所得はリーマンショック後、かなり増加したっていったけど、同じ期間の実質GDPの伸びに比べると、大変に小さい。この図（図C－3）を見てくれよ」

「確かにそうだな。2009年春から2012年末まで実質労働所得の増加幅は、12・7兆円だったが、同期間の実質GDPの増加幅は、27・1兆円と、2倍以上だ」

「同じことは、リーマンショック前の景気回復期にもいえて、2003年夏から

図C-3: 実質GDPと実質雇用者報酬
（単位：十億円、2005年価格、出所：国民経済計算）

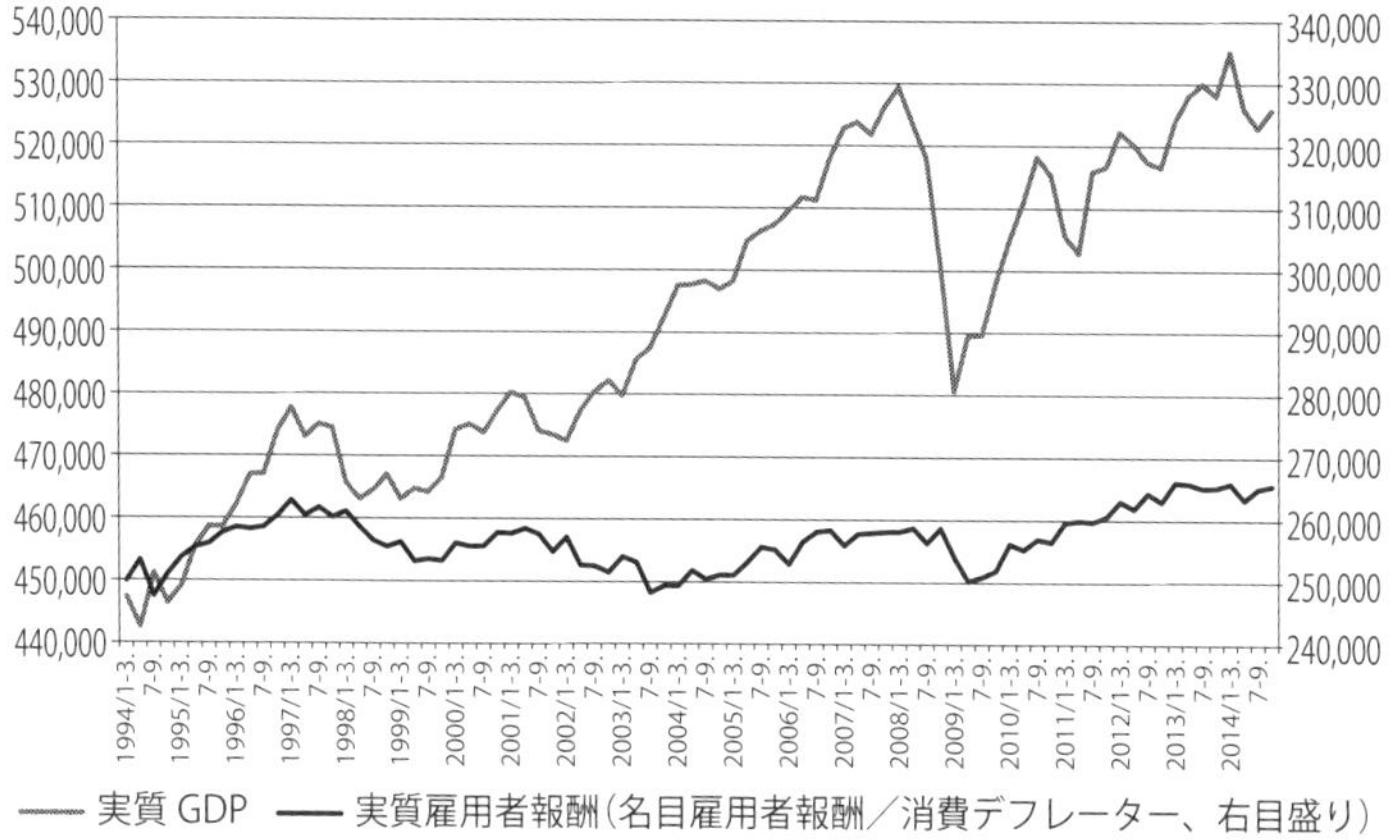

２００８年春までの期間、実質労働所得の増加幅は、１０・４兆円だったが、同期間の実質ＧＤＰの増加幅は、３６・１兆円と３倍以上だった。戸独楽さんがよくいっているけれど、実質ＧＤＰって、日本経済の実質生産の総額であると同時に、日本経済の実質所得の総額ってことだろう」

「そのとおりだが」

「ということは、労働側は、経営側に負けっぱなしで、パイの取りはぐれにあっていたって考えたんだよ。周囲の政党の連中にそのことを話すと、労働者への分け前に相当する労働分配率が低下しているにちがいないっていっているし」

「本当にそうかな…」

「戸独楽さんが先週くれたリストでは、労働分配率は、名目雇用者報酬を名目ＧＤＰで

図C-4: 労働分配率の推移
（単位：2005 年基準、出所：国民経済計算）

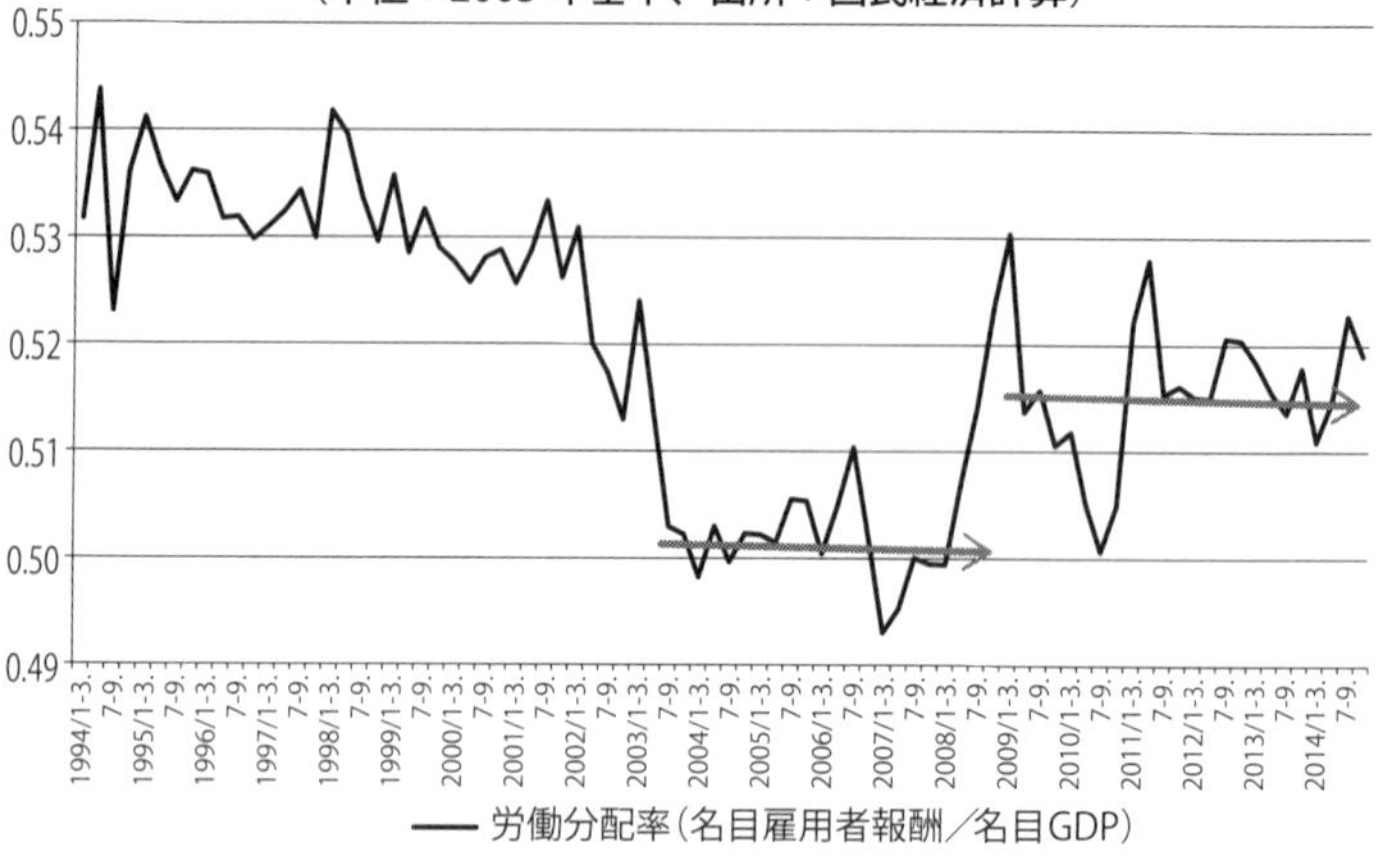

割ったものとなっていたけれど、それも計算してグラフを作ってみた（図Ｃ－４）」

「それは、熱心だな」

「ひやかすなよ。戸独楽さん、この労働所得分配率の定義、まちがっていないか。労働分配率が、５０％強っていうのは、いくらなんでも低すぎる」

「実は、通常の労働分配率の定義と少しちがうんだな。名目ＧＤＰには、固定資本減耗という減価償却分が含まれていて、それは、資本所得にならないものだから。したがって、分母の名目ＧＤＰから固定資本減耗分１００兆円あまりを差し引くと、労働分配率は、６０％強になる。ただ、ここは、分母に固定資本減耗分を入れたままにさせてくれ」

「戸独楽さんがそこまでいうんだったら、入れたままにするよ」

「ありがとう」

「それで、俺の質問だ。実は、リーマンショック前も、後も、労働分配率が傾向的に低下しているわけじゃない。２００９年春から２０１２年末までは、上下があったけど、平均して５１・５％ぐらい。２００３年夏から２００８年春までも、上下があったけど、平均して５０％強。これじゃ、実質ＧＤＰが成長したのに、実質労働所得が伸び悩んだのは、経営サイドに横取りされて労働者のパイが減ったからという説明は、まったく説得力がないな」

「そのとおりだと思うよ」

「それじゃ、なにが原因なんだ」

「少し時間をかけて説明させてくれ」

ここで、私は、実質労働所得の指標として、引き続き、名目雇用者報酬を消費デフレーターで割った実質雇用者報酬を用いることにした。控室にあったボロボロの黒板には、次のように書いた。

$$\text{実質労働所得} \rightarrow \frac{\text{名目労働所得}}{\text{消費者物価指数}} \rightarrow \frac{\text{名目雇用者報酬}}{\text{消費デフレーター}}$$

さらに続けて、黒板に次のような式を書いた。何能さんには、若干、数式アレルギーのところがあって、「経済学者はすぐに数式を使って、煙に巻くからな」と皮肉をいわれたが、私は、「四則演算ぐらい、政党幹部としては耐えてよ」とため口をきいた。

$$\text{実質雇用者報酬}$$
$$= \frac{\text{名目雇用者報酬}}{\text{消費デフレーター}}$$
$$= \frac{\text{名目雇用者報酬}}{\text{名目GDP}} \times \frac{\text{名目GDP}}{\text{消費デフレーター}}$$
$$= \frac{\text{名目雇用者報酬}}{\text{名目GDP}} \times \text{実質GDP} \times \frac{\text{GDPデフレーター}}{\text{消費デフレーター}}$$

3行目から4行目の展開には、「名目GDP＝実質GDP×GDPデフレーター」の関係を用いている。この関係は、名目GDPを生産額、実質GDPを生産数量、GDPデフレーターを製品単価として、「生産額＝生産数量×製品単価」と考えるとわかりやすいかもしれない。

上の式の最後の行は、実質雇用者報酬、すなわち、実質労働所得が3つの要因に分解できることを示している。

第1項と第2項は、簡単に理解できる。第1項は、先にも述べたように、名目GDPが労働所得に配分される割合、すなわち、**労働分配率**を示している。第2項は、当然ながら、実質GDPによって代表される**景気要因**を示している。

第3項の解釈は、若干、厄介である。何能さんにも、「分かりくいところは、先週渡した『**元経済官僚の手記**』のコピーで復習してほしい」とお願いしておいた。実は、GDPデフレーターという価格指標は、交易条件と物価水準の両方の動向を表している。

ここでいう交易条件とは、円建て輸出価格を円建て輸入価格で割ったもので、この比率が上昇すると、「海外に高く売って、海外から安く買える」ので交易条件が改善するという。逆に、その比率が低下すると、「海外に安く売って、海外から高く買う」ので交易条件が悪化するという。交易条件が悪化している状態とは、国内の生産でせっかく生み出した付加価値が、海外に漏出してしまう事態を指している。

一方、消費デフレーターは、物価水準（正確には、消費者物価）の動向のみを表している。

「交易条件と物価動向の両方を表しているGDPデフレーター」を、「物価動向のみを表している消費デフレーター」で割ってしまうと、物価動向の要因が相殺されて、交易条件だけが残るので、第3項の「GDPデフレーター／消費デフレーター」は、**交易条件**を表していることになる。

ここにきて、何能さんは、「『交易条件と物価動向の両方を表しているGDPデフレーター』を『物価動向のみを表している消費デフレーター』で割ると、どうして交易条件が残るんだ」と聞いてきた。

私は、「それは簡単じゃないか。たとえば、『生産額＝生産数量×製品単価』となっているところに、生産額を製品単価で割ると、生産数量だけが残るじゃないか」と説明した。何能さんは、「そういうものか…」と納得していない風だったが、私は説明を続けた。

以上のことをまとめると、**実質労働所得の改善**の背景には、**労働分配率の上昇**、**景気回復（経済成長）**、**交易条件の改善**のいずれかが反映されていることになる。

ここで、やっと何能さんのそもそもの疑問に戻ってくることができた。

「戸独楽さん、それで、俺の疑問はどうなるんだ。景気が回復したのに実質労働所得が伸び悩んだのが、労働者へのパイが減ったわけでないとしたら、どういうことになるんだ」

図C-5:労働分配率と交易条件
（単位：2005年基準、出所：国民経済計算）

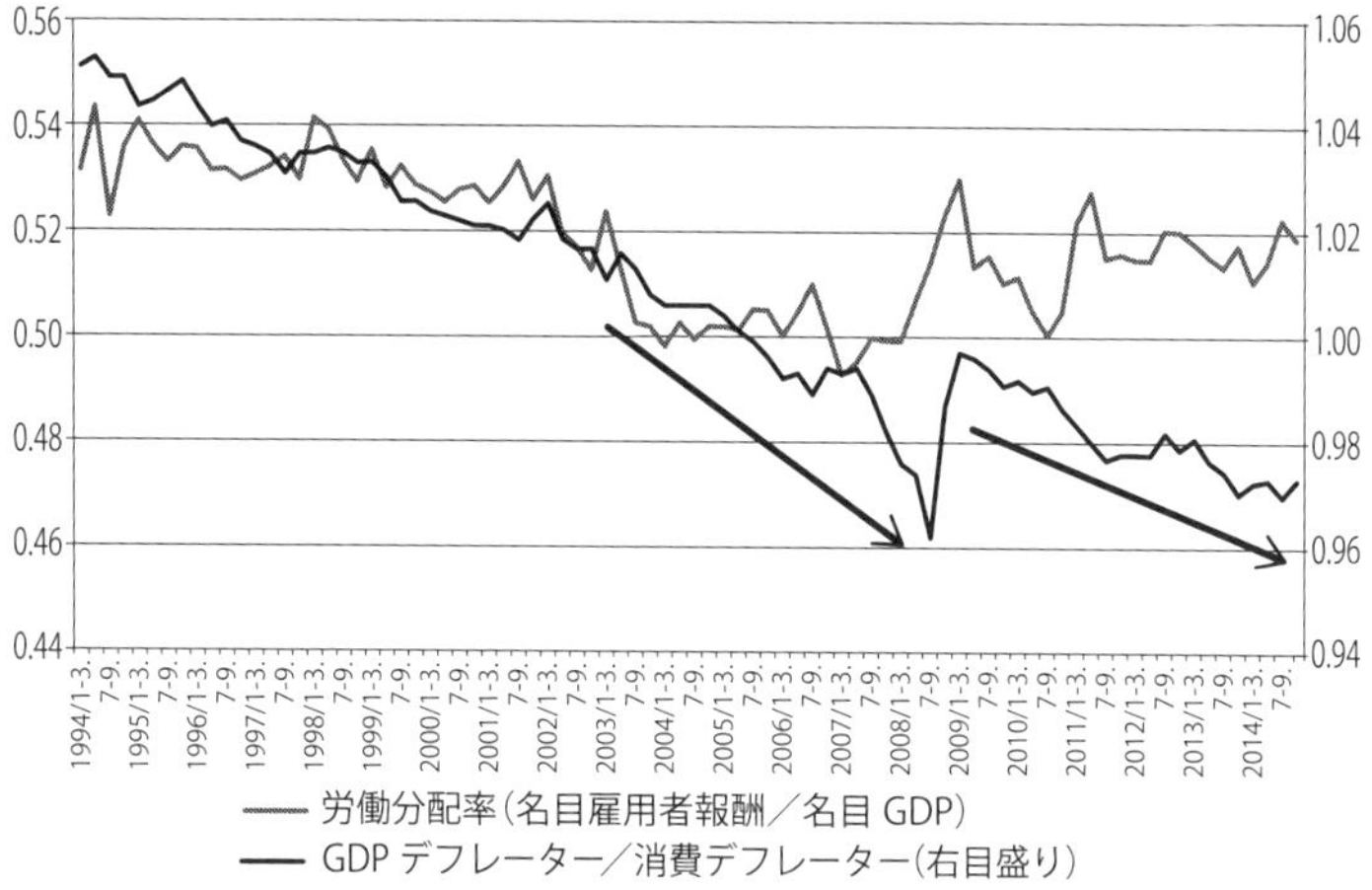

「何能さん、すでに答えは出ているよ。３つの要因のうち、残ったのは、交易条件だから、リーマンショックの前も、後も、交易条件が悪化した可能性しかないよ」

「そこで、俺も、この図（図Ｃ－５）に交易条件を表す『ＧＤＰデフレーター／消費デフレーター』を描いてみた。確かに、戸独楽さんのいうとおりだよ。交易条件は、リーマンショック直後に改善したものの、２００９年初より悪化の一途をたどっている。これが、景気が回復したのに、交易条件の悪化で所得が海外に漏れ出て、実質労働所得が伸び悩んだ背景ということだろう」

「『所得の海外漏出』なんて言葉、いっぱしのエコノミストじゃないか」

「ひやかすな」

「同じことは、リーマンショック以前も起きていた。1990年代半ばごろから、交易条件は、悪化しっぱなしだ。こうした交易条件悪化の背景については、先週渡した**「元経済官僚の手記」**やその解題にも詳しく書いてあると思うよ」

「すでに読んだけど、もう一度読んでみるよ」

「ただ、悪いことばかりでもないさ。交易条件は、2014年の末になって原油安のおかげで改善の兆しが見えてきているんで、これは、実質労働所得を下支えしていくはずだ」

「でも、交易条件なんて、労働組合や左派政党がいくら頑張っても、よくなるわけではないだろう。国際経済のややこしいバランスで決まってくることだろうから」

「それはそう。いくら、何能大幹部様でも、交易条件ばかりは手に負えないよ」

「いうな」

「交易条件の悪化と改善の機微については、先週紹介した『**〈定常〉の中の豊かさについて──経済学小説の試み**』、私の執筆というわけにはいかない複雑な事情を抱えている本だけど、その第12篇『**エコノミストの手帳**』の解題にも少し触れているから、あとから、そのコピーを渡しておくよ」

「ありがとう」

「ところで、こんなことで、何能さんの治療になっているのかな」

「なっていると思うし、感謝している。『**賃上げを！**』ということに心理的な抵抗があって、「**賃上げとは？**」というところから考え直してしまう俺の今の精神のありようというのは、「俺たち政党が『どこまではできるんだ』、『どこからはできないんだ』」という自省から生じていることが、戸独楽大先生の診断で見事に明らかになったよ。ところが…」

「ところが…」

「なぜ、『もっと』を『そこそこ』にいい変えようとする俺の心理的屈折の方が、まだわからん…」

「それはむずかしそうだな。それでは、来週までに、先の本、あの複雑な編集事情を抱えた本の番外篇（その５）『**妻が夫を問い詰めるマクロ経済学**』でも、読んでみておいたら」

「これだけか」

「そう、それだけ。でも、あれは、けっこう深いよ」

「『妻』って、戸独楽さんの奥さんのことか」

「それはどうかなぁ…　それでは、１週間先にまた会うことにしよう」

【「もっと」⇓「そこそこ」】

何能さんは、1週間後にも顧問控室を訪ねてきた。

私は、図書室から段ボール箱を何箱も運び込んで、膨大な資料に囲まれながら、研究資料の醍醐味を静かに味わっていたところであった。

その日の何能さんは、少し思いつめた感じで、いかにも、心療内科か、精神科の患者という風だった。もちろん、私は、心療内科医でも、精神科医でもなく、単なる経済学者だったのだが…

「戸独楽さん、今日は、『もっと』と『そこそこ』についてだ」

「そうだったな、何能さん」

「俺たち政党幹部や組合幹部は、賃上げ目標を**努力目標**と考えているところがある。たとえば、とても無理だとわかっても、『4%賃上げ』と叫んで、妥結は、『2%賃上げ』となるようなことが多い。そんなときに、『4%賃上げ』を声高らかに掲げなかったら、『2%賃上げ』さえも獲得できなかったと正当化してきた。本当にそうなのだろうか」

「何能さんの質問がなかなか見えてこないな」

「実は、政党や組合の執行部が『**もっと**』の乗りで『4%賃上げ』を掲げたときに、一般組合員は、けっこう信じているというか、期待してしまっているんじゃないかと思うんだ。それなのに、『2%賃上げ』程度で妥結だと、一般組合員の方は、**期待を裏切られた落胆の方がずっと大きいんじゃないのか**」

「その落胆で…」

「経済がいっそう沈滞するんじゃないかと心配になってしまうんだよ。そんな心配が募って、『**もっと賃上げを**』っていえなくなって、『**そこそこ**』なんて、知らず知らずに発言してしまっているんじゃないかと思うんだ」

「そうか…」

「戸独楽さん、俺のいっていることって、経済学的には、まったくチンプンカンプンなことだよな」

「そうでもないさ。先週、コピーを渡した『**妻が夫を問い詰めるマクロ経済学**』を読んだか。そこにヒントがあるかもしれん」

「あそこに書いてあったことは、そんなに難しいと思わんかったが、そこにヒントがあるっていわれても、さっぱりわからん」

私は、「いやいや、ヒントが隠されているんだ。あの後半のインフレ需要曲線とインフレ供給曲線を用いて、そのことを考えてみよう」といって、説明を始めた。

図C-6: インフレ供給曲線とインフレ需要曲線

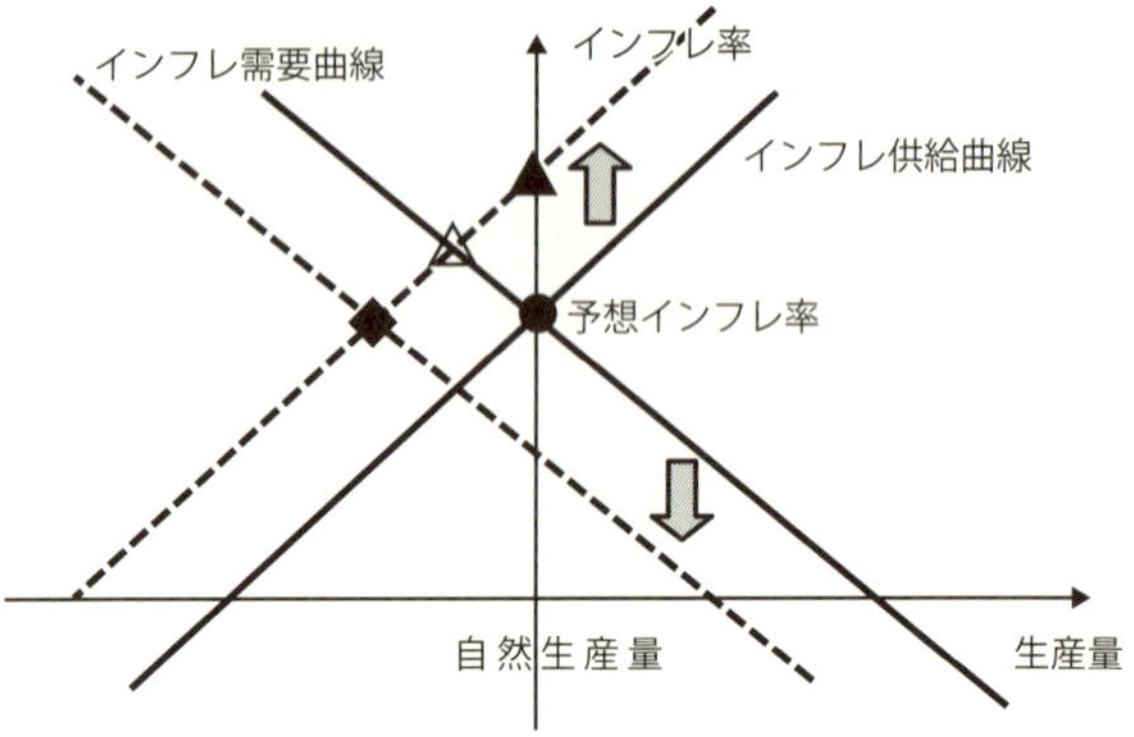

今、左派政党や労働組合が先導して高い賃上げを声高らかに呼びかけ、政府も、大胆にも、経営サイドに賃上げを働きかけるとなると、人々の抱く賃上げへの期待はいやがおうにも高まっていく。それと同時に、賃上げが物価に織り込まれることが見込まれて、物価上昇への期待も盛り上がってくる。

そうした政党や政府の対応で賃上げや物価上昇に対する期待をあおること自体が、かえって景気を冷え込ませてしまう可能性を、「**妻が夫を問い詰めるマクロ経済学**」で紹介したインフレ需要曲線とインフレ供給曲線を用いながら考えてみよう。

物価上昇への期待が高まると、予想インフレ率が上昇して、インフレ供給曲線が上方に移動する。この図(図C-6)では、予想インフレ率が、●から▲に上昇して、インフレ供給曲線が上方にシフトする。インフレ率上昇分だけ消費が控えられて、インフレ需要曲線との交点が△に移り、高インフレ・不景気になってしまう。

さらには、予想したほど賃金が上昇しないと、家計がさらに消費を控えて、その結果、インフレ需要曲線が下方に移動する。すると、供給曲線との交点は、さらにひどい不景気の状態（◆）に陥ってしまう。

まとめてみると、労組や政府が、それこそ、景気よく、人々の賃上げ期待をあおっていると、景気はよくなるどころか、かえって悪くなるということになる。

「正直なところ、戸独楽さんの理屈の細部はわからんが、その心はわかったように思うよ」

「経済学は、心でわかるものでなく、理屈でわかるものだけど…」

「そういうなよ。それにしても、『**もっと**』を『**そこそこ**』と知らず知らずにいいかえてしまう俺の心理的な屈折にも、経済学的な理由があったということだな」

「そういうことになるかな」

「戸独楽さん、俺の苗字の由来を話したことなかったっけ」

「なかったと思うが」

「先祖は、連戦連勝の武将で、仕えていた殿様から、『何ズレモ能フ《イアタ》』、まぁ、『何でもできる』という意味で、何能《なにのう》の姓をたまわったそうだ。それも、プレッシャーになったのかなぁ…」

「さすがにそれはないだろう」

「でも、そういうことにしておいてくれ。というのも、そうこう考えてくると、心が楽になるんだ。『**もっと賃上げを！**』といえない、俺の中にある心理的な抵抗は、自分だけでは理性的に考えることができなかったが、しかし、政党の現実の中で、自然と、『できること』、『できないこと』が身にしみてきて、そこに、本音と建前のまた裂き状態が出てきたということだな。それが、心理的な不安につながって、心療内科医からすれば、鬱病だ、MDDだということになるわけだ」

「そうなのかもしれん」

「でも、戸独楽さんのおかげで、俺の中に隠れていた本音と、政党幹部としての建前のずれを、経済学的に診断してくれて、それだけでも、自分は楽になった」

「そういうものか」

「もちろん、俺は、それでも、政党幹部として、『**もっと賃上げを！**』といわざるをえない局面に立つと思う。しかし、今度は、本音と建前のまた裂きを、真正面で引き受ける覚悟で、そういえるんだと思う」

「そんなに難しく考えなくてもいいと思うけど…」

「戸独楽さん、本当にありがとう。ところで、戸独楽さんも、精神科に通っているっていっていたけど、きっと、あなたの病も、精神科医じゃ治せないね。戸独楽さんが、今、取り組んでいる経済学研究の糸口が、まだ見えていないから、そこに精神のバランスが失われるきっかけがあるわけだろう」

「そういわれてしまえば、そうかもしれないが…」

「俺には、戸独楽さんという研究者がいてくれたおかげで、ようやく、俺自身の回復の糸口を見つけ出すことができたけれど、研究者は大変だな。**自分の回復の糸口を自分で見つけ出さないといけない**んだからな」

「そんなふうに考えたことはなかったが…」

「確かに、そんなに難しく考えなくてもいいのかもしれない」

「ほとんどの精神科医は、回復の糸口を見つけ出すことにまったく役立たずで、ただ、今、必死で取り組んでいることを、『ヤメロ』というだけだからな。連中は、けっこう無責任だよ」

「戸独楽さん、そんなことといっていると、いつまでたっても治らんぞ」

「そんなこともないさ。筆を持つ人間には、『自ら書いて、自ら癒す』って治療法があるからな。この3回分の何能さんとの『治療』の様子、原稿に使わせてもらうよ」

「そんなことを聞いていなかったぞ。そういえば、用意したグラフに、図C－○○とか、妙な番号をつけていたのも、本の原稿準備ってことか」

「そういうこと。治療代とでも考えてくれよ」

「タダほど、恐ろしいものはないということか」

「そういうことだな」


何能さんは、顧問控室に入ってきたときに比べて、かなり元気になって出ていった。その日は、夜遅くまで、顧問控室にある段ボール箱の資料と首っぴきとなった。何能さんとのカウンセリング（？）の模様を、**『〈定常〉の中の豊かさについて――経済学小説の試み』**の原稿にするのは、明日以降になりそうだ。

最後に編集者から読者へ
「夜がけっして訪れることのない黄昏」の可能性

戸独楽先生の残された原稿ファイルの中には、編集部長には見せなかったものの、「あとがき」らしきものがなかったわけではない。実は、以下のような文章がメモリーに含まれていた。

2012年11月に学術調査の関係で宮城から岩手にかけての沿岸部を訪れたおりだった。宮古で午前中、時間が空いたので、1時間ほど浄土ヶ浜を周遊する船に乗った。その遊覧船は、大震災の年の7月に営業を再開したというから、関係者の方々の努力は並大抵ではなかったと思う。

当日は、アワビ漁の解禁日であった。大震災の年はアワビ漁ができず、2年ぶりの再開とあって浜には活気があふれていた。サッパ船と呼ばれる磯船が、かなり沖の方までたくさん繰り出していた。ほとんどのサッパ船では、一人の漁師が、岩礁のアワビに狙いを定めて巧みに船を操っていた。漁師たちは、箱メガネを頼りに、先にカギの付いた長い竿でアワビを引っ掛けていた。午前中の漁だけで、一艘当たり100枚以上のアワビを収穫するそうである。

この風景を見ていて、三陸のリアス式海岸の町々や村々のことを、私は、大変な思い違いをしていたのではないかと思った。

地図を見ていて思い浮かべる風景は、まさに〝陸の孤島〟であった。こうしたイメージは、完全に間違っていたとはいえない。今でも、田野畑村に陸側から車で行くには、つづら折りの道を30分以上下っていかなければならない。海岸部に到着してからも、いくつものトンネルを通って、やっと村に着く。

しかし、陸側からではなく、海側から沿岸を見れば、考え方も大きく違ってくるのではないかと思ったのである。

サッパ船の漁師のように、操船と漁法について高度な技術をもった人々にとって、目の前の海は、自分たちしか利用できない道路であり、自分たちしか活用できない仕事場なわけである。陸からの不便も、自分たちの生活の場を守ってくれる自然の要塞と考え直すこともできる。

近代化が進むにつれて、主要な交通は、海路から陸路に移り、三陸の沿岸部に向ける視点も、海側から陸側に移動してきた。その結果、三陸の沿岸部を〝陸の孤島〟と呼ぶようになった事情にも、十分な理由があった。

しかし、近代化以前の歴史も含めて考えれば、〝陸の孤島〟という言葉で形容しつくせるわけではない。もちろん、〝陸の孤島〟といわなくなったとしても、その地域が直面してきた自然・社会環境が非常に厳しかったという事実は消えるわけではないが……

私は、ある種のフィクションによって、経済学のロジックと経済社会のデータを、荒唐無稽なフィクションの世界に置いてみたいと思ったのである。そうすることで、自分たちが「今」立っている「場所」からの視点に凝り固まって、経済学のロジックと経済社会のデータに接している硬直的な状況を、少しでも解きほぐしてみたいと考えた。

☆陸側から海側に視点を移動すると、三陸海岸のありようも違ってみえてくるように、「**外**」側からみれば、静かにみえる〈定常〉状態も、「**内**」側に視点を移動してみれば、そこにダイナミックな新陳代謝を発見できるかもしれない。

☆三陸の土地が積み重ねてきた歴史の長さに比べればはるかに短いが、四半世紀、半世紀のタイムスパンでみれば、無秩序にみえる経済にも、時間を通じて普遍的な秩序を見出すことができるかもしれない。

私たちは、ややもすれば、〈定常〉への適応を、安易で後ろ向きな行為とみなし、「成長」への挑戦を、困難だが前向きな行為と考えがちである。本書では、そうではなくて、内部に活発な新陳代謝を伴う〈定常〉への適応こそが、困難だけれども、意味のある挑戦であることを語ってみたかった。同時に、〈定常〉から「非定常」を企むことが、いかに無謀な挑戦であることを語ってみたかった。

私の側に致命的な限界があったとすると、フィクションの荒唐無稽さ度合いを點加減する器量がまったくなかったことである。おそらくは、私のフィクションの試みは、これが最初で最後になると思う。

先生は、学術論文や研究書、あるいは、一般向けの論説などの標準的なスタイル以外のものは、一生に一回でよいという不思議な信念を持っておられた。新書も、「いざとなれば、あんなに安直にできるもの、一人の研究者に許されているのは、精魂込めた一冊だけだ」とおっしゃっていたが、「**父の株式投資**」の「私」と違って、先生の一冊目の新書の売り上げがあまり芳しくなく、二冊目につながらなかったというのが実情だった。親しくしている編集者は、「戸独楽先生の新書は、商売にならんかった」と嘆いていた。

先生の著作には、息子さんに向けて書かれた対話形式の単行本があるが（『父と息子の対話』という無愛想なタイトルだったが、良書だったと思う）、「今度は、娘さんに向けた対話形式のものはどうですか」と誘っても、「対話形式なんて変則的な本は、一生に一回でよい」といわれて、取り付く島がなかった。

ところが、ある日、先生は、「息子に向けて書いて、娘に向けて書かないのは親として不公平なので、小説好きの娘のためにフィクションを一冊書いてみたい」といわれて、書き始められたのが本書であった。とはいっても、専務の暴言に端を発して「**父が娘に語る消費税増税**」の原稿をでっちあげたのは、不肖、立退《たちのく》であったが…　先生の原稿に「私のフィクションの試みは、これが最初で最後になると思う」とあるが、この「経済学小説」も、先生にとって、最後の一冊となるにちがいない。

『**〈定常〉の中の豊かさについて――経済学小説の試み**』の最後を結ぶのに、右に引かせてもらった先生の「あとがき」らしい原稿以上になにも加えるものはないのかもしれない。しかし、編集者として、ささやかな試みというか、いささか抵抗してみたいという誘惑に駆られている。

先生が短篇の連作で描かれてきた〈定常〉は、どのような風景がもっともふさわしい

のであろうか。

2014年の暮れから、長谷川郁夫『吉田健一』（2014年9月、新潮社）を読み始めた。新年には、第15章「正午の饗宴」に入った。この章は、吉田の作品の中で私が一番気に入っている『ヨオロッパの世紀末』にかかわるもろもろのことを静かな感動をもって伝えている。その章には、石川淳の『ヨオロッパの世紀末』に対する時評の一節が引かれている。

「世紀末」といへば、詩にしても画にしても、そこにさす光は「黄昏」である。これはそのあとに夜が来るといふやうな感覚ではない。「この光線が魅力があるのはこれが一日のうちで最も潤ひがあるものだからであり、それはそのまま豊富といふことであつて、この性格がヨオロッパの世紀末から切り離せないものであることをここまで来て指摘して置かなければならない」といふ。（550頁）

長谷川は、その引用の十数ページ先で、石川の言葉をリフレーズするかのように、次のような文章をつづっている。

しかし、「余生」とは何か。

吉田健一はすでに「吉田健一」だった。そのゆとりある生が、黄昏の光に包まれた静謐をいうのだろうか。そうではない。この先六年間に吉田さんが示した仕事の総量（それはこれまでに為した仕事とほぼ同量のものとなる）を思えば、そこに能動的な力学が機能していたと見るべきだろう。夕陽の光量を精神のエネルギーに変換すること。太陽を沈ませないために、光の束を一身に握って手放さない。吉田さんの作品が燦光を浴びて優美にかがやいたとしても、そこには努力と緊張の日々があったと考えられるのである。吉田文学の核に固形化した塊りが太陽の熱によって溶け出して、溶岩のような流れが裾野に広がる。〝繰り返し〟とは、さらなる豊饒である。吉田さんは、ふたたび完成を目指して生き急ぐ。（563頁）

こうした文章をかみしめてきて、先生のいわれる〈定常〉とは、石川のいう「夜が来るといふような感覚」ではまったくない「黄昏」であり、長谷川のいう「夕陽の光量を精神のエネルギーに変換すること。太陽を沈ませないために、光の束を一身に握って手放さない」、そんな「能動的な力学が機能して」いる状態ではないだろうか。

〈定常〉を形容するには、けっして「静謐な黄昏」などではなく、「エネルギッシュな黄昏」、「夜が決して訪れることのない黄昏」の方がふさわしいのでないだろうか。さらに長谷川の文章を引けば、「〝繰り返し〟」によって生み出された「豊饒」こそが、「〈定常〉の中の豊かさ」なのであろう。そんなふうに確信するようになった。

戸独楽先生は、1990年代後半から現在に至るまでの人々の営みについて、そして、そうした営みの「これから」について、「失われたもの」というような暗く、重苦しいトーンではなく、夕陽に照らし出された明るく、軽快なタッチで、日本経済の風景を描いてみたかったのだと思う。

ここで筆を置けると編集者としての体裁も保てたのであるが、最後に法的な難題が残った。「本短篇集の著者名をどうするか」である。編集部長に相談すると、「イヒヒ親父のところへでも行ってこい。社長は法律に滅法明るいからな」といわれた。

社長室の社長も、相変わらずイヒヒと笑っていた。

「このようにいうと、立退君にはしかられそうだが、最初の12篇に比べて、番外の4篇は、いや、今は6篇ありましたか、これらの短篇は、ずいぶんと明るくなりました。柿之句《かきのく》君、あるいは、亡くなった萩堂《はぎどう》のご子息は、今でも公僕として汗を流していることでしょう。魁皇《かいおう》君や愛王《あいおう》君は、本当に頼もしい若手官僚ですね。最後のところに、編集部への返信と荒唐無稽な書き下ろしで戸独楽先生を無理矢理に引っ張り出してくる必要があったのかどうか、中小出版社の社長として迷うところもありましたが、あなたにも事情があったのでしょう、あれは、あれで、大いに愉快でした。日本経済や何能《なにのう》さんだけでなく、あなた自身の回復の糸口も見事に見つけ出したのではないですか」と、今度はケタケタ笑っていた。

社長のほめ言葉（らしきもの）に対して、「編集者として、そっと立ち退く機会を、ただただうかがっていただけですから」と答えたように思う。「ということは、立退《たちのく》君の苗字は、編集者にふさわしい姓ということですね。ところで、先ほどの件ですが、あなたの『博士くずれ』ほど立派なものではないですが、私も『弁護士くずれ』でして、

戸独楽戸伊佐著
立退矢園（編集者）代筆

とでもされておけば、いかがですか」といつものイヒヒに戻っていた。もちろん、社長の指示に従った。

さて、私は、どのように自署すればよいのだろうか。社長に相談するまでもないと思い、あるがままに筆を置いた。（2015年4月吉日記）

立退矢園
代

著者あとがき

…というようなものを書いてみたかった。こうしてやっと普通の明朝体に戻れてホッとしている。

私は、一昨年の秋ごろより体調をこわし、気持ちも落ちつかなかった。医者も、薬も、残念ながら、あまり役に立たなかった。そこで、どこに発表するわけでもないままに書きためていたエッセーを自分で「編集する」という作業を始めることにした。こうした編集作業が自分をとことん突き放す格好の機会となったようである。「戸独楽先生」の方法とはまったく逆方向に、自分の「内側」でどうしようもない袋小路に陥っていたのを、自分から「外側」に出てみて、自分自身のありようを他人事のように鳥瞰することができた。気分も大変に楽になった。

今回の執筆作業、いや、編集作業がいつにもまして楽しかったのは、常連の読者であった妻と息子に、受験勉強を終えた娘が加わったことである。娘は、わが家の中で一番の小説好きである。番外の短篇を読んでいた彼女の笑い声は、家じゅうに響きわたった。「社長」のいうとおりだった。

私自身の文学趣味としては、私小説が苦手なのであるが、「編集部長」の意にそえなくて申し訳ない気もしつつ、本書の短い由来に、わずかばかり思いを馳せてみて、そのタイトルは、『経済学私小説〈定常〉の中の豊かさ』とした。

篠原昇さん、小野哲生さん、楡井誠さんには、拙稿に対して有益なコメントをいただいた。山崎幸恵さんには、入稿前の原稿やゲラを丁寧に校正していただいた。出版プロジェクトの最初から最後まで日経BP社の黒沢正俊さんには、お世話になりっぱなしであった。ここに謝辞を申し上げたい。

間村俊一さんには、すばらしい装丁をしていただいた。ターナーが「岸に近づくヨット」で描く日没の光量が、まさに〈定常〉の中の豊かさと重なるように思えたので、その絵をカバーデザインに挿んでもらった。

本書が公刊されるまでにお世話になったすべての方々にお礼を申し上げたい。ありがとうございました。

（2015年11月吉日記）

齊藤　誠

代

■著者紹介
齊藤 誠（さいとう・まこと）
1960年愛知県生まれ。京都大学経済学部卒。マサチューセッツ工科大学大学院博士課程修了（Ph.D.）。住友信託銀行調査部、ブリティッシュ・コロンビア大学経済学部助教授などを経て、現在、一橋大学大学院経済学研究科教授。2007年に日本経済学会・石川賞、2010年に全国銀行学術研究振興財団賞を受賞。2014年春、紫綬褒章受章。著書に『新しいマクロ経済学』（有斐閣）、『金融技術の使い方・考え方』（有斐閣、2001年日経・経済図書文化賞）、『先を見よ、今を生きよ』（日本評論社）、『資産価格とマクロ経済学』（日本経済新聞社、2008年毎日新聞エコノミスト賞）、『成長桎梏の経済学』（勁草書房）、『競争の作法』（ちくま新書）、『原発危機の経済学』（日本評論社、2012年石橋湛山賞）、『父が息子に語るマクロ経済学』（勁草書房）、『震災復興の政治経済学』（日本評論社）。編著に『震災と経済』（東洋経済新報社）ほか。

経済学私小説〈定常〉の中の豊かさ

2016年1月20日　第1版第1刷発行

著　者　齊藤　誠
発行者　村上広樹
発　行　日経ＢＰ社
発　売　日経ＢＰマーケティング
〒108-8646　東京都港区白金1-17-3　NBFプラチナタワー
電話　03-6811-8650（編集）
03-6811-8200（営業）
http://ec.nikkeibp.co.jp/

装丁　間村俊一
カバー絵　ジョゼフ・マロード・ウィリアム・ターナー
「岸に近づくヨット」De Agostine / Getty Images
本文イラスト　中村あゆみ
制作　アーティザンカンパニー株式会社
印刷・製本　中央精版印刷株式会社

ISBN978-4-8222-5102-4